Kreuzer-Abteilung des Deutschen Segler-Verbandes

LOGBUCH

für das Jahr 20 ____

Name der Yacht: ____________________

Typ & Segelzeichen: ____________________ Registrierungs-Nr.: ____________________

Nationalität: ____________________ Heimathafen: ____________________

Funkrufzeichen: ____________________ Unterscheidungssignal: ____________________

Seefunkabrechnungskennung AAIC: ____________________

Standerschein des Vereins: ____________________ Nr.: ____________________

Schiffszertifikat: ____________________ Flaggenzertifikat: ____________________

Internationaler Bootsschein: ____________________

Eigner: ____________________

Anschrift: ____________________ Telefon/Fax/E-Mail: ____________________

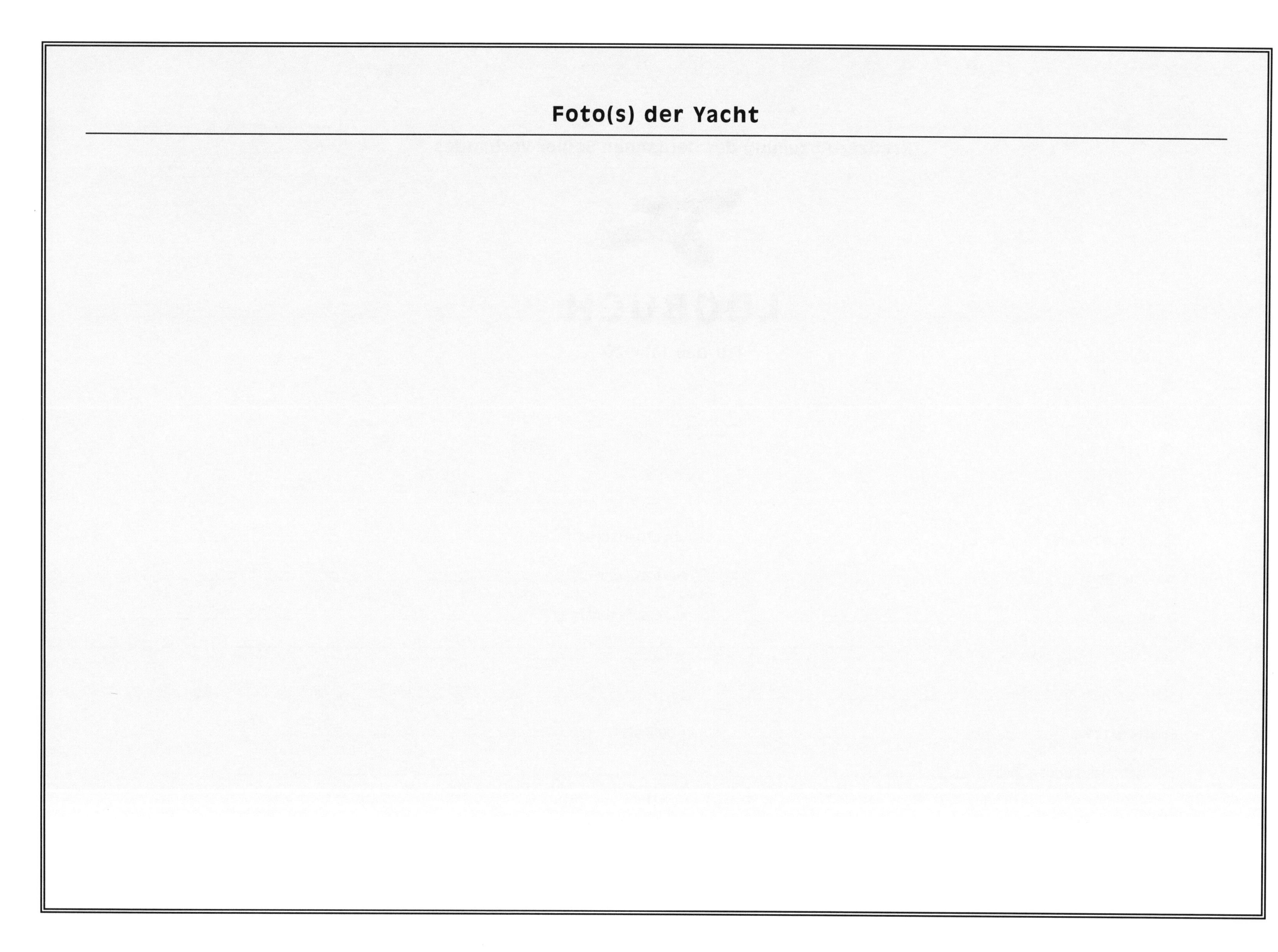

Foto(s) der Yacht

Bootsdaten

Länge ü. A.: ______________ m Länge W. L.: ______________ m

Breite: ______________ m Tiefgang: ______________ m Tiefgang mit Schwert: ______________ m

Verdrängung: ______________ to BRZ.: ______________

Segelfläche ges.: ______________ m^2 Großsegel: ______________ m^2 Vorsegel: ______________ m^2

Takelungsart: ______________ Masthöhe über der Wasserlinie einschließlich Antennen etc.: ______________ m

Motor/Herst.-Typ: ______________ PS/kW: ______________ Nr.: ______________

Prop.: ______________ Treibst.: ______________ Liter Wasser: ______________ Liter

Bauwerft: ______________ Baujahr: ______________ Nr.: ______________

Typ: ______________ Baustoff: ______________

Vermessungsgröße: IMS ______________ Zeitberichtigungsfaktor – ZBF ______________

Sonstige Vermessungen: ______________

Versicherung: Anschrift ______________ Telefon/Fax/E-Mail: ______________

Haftpflicht-Versicherungs-Nr.: ______________ Kasko-Versicherungs-Nr: ______________

See- oder Binnenschiffsregister-Nr.: ______________ Funkrufzeichen: ______________

Unterscheidungssignal: ______________ Seefunkabrechnungskennung AAIC: ______________

Notfall-Heimatadresse: ______________ Telefon/Fax/E-Mail: ______________

Besatzungsliste

vom	bis	Name	Alter	Führer-schein	Adresse/Telefon	Pass-Nr.

Mit dem täglichen Abzeichnen des Logbuches bestätigt der Schiffsführer,
dass alle Besatzungsmitglieder und Gäste mit den Sicherheitseinrichtungen vertraut gemacht wurden!

Ausrüstung

Inventar	Hersteller	Typ	Serien-Nr.	Service-Betrieb
Sprechfunkgerät				
Rundfunkempfänger				
Radar				
GPS/LORAN				
Echolot				
Log				
Speedometer				
Windmesser				
Steuerkompass				
Peilkompass				
Sextant				
Selbststeueranlage				
Generator				
Beiboot, Außenborder				

Wartung der Sicherheits-Ausrüstung

Typ	Hersteller	Anzahl	Letzte Wartung	Nächste Wartung
Rettungsinsel				
Rettungswesten				
Lifebelt				
Signalpistole/Munition				
Raketen				
Mann-über-Bord-Boje				
Seenotfunkbake/EPIRB				
Feuerlöscher				

Vorhersagegebiete des Deutschen Wetterdienstes

Vorhersagegebiete Nordsee:

Englischer Kanal:

N1	Viking
N2	Utsira N
N3	Utsira S
N4	Forties
N8	Dogger
N9	Fischer
N10	Deutsche Bucht
N11	Südwestl. Nordsee/Humber
N12	Südwestl. Nordsee/Themse
A5	Engl. Kanal Ost-Teil
A6	Engl. Kanal West-Teil

Vorhersagegebiete Ostsee:

B1	Bottenwiek
B2	Norra Kvarken
B3	Bottensee
B4	Åland-See und Åland-Inseln
B5	Finnischer Meerbusen
B6	Rigaischer Meerbusen
B7	Nördliche Ostsee
B8	Zentrale Ostsee
B9	Südöstliche Ostsee
B10	Südliche Ostsee
B11	Westliche Ostsee
B12	Belte und Sund
B13	Kattegat
B14	Skagerrak

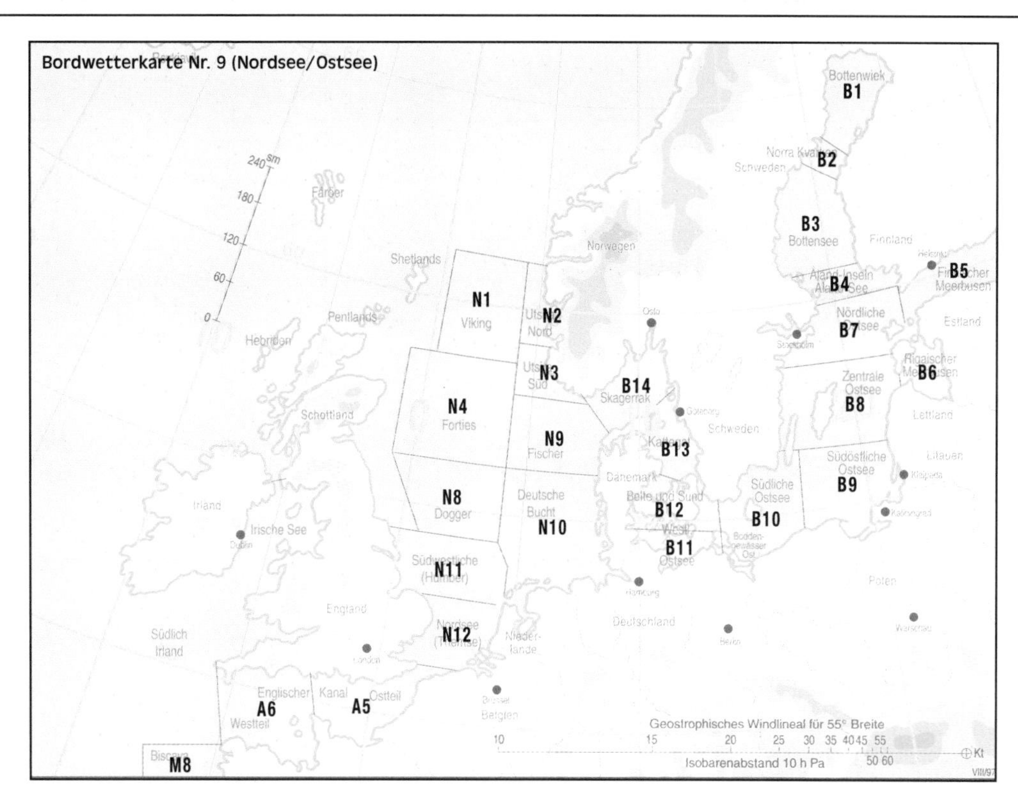

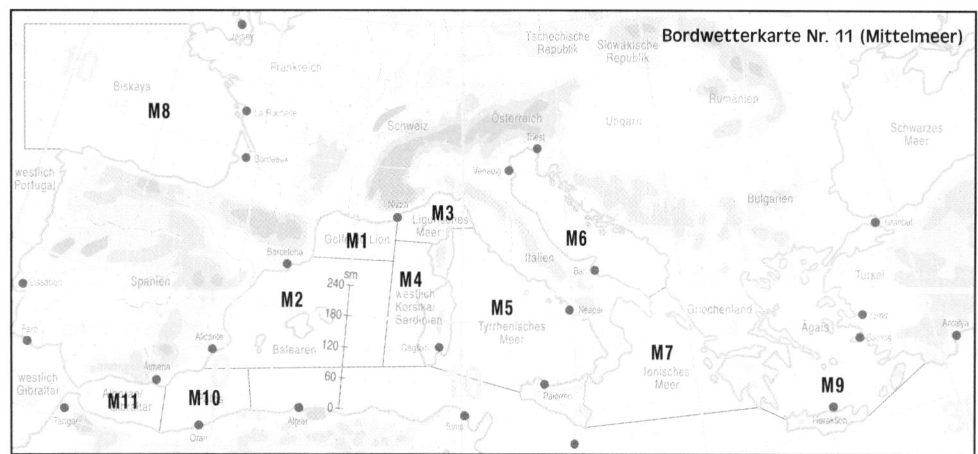

Vorhersagegebiete Atlantik:

M8	Biscaya

Vorhersagegebiete Mittelmeer:

M1	Golfe du Lion
M2	Balearen
M3	Ligurisches Meer
M4	Westlich Korsika–Sardinien
M5	Tyrrhenisches Meer
M6	Adria
M7	Ionisches Meer
M9	Ägäis
M10	Palos
M11	Alboran/Gibraltar

Wind- und Seegangsskala

Bft	Wind nach Beaufort	m/s	Knoten		Schl.	Seegang Bezeichnung	Auswirkung des Windes auf die See
0	still	0	0		0	spiegelglatt	Spiegelglatte See
1	leiser Zug	2	1 – 3		1	gekräuselt	Kleine schuppenförmig aussehende Kräuselwellen ohne Schaumkronen
2	leichte Brise	4	4 – 6		2	schwach bewegt	Kleine Wellen, noch kurz, aber ausgeprägter
3	schwache Brise	6	7 – 10		2	schwach bewegt	Kämme beginnen sich zu brechen
4	mäßige Brise	8	11 – 15		3	leicht bewegt	Noch kleine Wellen mit weißen Schaumköpfen
5	frische Brise	10	16 – 21		4	mäßig bewegt	Mäßige Wellen, überall weiße Schaumkämme
6	starker Wind	12	22 – 27		5	grob	Bildung großer Wellen beginnt Kämme brechen,etwas Gischt
7	steifer Wind	15	28 – 33		6	sehr grob	See türmt sich Schaumstreifen
8	stürmischer Wind	18	34 – 40		7	hoch	Mäßig hohe Wellenberge mit Kämmen von beträchtlicher Länge.
9	Sturm	22	41 – 47		7	hoch	Hohe Wellenberge, dichte Schaumstreifen
10	schwerer Sturm	26	48 – 55		8	sehr hoch	Sehr hohe Wellenberge mit langen überbrechenden Kämmen
11	orkanartiger Sturm	30	56 – 63		9	außergewöhnlich schwere See	Außergewöhnlich hohe Wellenberge Sichtbehinderung durch Gischt
12	Orkan	35	64 und mehr		9	außergewöhnlich schwere See	Luft mit Schaum und Gischt angefüllt See vollständig weiß

Wolkenbezeichnungen

Ci	**Cirrus,** zarte, hohe weiße Wolken, „Windwolken", „Katzenhaare", oft in Form von Eisblumen	**OBERE WOLKEN** Mindesthöhe 6000 m
Cc	**Cirrocumulus,** dicht gedrängte Cirruswolken, feine hohe Schäfchenwolken	
Cs	**Cirrostratus,** feiner hoher Schleier, weißlichfaserige Schicht, für Sonne und Mond durchlässig, manchmal nur Ring um Sonne und Mond	
Ac	**Altocumulus,** grobe Schäfchenwolken zu Schichten von weißen Ballen oder Walzen zusammengefügt, oft Schollenform	**MITTLERE WOLKEN** Höhe 6000 – 2000 m
As	**Altostratus**, Himmel wie mit Milchglas überzogen, Sonne und Mond oft erkennbar, mindestens an hellem Schein	
Sc	**Stratocumulus,** graue Wolkendecke mit Struktur	**UNTERE WOLKEN** unter 2000 m
St	**Stratus,** gleichmäßige formlose Schicht, Himmel grau in grau	
Cu	**Cumulus,** Haufenwolken, unten meist glatt, oben wie ein Blumenkohl, scharfe Ränder	
Ns	**Nimbostratus,** graue Wolkenschicht, so dicht, dass die Sonne nicht durchscheinen kann	
Cb	**Cumulonimbus,** große Haufenwolke, aus der es regnen kann, oft in großen Höhen hochgetürmt, Gewitterwolke, Schauerwolke, Böenwolke	

Nimbus = Regenwolke, Cumulus = Quellwolke, Haufenwolke,
Stratus = flache Schichtwolke, Cirrus = hohe Eiskristallwolke.

Wetterbezeichnungen

○	klarer Himmel	≡	Nebel	☈	Gewitter
◔	1/4 bewölkt	✶	Schnee	<	Wetterleuchten
◑	1/2 bewölkt	▲	Hagel	⌒	Regenbogen
◕	3/4 bewölkt	,	Niesel	⊕	Sonnenring
●	bewölkt	•	Regen	⊖	Mondring
∞	Dunst	▽	Regenschauer	⌓	Nordlicht

Notizen

Hinweise für die Führung des Logbuches

Seite Laufende Nummer der Seite des Logbuches

Fahrt Laufende Nummer der Reise im Logbuch

Reisetag Laufende Nummer des Reisetages

Seetag Laufende Nummer des Seetages der Fahrt

Datum Tagesdatum

Reiseziel Das geplante Reiseziel

Uhrzeit Alle 4 Stunden Wetterbeobachtung, auch andere Zeitabstände möglich

Wind Angabe der Richtung in Strichen der Kompassrose und Stärke in Bft, Kn oder m/s

Seegang Seegangsstärke lt. Tabelle von 1–9

Strom Richtung und Geschwindigkeit bzw. Ebbe oder Flut

Wetter Art der Bewölkung und Niederschläge lt. Tabelle, dazu Sicht und im Kreis Bewölkungsdichte in 1/4-Kreis-Schritten

Luftdruck Angabe des Luftdruckes in hPa, wenn vorhanden, Barographenblatt einkleben

Temperatur Wasser- und Lufttemperatur in Celsius-Graden

Tagesereignisse Angabe allgemeiner Ereignisse, die vermerkt werden sollen und die in keiner anderen Rubrik eingetragen werden können

Kurs Uhrzeit der Kursänderung bzw. der Eintragung, Kompasskurs bzw. Kartenkurs nach Anbringung von Deviation, Missweisung, Abdrift und Stromversetzung

Fahrt sm/h Geschätzte oder geloggte Fahrt durchs Wasser

Log-Stand Stand des Logs

Segelf./Betriebsstunden/Drehzahl Das Setzen und Wegnehmen sowie Reffen von Segeln und die Benutzung des Motors werden hier eingetragen. Folgende Abkürzungen können verwendet werden: G = Großsegel, Tr = Trysegel, F 1, 2, 3 = Fock, K 1, 2, 3 = Klüver, StF = Sturmfock, G 1, 2, 3 = Genua, S 1, 2, 3 = Spinnaker, Bs = Besan, Bss = Besanstagsegel. Ein Pfeil nach oben bedeutet setzen, nach unten wegnehmen. Die Anzahl der Reffs werden durch waagerechte Striche unter dem Segel gekennzeichnet.

Schiffsführung Manöver, soweit sie nicht aus anderen Rubriken ersichtlich sind. Schiffsorte nach Koppelnavigation, Peilung oder elektr. Navigationssysteme (GPS, Loran)

Wache Ggf. Bezeichnung der Wache

Seemeilen Aus dem Stand des Logs sich ergebende Seemeilen, die auf dem betreffenden Kurs unter Segel oder Motor zurückgelegt wurden. Ggf. kann die Distanz aus Geschwindigkeit x Zeit errechnet werden.

Position Position morgens, mittags und abends eintragen, entweder als Angabe des Hafens oder des Liegeplatzes oder in Längen/Breitengraden

Chronometer Prüfzeit des Chronometers, die Abweichung zur tatsächlichen Zeit, die Ganggenauigkeit sowie die Differenz der UTC zur Bordzeit (Ortszeit) ist zu vermerken

Tagesweg Unter Motor und Segel zurückgelegte Seemeilen

Vortrag Summe des Vortags übernehmen

Summe Addition von Tagesweg und Vortrag

Gesamt Gesamtsumme der unter Segel und Motor zurückgelegten Seemeilen

Etmal Die unter Segel und Motor zurückgelegten Seemeilen während der Zeit von 12.00 Uhr mittags des Vortages bis 12.00 Uhr mittags des laufenden Tages, wenn diese Zeit ohne Unterbrechung auf See verbracht wurde

Ø kn Durchschnittliche Geschwindigkeit aus zurückgelegter Distanz/Zeit

Wasser/Treibstoff-Kontrollen Wasser, Treibstoff und Petroleum werden in Litern eingetragen. Gas wird in kg oder Zahl der Flaschen eingetragen

Lampen-Kontrollen Vermerk, wann geprüft

Checkliste Ankreuzen, welche Prüfungen erfolgt sind. Bemerkungen, wann welche Arbeiten ausgeführt wurden

Seefunkgespräche Kurze Funkkladde

Motorbetriebsstunden Ges.: Nach Abschluss der Fahrt abgelesene Betriebsstunden;
Tag: ergibt sich aus ges. (–) ges. Vortrag

Internationale Notsignale

a) Wenn ein Schiff oder Wasserflugzeug auf dem Wasser in Seenot ist
und von anderen Seefahrzeugen oder vom Lande her Hilfe verlangt,
muss es die folgenden Signale – zusammen oder einzeln – geben oder zeigen:

Knallsignale in Abständen von ungefähr einer Minute

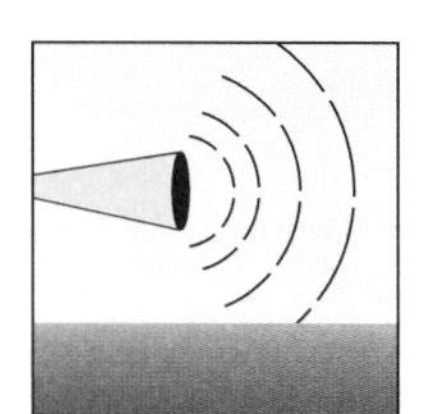
Dauerton eines Nebelsignalgerätes

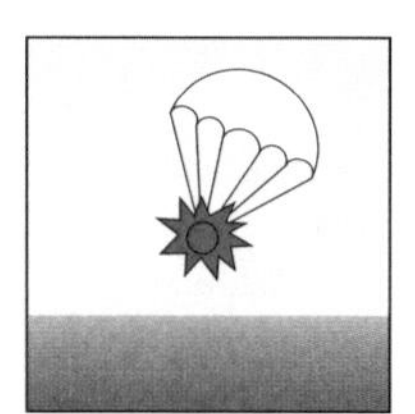
Rote Fallschirm-Leuchtrakete

Rote Handfackel

Mayday durch Sprechfunk

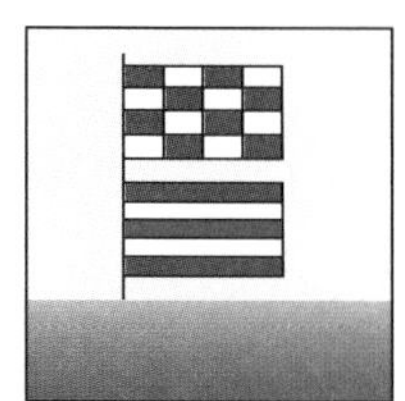
Flaggensignal NC des Internationalen Signalbuches

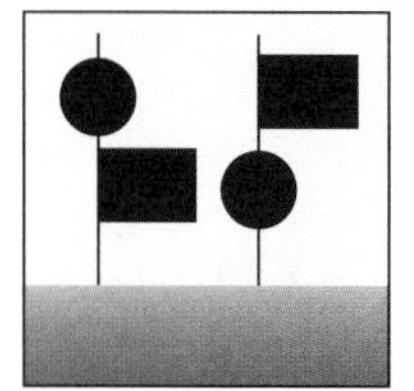
Ball über oder unter einer viereckigen Flagge

Flammensignal

Raketen oder Leuchtkugeln mit roten Sternen in kurzen Abständen

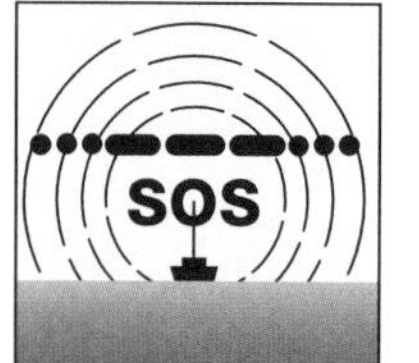

SOS durch Licht- oder Schallsignale

Orangefarbenes Rauchsignal

Langsames und wiederholtes Heben und Senken der seitlich ausgestreckten Arme

Signale einer Seenotfunkbake (EPIRB)

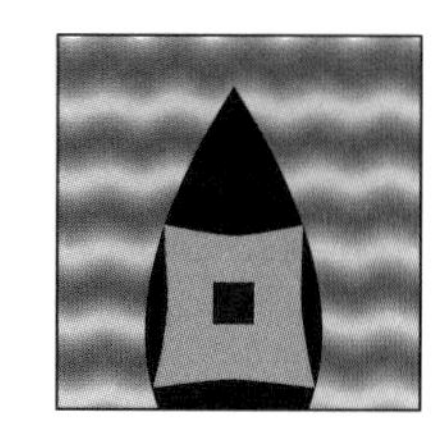
Orangefarbenes Segeltuch mit einem schwarzen Quadrat oder Kreis

Seewasserfärber

b) Der Gebrauch irgendeines der vorgenannten Signale, außer für den Zweck anzuzeigen, dass ein Schiff oder Wasserflugzeug in Not ist, und der Gebrauch irgendwelcher Signale, die mit irgendeinem der vorgenannten Signale verwechselt werden können, ist verboten.

Morse-Alphabet

	Morsecode	buchstabiert
A	• –	**A** lfa
B	– • • •	**B** ravo
C	– • – •	**C** harlie
D	– • •	**D** elta
E	•	**E** cho
F	• • – •	**F** oxtrott
G	– – •	**G** olf
H	• • • •	**H** otel
I	• •	**I** ndia
J	• – – –	**J** uliet
K	– • –	**K** ilo
L	• – • •	**L** ima
M	– –	**M** ike
N	– •	**N** ovember
O	– – –	**O** scar
P	• – – •	**P** apa
Q	– – • –	**Q** uebec
R	• – •	**R** omeo
S	• • •	**S** ierra
T	–	**T** ango
U	• • –	**U** niform
V	• • • –	**V** ictor
W	• – –	**W** hisky
X	– • • –	**X** ray
Y	– • – –	**Y** ankee
Z	– – • •	**Z** ulu

Funkverkehr im Notfall*

Bei Not und Gefahr senden und empfangen Sie im UKW-Seefunk auf dem Not-und Anruf-Kanal 16 bzw. Kanal 70 im GMDSS.

MAYDAY (gesprochen: mädeh):
Notzeichen, anzuwenden bei unmittelbarer Gefahr für Schiff und Besatzung;

PAN PAN (gesprochen: pann pann):
Dringlichkeitszeichen, anzuwenden bei einer sehr dringender Meldung über die Sicherheit eines See- oder Luftfahrzeugs oder einer Person;

SÉCURITÉ (gesprochen: ssehküriteh):
Sicherheitszeichen, anzuwenden bei Ankündigung wichtiger nautischer Warnungen und wichtiger Wetterwarnungen;

MAYDAY RELAY (gesprochen: mädeh reläh):
Anzuwenden beim Anruf durch eine Funkstelle, die eine Notmeldung senden will, sich jedoch nicht selbst in Not befindet (dies gilt auch bei Empfang von Zeichen einer Seenotfunkboje);

PRUDENCE (gesprochen: prüdaanss):
Anzuwenden, wenn es nicht mehr nötig ist, völlige Funkstille auf einer für den Notverkehr benutzten Frequenz aufrechtzuerhalten und ein eingeschränkter Betrieb wieder aufgenommen werden darf;

SILENCE FINI (gesprochen: ssilaanss finih):
Anzuwenden, wenn der Notverkehr auf einer für den Notverkehr benutzten Frequenz beendet ist und der normale Betrieb wieder aufgenommen werden darf.

NOTRUF IM SPRECHFUNK

Notanruf: MAYDAY MAYDAY MAYDAY
(gesprochen: mähdeh)
- HIER IST
- Schiffsname ________ (dreimal gespr.)
- Rufzeichen ________ (buchstabiert)

Notmeldung: MAYDAY
- Schiffsname ________
- Rufzeichen ________ (buchstabiert)
- Position des Fahrzeugs
- Art des Notfalls, Art der benötigten Hilfe, sonstige Angaben zur Erleichterung der Suche und Rettung

Peilzeichen: Drücken Sie die Sprechtaste zweimal etwa 10 Sekunden lang und nennen Sie anschließend Schiffsname und Rufzeichen.

SCHIFF-SCHIFF-SPRECHFUNKVERKEHR AUF ULTRAKURZWELLE

Kanal	vorzugsweise zu benutzen für:
06	internationalen Verkehr; koordinierte Such- und Rettungsarbeiten
08	Fracht- und Fahrgastschiffe
09	Boote der Wasserschutzpolizei, Lotsendienste
13	Behördenfahrzeuge
10	Fischereifahrzeuge (1. Kanal); in Sicherheitsfällen auch für SAR-Verkehr
77	Fischereifahrzeuge (2. Kanal)
67 + 73	Bagger, Schleppverbände (1. + 2. Kanal)
72 + 69	Sportboote und Yachten (1. + 2. Kanal)

Gerät nach Gebrauch auf Kanal 16 einstellen und prüfen, ob Gerät auch auf Empfang steht!

Funkärztlicher Beratungsdienst über die KüFuSt.
Gebührenfrei per Funkgespräch oder Funktelegramm.

*Siehe Yachtpilot (DSV-Verlag, ISBN 3-88412-096-4) A 50 ff

Seite: .... Fahrt: .... Reisetag: .... Seetag: .... Dat.: .... den .... 20 .... Reiseziel: ....

Beobachtungen										
Uhrzeit	Wind		Seegang	Strom		Wetter	Luftdruck	Temp.	
	Richt.	kn		Richt.	kn		hPa	W C°	L C°
						○			
						○			
						○			
						○			
						○			
						○			
						○			
						○			
						○			
						○			

Tagesereignisse

	Wasser	Treibst.	Petr.	Gas
Bestand				
verbraucht				
nachgefüllt				
Endbestand				

Lampen
2100
0000
0300

Check	i.o.	Bemerkungen, Reparaturen, Ölwechsel, Batteriewasser etc.
Seenotausr.		
Motor		
E-Anlage		
Seeventile		
Bilge		
Rigg		
Lampen		
Sender		
Ruderanlage		
Gasanlage		

Seefunkgespräche		
Min.	Tel./Adresse	KüFu

Uhrzeit	Kurs							Fahrt	Log-stand
	Komp.	Dev.	MW	Abtr.	Strom	Ges.-Ber.	Karte	sm/h	

Segelf./Betriebsstunden/ Drehzahl	Schiffsführung: Manöver, Schiffsort, Kursmarken, Peilung	Wache	Seemeilen	
			Segel	Motor

Position:

morgens: ....

mittags: ....

abends: ....

Motor-Betriebsstunden:

ges. .... h .... min

Tag: .... h .... min

x l/h = ... l Verbrauch

Heizung + ... l Verbrauch

Gas.-Verbr. l

Chronometer um ....

Stand: ....

Gang: ....

Bordzeit .... ± GMT

(Unterschrift)

	Segel	Motor
Tagesweg		
Vortrag		
Summe		
Gesamt		
Etmal		
Ø kn		

In Seewetterberichten des Deutschen Wetterdienstes verwendete geographische Begriffe

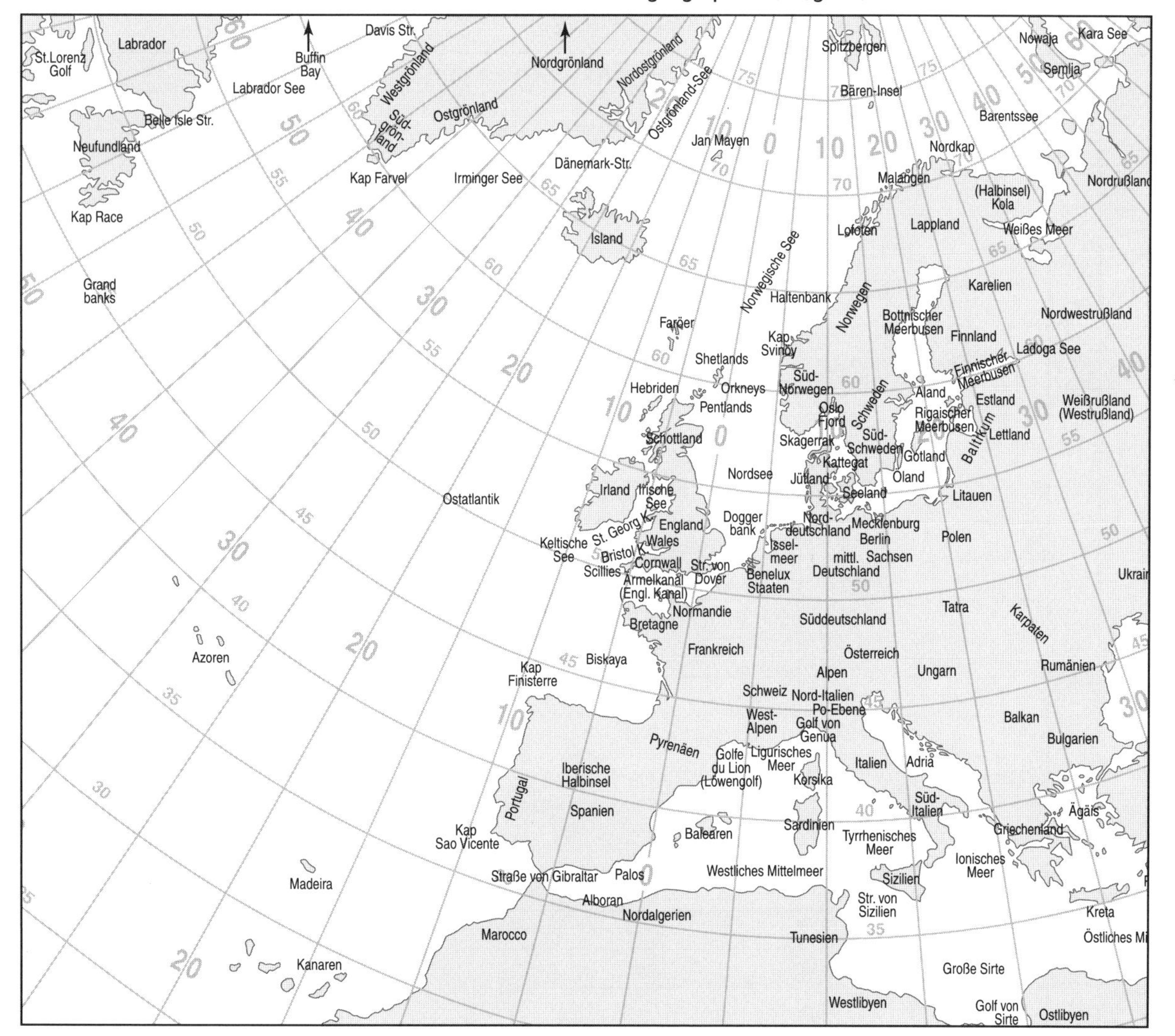

Wetterlage vom .... UTC/GZ .... Station

....

....

....

....

....

....

Stationsmeldung von .... UTC

	Stationen					
1	Svinoy					
2	Stavanger					
3	Aberdeen					
4	Tynemouth					
5	Hemsby					
6	Den Helder					
7	Norderney					
8	Helgoland					
9	List auf Sylt					
10	Thyboroen					
11	Skagen					
12	Fornaes					
13	Kegnaes					
14	Kiel-Holtenau					
	LT Kiel					
15	Fehmarn					
16	Arkona					
17	Bornholm					
18	Visby					
19	Utoe					
20	Riga					
21	Hel					
22	Soesteberg					
23	Manston					
24	Jersey					
25	Culdrose					
26	Belmullet					
27	Stornoway					

Stationsmeldung von .... UTC

	Vorhersage bis:	Aussichten bis: ....
N10 Deutsche Bucht		
N11 Humber/Südwest		
N12 Thames/Nordsee		
N9 Fischer		
N8 Dogger		
N4 Forties		
N2 Utsira N		
N3 Utsira S		
B14 Skagerrak		
B13 Kattegat		
B12 Belte und Sund		
B11 Westliche Ostsee		
B10 Südliche Ostsee		
Boddengewässer Ost		
B9 Südöstliche Ostsee		
B8 Zentrale Ostsee		
B7 Nördliche Ostsee		
B6 Rigaischer Meerbusen		
B5 Finnischer Meerbusen		
B4 Åland-See und Åland-Inseln		
B3 Bottensee		
B2 Norra Kvarken		
B1 Bottenwiek		
A6 Engl. Kanal, Westteil		
A5 Engl. Kanal, Ostteil		
Ijsselmeer		

Stationsmeldung von .... UTC

	R + St.	Wetter	Sicht	°C/hPa		R + St.	Wetter	Sicht	°C/hPa
Brest					Brindisi				
Bordeaux					Venedig				
La Coruna					Triest				
Gibraltar					Pula				
Almeria					Split				
Alicante					Dubrovnik				
Barcelona					Ulcinj				
Palma de Mallorca					Korfu				
Marseille					Kithira				
Nizza					Athen				
Genua					Thessaloniki				
Grosetta					Limnos				
Ajaccio					Heraklion				
Ponza					Rhodos				
Cagliari					Izmir				
Tunis					Antalya				
Messina					Istanbul				
Luqa/Malta					Larnaca				
Palermo					Las Palmas				

Station: .... UTC/GZ

Vorhersage bis .... Weitere Aussichten bis ....

M12 Kanarische Inseln		
M11 Alboran Gibraltar		
M10 Palos		
M2 Balearen		
M4 Westl. Korsika/Sardinien		
M1 Golfe du Lion		
M3 Ligurisches Meer		
M5 Tyrrhenisches Meer		
M6 Adria		
M7 Ionisches Meer		
M9 Ägäis		
M8 Biskaya		

Seite: .... Fahrt: .... Reisetag: .... Seetag: .... Dat.: .... den .... 20 .... Reiseziel: ....

Beobachtungen										
Uhrzeit	Wind		See-gang	Strom		Wetter	Luftdruck	Temp.	
	Richt.	kn		Richt.	kn		hPa	W C°	L C°
						◯			
						◯			
						◯			
						◯			
						◯			
						◯			
						◯			
						◯			
						◯			
						◯			

Tagesereignisse

	Wasser	Treibst.	Petr.	Gas
Bestand				
verbraucht				
nachgefüllt				
Endbestand				

Lampen
2100
0000
0300

Check	i.o.	Bemerkungen, Reparaturen, Ölwechsel, Batteriewasser etc.
Seenotausr.		
Motor		
E-Anlage		
Seeventile		
Bilge		
Rigg		
Lampen		
Sender		
Ruderanlage		
Gasanlage		

Seefunkgespräche		
Min.	Tel./Adresse	KüFu

Uhrzeit	Kurs							Fahrt	Log-stand
	Komp.	Dev.	MW	Abtr.	Strom	Ges.-Ber.	Karte	sm/h	

Segelf./Betriebsstunden/ Drehzahl	Schiffsführung: Manöver, Schiffsort, Kursmarken, Peilung	Wache	Seemeilen	
			Segel	Motor

Position:

morgens: ....

mittags: ....

abends: ....

Motor-Betriebsstunden:

ges. .... h .... min

Tag: .... h .... min

x l/h = ... l Verbrauch

Heizung + ... l Verbrauch

Gas.-Verbr. l

Chronometer um ....

Stand: ....

Gang: ....

Bordzeit .... ± GMT

(Unterschrift)

	Segel	Motor
Tagesweg		
Vortrag		
Summe		
Gesamt		
Etmal		
Ø kn		

In Seewetterberichten des Deutschen Wetterdienstes verwendete geographische Begriffe

St.Lorenz Golf
Labrador
Buffin Bay
Davis Str.
Westgrönland
Nordgrönland
Nordostgrönland
Spitzbergen
Nowaja
Kara See
Semlja
Labrador See
Belle Isle Str.
Süd-grönland
Ostgrönland
Ostgrönland-See
Bären-Insel
Barentssee
Neufundland
Jan Mayen
Nordkap
Kap Farvel
Irminger See
Dänemark-Str.
Malangen
(Halbinsel) Kola
Nordrußland
Kap Race
Island
Lofoten
Lappland
Weißes Meer
Norwegische See
Karelien
Grand banks
Haltenbank
Norwegen
Bottnischer Meerbusen
Nordwestrußland
Färöer
Kap Svinoy
Finnland
Ladoga See
Shetlands
Finnischer Meerbusen
Süd-Norwegen
Hebriden
Orkneys
Aland
Estland
Weißrußland (Westrußland)
Pentlands
Oslo Fjord
Schweden
Rigaischer Meerbusen
Baltikum
Lettland
Schottland
Skagerrak
Süd-Schweden
Gotland
Kattegat
Nordsee
Jütland
Oland
Irland
Irische See
Seeland
Litauen
Ostatlantik
Dogger bank
Nord-deutschland
Mecklenburg
England
St. Georg K.
Berlin
Polen
Keltische See
Bristol K.
Wales
Issel-meer
Scillies
Cornwall
Str. von Dover
mittl. Deutschland
Sachsen
Ärmelkanal (Engl. Kanal)
Benelux Staaten
Ukrai
Tatra
Normandie
Bretagne
Süddeutschland
Karpaten
Azoren
Biskaya
Frankreich
Österreich
Kap Finisterre
Alpen
Ungarn
Rumänien
Schweiz
Nord-Italien
Po-Ebene
West-Alpen
Golf von Genua
Balkan
Pyrenäen
Bulgarien
Golfe du Lion (Löwengolf)
Ligurisches Meer
Italien
Adria
Iberische Halbinsel
Portugal
Korsika
Süd-Italien
Ägäis
Spanien
Kap Sao Vicente
Balearen
Sardinien
Tyrrhenisches Meer
Griechenland
Ionisches Meer
Madeira
Straße von Gibraltar
Palos
Westliches Mittelmeer
Sizilien
Alboran
Str. von Sizilien
Kreta
Nordalgerien
Marocco
Tunesien
Östliches Mi
Kanaren
Große Sirte
Westlibyen
Golf von Sirte
Ostlibyen

Wetterlage vom .... **UTC/GZ** .... **Station**

....

....

....

....

....

Stationsmeldung von .... UTC

	Stationen					
1	Svinoy					
2	Stavanger					
3	Aberdeen					
4	Tynemouth					
5	Hemsby					
6	Den Helder					
7	Norderney					
8	Helgoland					
9	List auf Sylt					
10	Thyboroen					
11	Skagen					
12	Fornaes					
13	Kegnaes					
14	Kiel-Holtenau					
	LT Kiel					
15	Fehmarn					
16	Arkona					
17	Bornholm					
18	Visby					
19	Utoe					
20	Riga					
21	Hel					
22	Soesteberg					
23	Manston					
24	Jersey					
25	Culdrose					
26	Belmullet					
27	Stornoway					

Stationsmeldung von .... UTC

	Vorhersage bis:	Aussichten bis: ....
N10 Deutsche Bucht		
N11 Humber/Südwest		
N12 Thames/Nordsee		
N9 Fischer		
N8 Dogger		
N4 Forties		
N2 Utsira N		
N3 Utsira S		
B14 Skagerrak		
B13 Kattegat		
B12 Belte und Sund		
B11 Westliche Ostsee		
B10 Südliche Ostsee		
Boddengewässer Ost		
B9 Südöstliche Ostsee		
B8 Zentrale Ostsee		
B7 Nördliche Ostsee		
B6 Rigaischer Meerbusen		
B5 Finnischer Meerbusen		
B4 Åland-See und Åland-Inseln		
B3 Bottensee		
B2 Norra Kvarken		
B1 Bottenwiek		
A6 Engl. Kanal, Westteil		
A5 Engl. Kanal, Ostteil		
Ijsselmeer		

Stationsmeldung von .... UTC

	R + St.	Wetter	Sicht	°C/hPa		R + St.	Wetter	Sicht	°C/hPa
Brest					Brindisi				
Bordeaux					Venedig				
La Coruna					Triest				
Gibraltar					Pula				
Almeria					Split				
Alicante					Dubrovnik				
Barcelona					Ulcinj				
Palma de Mallorca					Korfu				
Marseille					Kithira				
Nizza					Athen				
Genua					Thessaloniki				
Grosetta					Limnos				
Ajaccio					Heraklion				
Ponza					Rhodos				
Cagliari					Izmir				
Tunis					Antalya				
Messina					Istanbul				
Luqa/Malta					Larnaca				
Palermo					Las Palmas				

Station: .... UTC/GZ

Vorhersage bis .... Weitere Aussichten bis ....

M12 Kanarische Inseln		
M11 Alboran Gibraltar		
M10 Palos		
M2 Balearen		
M4 Westl. Korsika/Sardinien		
M1 Golfe du Lion		
M3 Ligurisches Meer		
M5 Tyrrhenisches Meer		
M6 Adria		
M7 Ionisches Meer		
M9 Ägäis		
M8 Biskaya		

Seite: .... Fahrt: .... Reisetag: .... Seetag: .... Dat.: .... den .... 20 .... Reiseziel: ....

Beobachtungen									
Uhrzeit	Wind		Seegang	Strom		Wetter	Luftdruck	Temp.	
	Richt.	kn		Richt.	kn		hPa	W C°	L C°
						○			
						○			
						○			
						○			
						○			
						○			
						○			
						○			
						○			
						○			

Tagesereignisse

	Wasser	Treibst.	Petr.	Gas
Bestand				
verbraucht				
nachgefüllt				
Endbestand				

Lampen
2100
0000
0300

Seefunkgespräche		
Min.	Tel./Adresse	KüFu

Check	i.o.	Bemerkungen, Reparaturen, Ölwechsel, Batteriewasser etc.
Seenotausr.		
Motor		
E-Anlage		
Seeventile		
Bilge		
Rigg		
Lampen		
Sender		
Ruderanlage		
Gasanlage		

Uhrzeit	Kurs							Fahrt	Log-stand
	Komp.	Dev.	MW	Abtr.	Strom	Ges.-Ber.	Karte	sm/h	

Segelf./Betriebsstunden/ Drehzahl	Schiffsführung: Manöver, Schiffsort, Kursmarken, Peilung	Wache	Seemeilen	
			Segel	Motor

Position:

morgens: ....

mittags: ....

abends: ....

Motor-Betriebsstunden:

ges. .... h .... min

Tag: .... h .... min

x l/h = ... l Verbrauch

Heizung + ... l Verbrauch

Gas.-Verbr. l

Chronometer um ....

Stand: ....

Gang: ....

Bordzeit .... ± GMT

(Unterschrift)

Tagesweg		
Vortrag		
Summe		
Gesamt		
Etmal		
Ø kn		

In Seewetterberichten des Deutschen Wetterdienstes verwendete geographische Begriffe

St. Lorenz Golf
Labrador
Buffin Bay
Davis Str.
Nordgrönland
Nordostgrönland
Spitzbergen
Nowaja
Kara See
Semlja
Labrador See
Westgrönland
Ostgrönland-See
Bären-Insel
Belle Isle Str.
Süd-grönland
Ostgrönland
Barentssee
Neufundland
Jan Mayen
Nordkap
Kap Farvel
Irminger See
Dänemark-Str.
Malangen
(Halbinsel) Kola
Nordrußland
Kap Race
Island
Lofoten
Lappland
Weißes Meer
Norwegische See
Karelien
Grand banks
Haltenbank
Norwegen
Bottnischer Meerbusen
Nordwestrußland
Faröer
Kap Svinoy
Finnland
Ladoga See
Shetlands
Finnischer Meerbusen
Hebriden
Orkneys
Süd-Norwegen
Aland
Estland
Weißrußland (Westrußland)
Pentlands
Oslo Fjord
Schweden
Rigaischer Meerbusen
Baltikum
Schottland
Skagerrak
Süd-Schweden
Lettland
Gotland
Kattegat
Nordsee
Jütland
Oland
Ostatlantik
Irland
Irische See
Seeland
Litauen
Dogger bank
Nord-deutschland
Mecklenburg
St. Georg K.
England
Berlin
Polen
Keltische See
Bristol K.
Wales
Issel-meer
Scillies
Cornwall
Str. von Dover
mittl. Deutschland
Sachsen
Ukrai
Ärmelkanal (Engl. Kanal)
Benelux Staaten
Tatra
Normandie
Süddeutschland
Karpaten
Azoren
Bretagne
Frankreich
Österreich
Biskaya
Kap Finisterre
Alpen
Ungarn
Rumänien
Schweiz
Nord-Italien
Po-Ebene
West-Alpen
Golf von Genua
Balkan
Pyrenäen
Golfe du Lion (Löwengolf)
Ligurisches Meer
Bulgarien
Iberische Halbinsel
Italien
Adria
Portugal
Korsika
Spanien
Süd-Italien
Ägäis
Kap Sao Vicente
Balearen
Sardinien
Tyrrhenisches Meer
Griechenland
Ionisches Meer
Madeira
Straße von Gibraltar
Palos
Westliches Mittelmeer
Sizilien
Alboran
Nordalgerien
Str. von Sizilien
Kreta
Marocco
Tunesien
Östliches Mi
Kanaren
Große Sirte
Westlibyen
Golf von Sirte
Ostlibyen

Wetterlage vom .... UTC/GZ .... Station

....

....

....

....

....

Stationsmeldung von .... UTC

	Stationen					
1	Svinoy					
2	Stavanger					
3	Aberdeen					
4	Tynemouth					
5	Hemsby					
6	Den Helder					
7	Norderney					
8	Helgoland					
9	List auf Sylt					
10	Thyboroen					
11	Skagen					
12	Fornaes					
13	Kegnaes					
14	Kiel-Holtenau					
	LT Kiel					
15	Fehmarn					
16	Arkona					
17	Bornholm					
18	Visby					
19	Utoe					
20	Riga					
21	Hel					
22	Soesteberg					
23	Manston					
24	Jersey					
25	Culdrose					
26	Belmullet					
27	Stornoway					

Stationsmeldung von .... UTC

	Vorhersage bis:	Aussichten bis: ....
N10 Deutsche Bucht		
N11 Humber/Südwest		
N12 Thames/Nordsee		
N9 Fischer		
N8 Dogger		
N4 Forties		
N2 Utsira N		
N3 Utsira S		
B14 Skagerrak		
B13 Kattegat		
B12 Belte und Sund		
B11 Westliche Ostsee		
B10 Südliche Ostsee		
Boddengewässer Ost		
B9 Südöstliche Ostsee		
B8 Zentrale Ostsee		
B7 Nördliche Ostsee		
B6 Rigaischer Meerbusen		
B5 Finnischer Meerbusen		
B4 Åland-See und Åland-Inseln		
B3 Bottensee		
B2 Norra Kvarken		
B1 Bottenwiek		
A6 Engl. Kanal, Westteil		
A5 Engl. Kanal, Ostteil		
Ijsselmeer		

Stationsmeldung von .... UTC

	R + St.	Wetter	Sicht	°C/hPa		R + St.	Wetter	Sicht	°C/hPa
Brest					Brindisi				
Bordeaux					Venedig				
La Coruna					Triest				
Gibraltar					Pula				
Almeria					Split				
Alicante					Dubrovnik				
Barcelona					Ulcinj				
Palma de Mallorca					Korfu				
Marseille					Kithira				
Nizza					Athen				
Genua					Thessaloniki				
Grosetta					Limnos				
Ajaccio					Heraklion				
Ponza					Rhodos				
Cagliari					Izmir				
Tunis					Antalya				
Messina					Istanbul				
Luqa/Malta					Larnaca				
Palermo					Las Palmas				

Station: .... UTC/GZ

Vorhersage bis .... Weitere Aussichten bis ....

M12 Kanarische Inseln		
M11 Alboran Gibraltar		
M10 Palos		
M2 Balearen		
M4 Westl. Korsika/Sardinien		
M1 Golfe du Lion		
M3 Ligurisches Meer		
M5 Tyrrhenisches Meer		
M6 Adria		
M7 Ionisches Meer		
M9 Ägäis		
M8 Biskaya		

Seite: .... Fahrt: .... Reisetag: .... Seetag: .... Dat.: .... den .... 20 .... Reiseziel: ....

Beobachtungen										
Uhrzeit	Wind		See-gang	Strom		Wetter	Luftdruck	Temp.	
	Richt.	kn		Richt.	kn		hPa	W C°	L C°
						○			
						○			
						○			
						○			
						○			
						○			
						○			
						○			
						○			
						○			

Tagesereignisse

	Wasser	Treibst.	Petr.	Gas
Bestand				
verbraucht				
nachgefüllt				
Endbestand				

Lampen
2100
0000
0300

Seefunkgespräche		
Min.	Tel./Adresse	KüFu

Check	i.o.	Bemerkungen, Reparaturen, Ölwechsel, Batteriewasser etc.
Seenotausr.		
Motor		
E-Anlage		
Seeventile		
Bilge		
Rigg		
Lampen		
Sender		
Ruderanlage		
Gasanlage		

Uhrzeit	Kurs							Fahrt	Log-stand
	Komp.	Dev.	MW	Abtr.	Strom	Ges.-Ber.	Karte	sm/h	

Segelf./Betriebsstunden/ Drehzahl	Schiffsführung: Manöver, Schiffsort, Kursmarken, Peilung	Wache	Seemeilen	
			Segel	Motor

Position:

morgens: ....

mittags: ....

abends: ....

Motor-Betriebsstunden:

ges. .... h .... min

Tag: .... h .... min

x l/h = ... l Verbrauch

Heizung + ... l Verbrauch

Gas.-Verbr. l

Chronometer um ....

Stand: ....

Gang: ....

Bordzeit .... ± GMT

(Unterschrift)

	Segel	Motor
Tagesweg		
Vortrag		
Summe		
Gesamt		
Etmal		
Ø kn		

In Seewetterberichten des Deutschen Wetterdienstes verwendete geographische Begriffe

Wetterlage vom .... **UTC/GZ** .... **Station**

....

....

....

....

....

....

Stationsmeldung von .... UTC

	Stationen					
1	Svinoy					
2	Stavanger					
3	Aberdeen					
4	Tynemouth					
5	Hemsby					
6	Den Helder					
7	Norderney					
8	Helgoland					
9	List auf Sylt					
10	Thyboroen					
11	Skagen					
12	Fornaes					
13	Kegnaes					
14	Kiel-Holtenau					
	LT Kiel					
15	Fehmarn					
16	Arkona					
17	Bornholm					
18	Visby					
19	Utoe					
20	Riga					
21	Hel					
22	Soesteberg					
23	Manston					
24	Jersey					
25	Culdrose					
26	Belmullet					
27	Stornoway					

Stationsmeldung von .... UTC

	Vorhersage bis:	Aussichten bis: ....
N10 Deutsche Bucht		
N11 Humber/Südwest		
N12 Thames/Nordsee		
N9 Fischer		
N8 Dogger		
N4 Forties		
N2 Utsira N		
N3 Utsira S		
B14 Skagerrak		
B13 Kattegat		
B12 Belte und Sund		
B11 Westliche Ostsee		
B10 Südliche Ostsee		
Boddengewässer Ost		
B9 Südöstliche Ostsee		
B8 Zentrale Ostsee		
B7 Nördliche Ostsee		
B6 Rigaischer Meerbusen		
B5 Finnischer Meerbusen		
B4 Åland-See und Åland-Inseln		
B3 Bottensee		
B2 Norra Kvarken		
B1 Bottenwiek		
A6 Engl. Kanal, Westteil		
A5 Engl. Kanal, Ostteil		
Ijsselmeer		

Stationsmeldung von .... UTC

	R + St.	Wetter	Sicht	°C/hPa		R + St.	Wetter	Sicht	°C/hPa
Brest					Brindisi				
Bordeaux					Venedig				
La Coruna					Triest				
Gibraltar					Pula				
Almeria					Split				
Alicante					Dubrovnik				
Barcelona					Ulcinj				
Palma de Mallorca					Korfu				
Marseille					Kithira				
Nizza					Athen				
Genua					Thessaloniki				
Grosetta					Limnos				
Ajaccio					Heraklion				
Ponza					Rhodos				
Cagliari					Izmir				
Tunis					Antalya				
Messina					Istanbul				
Luqa/Malta					Larnaca				
Palermo					Las Palmas				

Station: .... UTC/GZ

Vorhersage bis .... Weitere Aussichten bis ....

M12 Kanarische Inseln		
M11 Alboran Gibraltar		
M10 Palos		
M2 Balearen		
M4 Westl. Korsika/Sardinien		
M1 Golfe du Lion		
M3 Ligurisches Meer		
M5 Tyrrhenisches Meer		
M6 Adria		
M7 Ionisches Meer		
M9 Ägäis		
M8 Biskaya		

Seite: .... Fahrt: .... Reisetag: .... Seetag: .... Dat.: .... den .... 20 .... Reiseziel: ....

Beobachtungen									
Uhrzeit	Wind		Seegang	Strom		Wetter	Luftdruck	Temp.	
	Richt.	kn		Richt.	kn		hPa	W C°	L C°
						◯			
						◯			
						◯			
						◯			
						◯			
						◯			
						◯			
						◯			
						◯			
						◯			

Tagesereignisse

	Wasser	Treibst.	Petr.	Gas
Bestand				
verbraucht				
nachgefüllt				
Endbestand				

Lampen
2100
0000
0300

Seefunkgespräche		
Min.	Tel./Adresse	KüFu

Check	i.o.	Bemerkungen, Reparaturen, Ölwechsel, Batteriewasser etc.
Seenotausr.		
Motor		
E-Anlage		
Seeventile		
Bilge		
Rigg		
Lampen		
Sender		
Ruderanlage		
Gasanlage		

Uhrzeit	Kurs							Fahrt	Log-stand
	Komp.	Dev.	MW	Abtr.	Strom	Ges.-Ber.	Karte	sm/h	

Segelf./Betriebsstunden/ Drehzahl	Schiffsführung: Manöver, Schiffsort, Kursmarken, Peilung	Wache	Seemeilen	
			Segel	Motor

Position:

morgens: ....

mittags: ....

abends: ....

Motor-Betriebsstunden:

ges. .... h .... min

Tag: .... h .... min

x l/h = ... l Verbrauch

Heizung + ... l Verbrauch

Gas.-Verbr. l

Chronometer um ....

Stand: ....

Gang: ....

Bordzeit .... ± GMT

(Unterschrift)

	Segel	Motor
Tagesweg		
Vortrag		
Summe		
Gesamt		
Etmal		
Ø kn		

In Seewetterberichten des Deutschen Wetterdienstes verwendete geographische Begriffe

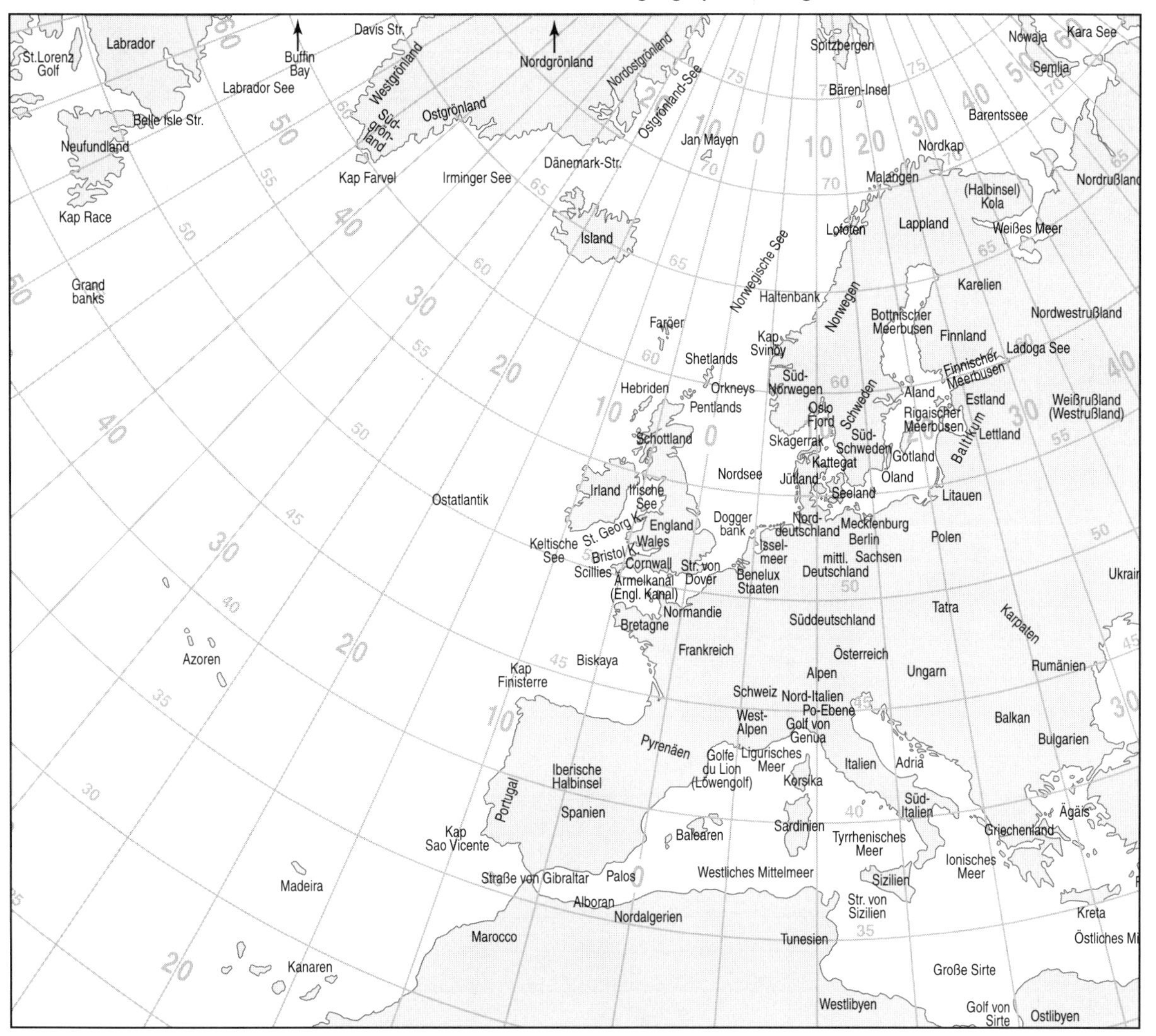

Wetterlage vom .... UTC/GZ .... Station

....

....

....

....

....

Stationsmeldung von .... UTC

	Stationen					
1	Svinoy					
2	Stavanger					
3	Aberdeen					
4	Tynemouth					
5	Hemsby					
6	Den Helder					
7	Norderney					
8	Helgoland					
9	List auf Sylt					
10	Thyboroen					
11	Skagen					
12	Fornaes					
13	Kegnaes					
14	Kiel-Holtenau					
	LT Kiel					
15	Fehmarn					
16	Arkona					
17	Bornholm					
18	Visby					
19	Utoe					
20	Riga					
21	Hel					
22	Soesteberg					
23	Manston					
24	Jersey					
25	Culdrose					
26	Belmullet					
27	Stornoway					

Stationsmeldung von .... UTC

	Vorhersage bis:	Aussichten bis: ....
N10 Deutsche Bucht		
N11 Humber/Südwest		
N12 Thames/Nordsee		
N9 Fischer		
N8 Dogger		
N4 Forties		
N2 Utsira N		
N3 Utsira S		
B14 Skagerrak		
B13 Kattegat		
B12 Belte und Sund		
B11 Westliche Ostsee		
B10 Südliche Ostsee		
Boddengewässer Ost		
B9 Südöstliche Ostsee		
B8 Zentrale Ostsee		
B7 Nördliche Ostsee		
B6 Rigaischer Meerbusen		
B5 Finnischer Meerbusen		
B4 Åland-See und Åland-Inseln		
B3 Bottensee		
B2 Norra Kvarken		
B1 Bottenwiek		
A6 Engl. Kanal, Westteil		
A5 Engl. Kanal, Ostteil		
Ijsselmeer		

Stationsmeldung von .... UTC

	R + St.	Wetter	Sicht	°C/hPa		R + St.	Wetter	Sicht	°C/hPa
Brest					Brindisi				
Bordeaux					Venedig				
La Coruna					Triest				
Gibraltar					Pula				
Almeria					Split				
Alicante					Dubrovnik				
Barcelona					Ulcinj				
Palma de Mallorca					Korfu				
Marseille					Kithira				
Nizza					Athen				
Genua					Thessaloniki				
Grosetta					Limnos				
Ajaccio					Heraklion				
Ponza					Rhodos				
Cagliari					Izmir				
Tunis					Antalya				
Messina					Istanbul				
Luqa/Malta					Larnaca				
Palermo					Las Palmas				

Station: .... UTC/GZ

Vorhersage bis .... Weitere Aussichten bis ....

M12 Kanarische Inseln		
M11 Alboran Gibraltar		
M10 Palos		
M2 Balearen		
M4 Westl. Korsika/Sardinien		
M1 Golfe du Lion		
M3 Ligurisches Meer		
M5 Tyrrhenisches Meer		
M6 Adria		
M7 Ionisches Meer		
M9 Ägäis		
M8 Biskaya		

Seite: .... Fahrt: .... Reisetag: .... Seetag: .... Dat.: .... den .... 20 .... Reiseziel: ....

Beobachtungen									
Uhrzeit	Wind		Seegang	Strom		Wetter	Luftdruck	Temp.	
	Richt.	kn		Richt.	kn		hPa	W C°	L C°
						○			
						○			
						○			
						○			
						○			
						○			
						○			
						○			
						○			
						○			

Tagesereignisse

	Wasser	Treibst.	Petr.	Gas
Bestand				
verbraucht				
nachgefüllt				
Endbestand				

Lampen
2100
0000
0300

Seefunkgespräche		
Min.	Tel./Adresse	KüFu

Check	i.o.	Bemerkungen, Reparaturen, Ölwechsel, Batteriewasser etc.
Seenotausr.		
Motor		
E-Anlage		
Seeventile		
Bilge		
Rigg		
Lampen		
Sender		
Ruderanlage		
Gasanlage		

Uhrzeit	Kurs							Fahrt	Log-stand
	Komp.	Dev.	MW	Abtr.	Strom	Ges.-Ber.	Karte	sm/h	

Segelf./Betriebsstunden/ Drehzahl	Schiffsführung: Manöver, Schiffsort, Kursmarken, Peilung	Wache	Seemeilen	
			Segel	Motor

Position:

morgens: ....

mittags: ....

abends: ....

Motor-Betriebsstunden:

ges. .... h .... min

Tag: .... h .... min

x l/h = ... l Verbrauch

Heizung + ... l Verbrauch

Gas.-Verbr. l

Chronometer um ....

Stand: ....

Gang: ....

Bordzeit .... ± GMT

(Unterschrift)

Tagesweg		
Vortrag		
Summe		
Gesamt		
Etmal		
Ø kn		

In Seewetterberichten des Deutschen Wetterdienstes verwendete geographische Begriffe

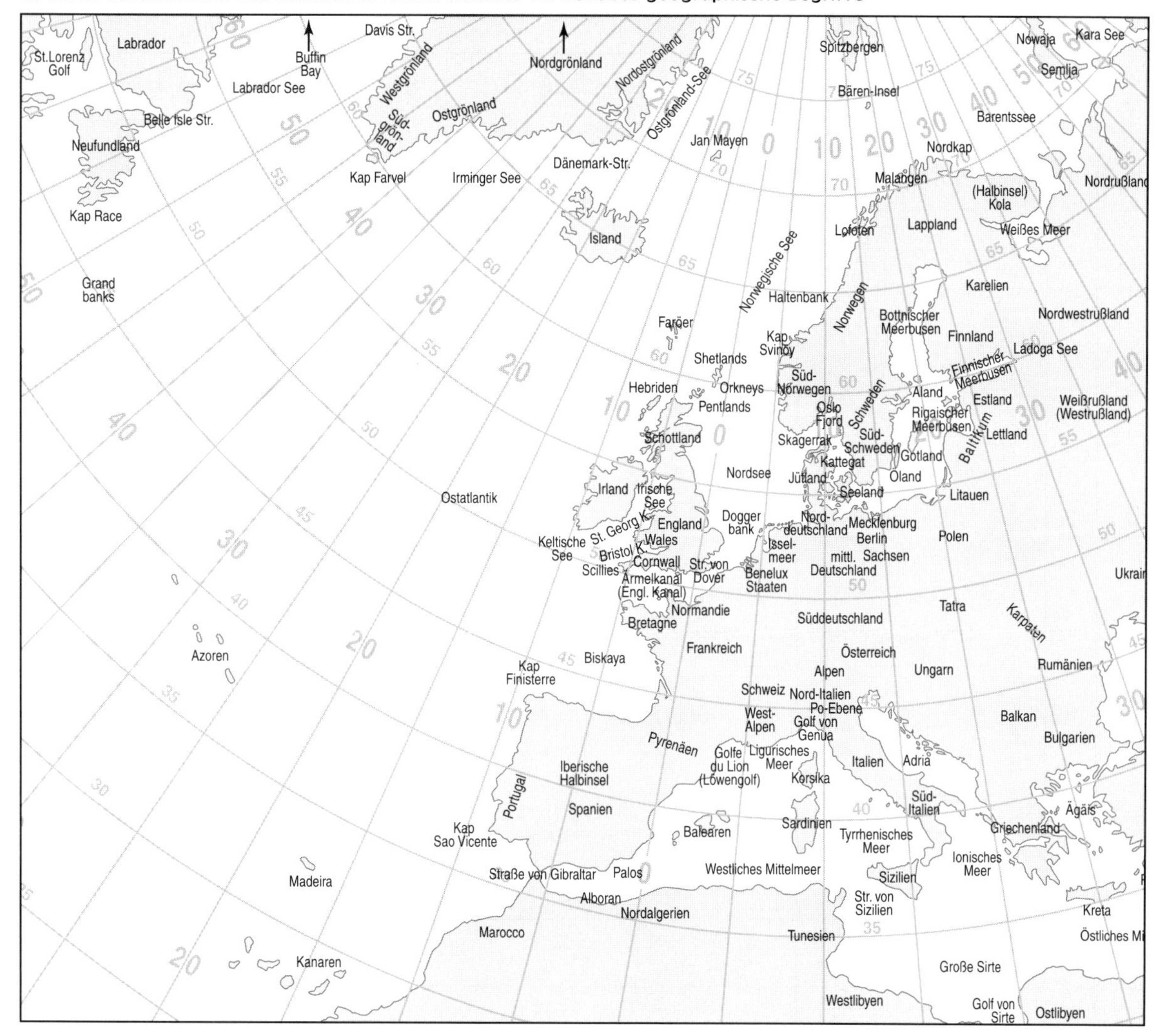

Wetterlage vom .... **UTC/GZ** .... **Station**

....

....

....

....

....

....

Stationsmeldung von .... **UTC**

	Stationen					
1	Svinoy					
2	Stavanger					
3	Aberdeen					
4	Tynemouth					
5	Hemsby					
6	Den Helder					
7	Norderney					
8	Helgoland					
9	List auf Sylt					
10	Thyboroen					
11	Skagen					
12	Fornaes					
13	Kegnaes					
14	Kiel-Holtenau					
	LT Kiel					
15	Fehmarn					
16	Arkona					
17	Bornholm					
18	Visby					
19	Utoe					
20	Riga					
21	Hel					
22	Soesteberg					
23	Manston					
24	Jersey					
25	Culdrose					
26	Belmullet					
27	Stornoway					

Stationsmeldung von .... UTC

	Vorhersage bis:	Aussichten bis: ....
N10 Deutsche Bucht		
N11 Humber/Südwest		
N12 Thames/Nordsee		
N9 Fischer		
N8 Dogger		
N4 Forties		
N2 Utsira N		
N3 Utsira S		
B14 Skagerrak		
B13 Kattegat		
B12 Belte und Sund		
B11 Westliche Ostsee		
B10 Südliche Ostsee		
Boddengewässer Ost		
B9 Südöstliche Ostsee		
B8 Zentrale Ostsee		
B7 Nördliche Ostsee		
B6 Rigaischer Meerbusen		
B5 Finnischer Meerbusen		
B4 Åland-See und Åland-Inseln		
B3 Bottensee		
B2 Norra Kvarken		
B1 Bottenwiek		
A6 Engl. Kanal, Westteil		
A5 Engl. Kanal, Ostteil		
Ijsselmeer		

Stationsmeldung von .... UTC

	R + St.	Wetter	Sicht	°C/hPa		R + St.	Wetter	Sicht	°C/hPa
Brest					Brindisi				
Bordeaux					Venedig				
La Coruna					Triest				
Gibraltar					Pula				
Almeria					Split				
Alicante					Dubrovnik				
Barcelona					Ulcinj				
Palma de Mallorca					Korfu				
Marseille					Kithira				
Nizza					Athen				
Genua					Thessaloniki				
Grosetta					Limnos				
Ajaccio					Heraklion				
Ponza					Rhodos				
Cagliari					Izmir				
Tunis					Antalya				
Messina					Istanbul				
Luqa/Malta					Larnaca				
Palermo					Las Palmas				

Station: .... UTC/GZ

Vorhersage bis .... Weitere Aussichten bis ....

M12 Kanarische Inseln		
M11 Alboran Gibraltar		
M10 Palos		
M2 Balearen		
M4 Westl. Korsika/Sardinien		
M1 Golfe du Lion		
M3 Ligurisches Meer		
M5 Tyrrhenisches Meer		
M6 Adria		
M7 Ionisches Meer		
M9 Ägäis		
M8 Biskaya		

Seite: .... Fahrt: .... Reisetag: .... Seetag: .... Dat.: .... den .... 20 .... Reiseziel: ....

Beobachtungen									
Uhrzeit	Wind		Seegang	Strom		Wetter	Luftdruck	Temp.	
	Richt.	kn		Richt.	kn		hPa	W C°	L C°
						○			
						○			
						○			
						○			
						○			
						○			
						○			
						○			
						○			
						○			

Tagesereignisse

	Wasser	Treibst.	Petr.	Gas
Bestand				
verbraucht				
nachgefüllt				
Endbestand				

Lampen
2100
0000
0300

Seefunkgespräche		
Min.	Tel./Adresse	KüFu

Check	i.o.	Bemerkungen, Reparaturen, Ölwechsel, Batteriewasser etc.
Seenotausr.		
Motor		
E-Anlage		
Seeventile		
Bilge		
Rigg		
Lampen		
Sender		
Ruderanlage		
Gasanlage		

Uhrzeit	Kurs							Fahrt	Log-stand
	Komp.	Dev.	MW	Abtr.	Strom	Ges.-Ber.	Karte	sm/h	

Segelf./Betriebsstunden/ Drehzahl	Schiffsführung: Manöver, Schiffsort, Kursmarken, Peilung	Wache	Seemeilen	
			Segel	Motor

Position:

morgens: ....

mittags: ....

abends: ....

Motor-Betriebsstunden:

ges. .... h .... min

Tag: .... h .... min

x l/h = ... l Verbrauch

Heizung + ... l Verbrauch

Gas.-Verbr. l

Chronometer um ....

Stand: ....

Gang: ....

Bordzeit .... ± GMT

(Unterschrift)

	Segel	Motor
Tagesweg		
Vortrag		
Summe		
Gesamt		
Etmal		
Ø kn		

In Seewetterberichten des Deutschen Wetterdienstes verwendete geographische Begriffe

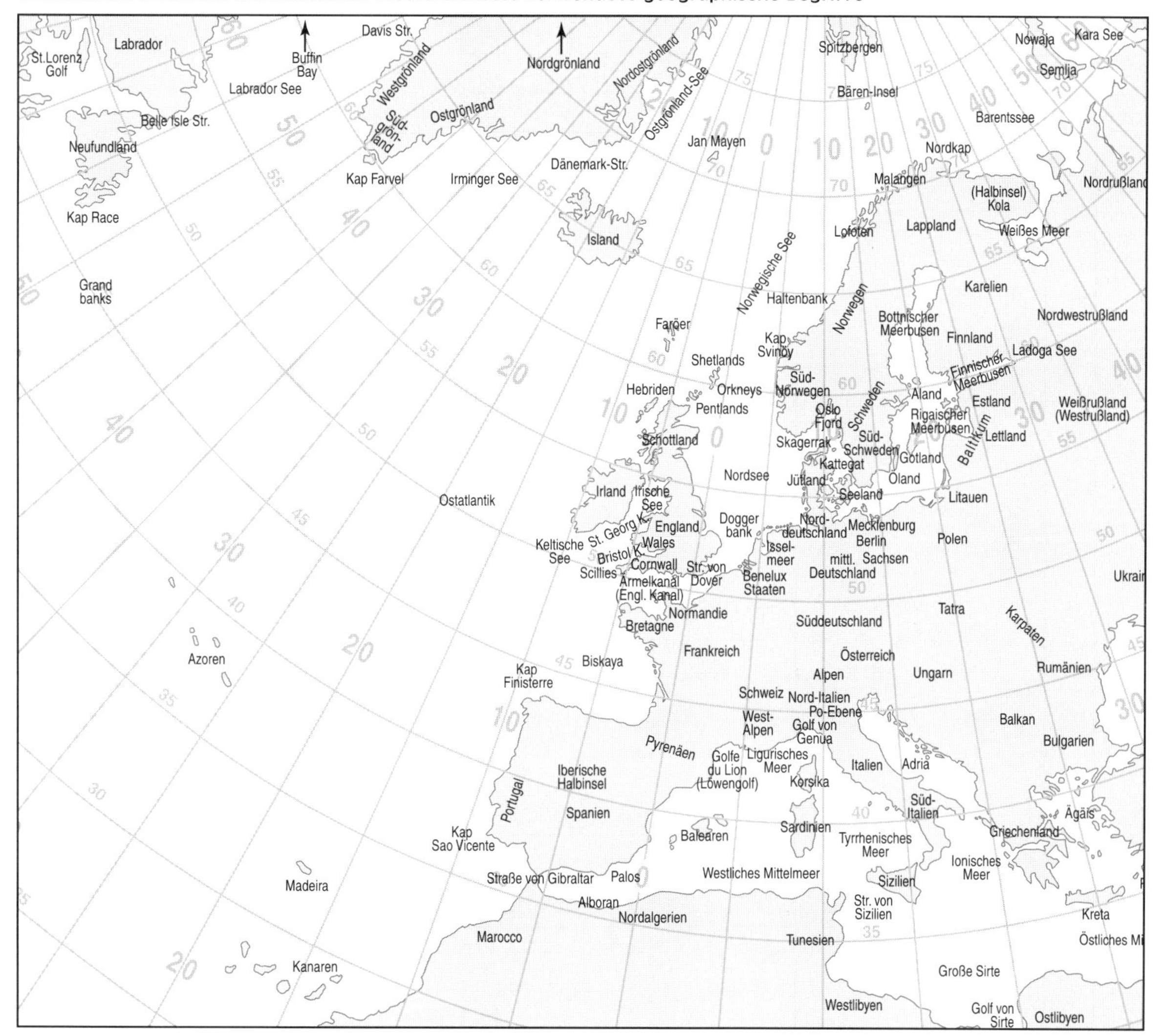

Wetterlage vom .... **UTC/GZ** .... **Station**

....

....

....

....

....

....

Stationsmeldung von .... **UTC**

	Stationen					
1	Svinoy					
2	Stavanger					
3	Aberdeen					
4	Tynemouth					
5	Hemsby					
6	Den Helder					
7	Norderney					
8	Helgoland					
9	List auf Sylt					
10	Thyboroen					
11	Skagen					
12	Fornaes					
13	Kegnaes					
14	Kiel-Holtenau					
	LT Kiel					
15	Fehmarn					
16	Arkona					
17	Bornholm					
18	Visby					
19	Utoe					
20	Riga					
21	Hel					
22	Soesteberg					
23	Manston					
24	Jersey					
25	Culdrose					
26	Belmullet					
27	Stornoway					

Stationsmeldung von .... UTC

	Vorhersage bis:	Aussichten bis: ....
N10 Deutsche Bucht		
N11 Humber/Südwest		
N12 Thames/Nordsee		
N9 Fischer		
N8 Dogger		
N4 Forties		
N2 Utsira N		
N3 Utsira S		
B14 Skagerrak		
B13 Kattegat		
B12 Belte und Sund		
B11 Westliche Ostsee		
B10 Südliche Ostsee		
Boddengewässer Ost		
B9 Südöstliche Ostsee		
B8 Zentrale Ostsee		
B7 Nördliche Ostsee		
B6 Rigaischer Meerbusen		
B5 Finnischer Meerbusen		
B4 Åland-See und Åland-Inseln		
B3 Bottensee		
B2 Norra Kvarken		
B1 Bottenwiek		
A6 Engl. Kanal, Westteil		
A5 Engl. Kanal, Ostteil		
Ijsselmeer		

Stationsmeldung von .... UTC

	R + St.	Wetter	Sicht	°C/hPa		R + St.	Wetter	Sicht	°C/hPa
Brest					Brindisi				
Bordeaux					Venedig				
La Coruna					Triest				
Gibraltar					Pula				
Almeria					Split				
Alicante					Dubrovnik				
Barcelona					Ulcinj				
Palma de Mallorca					Korfu				
Marseille					Kithira				
Nizza					Athen				
Genua					Thessaloniki				
Grosetta					Limnos				
Ajaccio					Heraklion				
Ponza					Rhodos				
Cagliari					Izmir				
Tunis					Antalya				
Messina					Istanbul				
Luqa/Malta					Larnaca				
Palermo					Las Palmas				

Station: .... UTC/GZ

Vorhersage bis .... Weitere Aussichten bis ....

M12 Kanarische Inseln		
M11 Alboran Gibraltar		
M10 Palos		
M2 Balearen		
M4 Westl. Korsika/Sardinien		
M1 Golfe du Lion		
M3 Ligurisches Meer		
M5 Tyrrhenisches Meer		
M6 Adria		
M7 Ionisches Meer		
M9 Ägäis		
M8 Biskaya		

Seite: .... Fahrt: .... Reisetag: .... Seetag: .... Dat.: .... den .... 20 .... Reiseziel: ....

Beobachtungen									
Uhrzeit	Wind		Seegang	Strom		Wetter	Luftdruck	Temp.	
	Richt.	kn		Richt.	kn		hPa	W C°	L C°
						○			
						○			
						○			
						○			
						○			
						○			
						○			
						○			
						○			
						○			

Tagesereignisse

	Wasser	Treibst.	Petr.	Gas
Bestand				
verbraucht				
nachgefüllt				
Endbestand				

Lampen
2100
0000
0300

Check	i.o.	Bemerkungen, Reparaturen, Ölwechsel, Batteriewasser etc.
Seenotausr.		
Motor		
E-Anlage		
Seeventile		
Bilge		
Rigg		
Lampen		
Sender		
Ruderanlage		
Gasanlage		

Seefunkgespräche		
Min.	Tel./Adresse	KüFu

Uhrzeit	Kurs							Fahrt	Log-stand
	Komp.	Dev.	MW	Abtr.	Strom	Ges.-Ber.	Karte	sm/h	

Segelf./Betriebsstunden/ Drehzahl	Schiffsführung: Manöver, Schiffsort, Kursmarken, Peilung	Wache	Seemeilen	
			Segel	Motor

Position:

morgens: ....

mittags: ....

abends: ....

Motor-Betriebsstunden:

ges. .... h .... min

Tag: .... h .... min

x l/h = ... l Verbrauch

Heizung + ... l Verbrauch

Gas.-Verbr. l

Chronometer um ....

Stand: ....

Gang: ....

Bordzeit .... ± GMT

(Unterschrift)

	Segel	Motor
Tagesweg		
Vortrag		
Summe		
Gesamt		
Etmal		
Ø kn		

In Seewetterberichten des Deutschen Wetterdienstes verwendete geographische Begriffe

St. Lorenz Golf
Labrador
Buffin Bay
Davis Str.
Nordgrönland
Nordostgrönland
Spitzbergen
Nowaja Semlja
Kara See
Labrador See
Westgrönland
Ostgrönland-See
Bären-Insel
Belle Isle Str.
Süd-grönland
Ostgrönland
Jan Mayen
Barentssee
Neufundland
Nordkap
Kap Farvel
Irminger See
Dänemark-Str.
Malangen
Nordrußland
(Halbinsel) Kola
Kap Race
Island
Lofoten
Lappland
Weißes Meer
Norwegische See
Grand banks
Haltenbank
Karelien
Färöer
Norwegen
Bottnischer Meerbusen
Finnland
Nordwestrußland
Kap Svinoy
Shetlands
Ladoga See
Finnischer Meerbusen
Hebriden
Orkneys
Süd-Norwegen
Pentlands
Aland
Estland
Weißrußland (Westrußland)
Oslo Fjord
Schweden
Rigaischer Meerbusen
Schottland
Skagerrak
Süd-Schweden
Lettland
Baltikum
Gotland
Kattegat
Nordsee
Jütland
Oland
Irland
Irische See
Seeland
Litauen
Ostatlantik
Dogger bank
Nord-deutschland
Mecklenburg
England
Berlin
St. Georg K.
Polen
Keltische See
Wales
Bristol K.
Issel-meer
Cornwall
Str. von Dover
mittl. Deutschland
Sachsen
Scillies
Armelkanal (Engl. Kanal)
Benelux Staaten
Ukrai
Normandie
Tatra
Bretagne
Süddeutschland
Karpaten
Frankreich
Österreich
Kap Finisterre
Biskaya
Alpen
Ungarn
Rumänien
Azoren
Schweiz
Nord-Italien
Po-Ebene
West-Alpen
Golf von Genua
Balkan
Pyrenäen
Golfe du Lion (Löwengolf)
Ligurisches Meer
Bulgarien
Iberische Halbinsel
Italien
Adria
Portugal
Korsika
Spanien
Süd-Italien
Ägäis
Kap Sao Vicente
Balearen
Sardinien
Tyrrhenisches Meer
Griechenland
Madeira
Straße von Gibraltar
Palos
Westliches Mittelmeer
Ionisches Meer
Sizilien
Alboran
Str. von Sizilien
Kreta
Nordalgerien
Marocco
Tunesien
Östliches Mi
Kanaren
Große Sirte
Westlibyen
Golf von Sirte
Ostlibyen

Wetterlage vom .... UTC/GZ .... Station

....

....

....

....

....

....

Stationsmeldung von .... UTC

	Stationen					
1	Svinoy					
2	Stavanger					
3	Aberdeen					
4	Tynemouth					
5	Hemsby					
6	Den Helder					
7	Norderney					
8	Helgoland					
9	List auf Sylt					
10	Thyboroen					
11	Skagen					
12	Fornaes					
13	Kegnaes					
14	Kiel-Holtenau					
	LT Kiel					
15	Fehmarn					
16	Arkona					
17	Bornholm					
18	Visby					
19	Utoe					
20	Riga					
21	Hel					
22	Soesteberg					
23	Manston					
24	Jersey					
25	Culdrose					
26	Belmullet					
27	Stornoway					

Stationsmeldung von .... UTC

	Vorhersage bis:	Aussichten bis: ....
N10 Deutsche Bucht		
N11 Humber/Südwest		
N12 Thames/Nordsee		
N9 Fischer		
N8 Dogger		
N4 Forties		
N2 Utsira N		
N3 Utsira S		
B14 Skagerrak		
B13 Kattegat		
B12 Belte und Sund		
B11 Westliche Ostsee		
B10 Südliche Ostsee		
Boddengewässer Ost		
B9 Südöstliche Ostsee		
B8 Zentrale Ostsee		
B7 Nördliche Ostsee		
B6 Rigaischer Meerbusen		
B5 Finnischer Meerbusen		
B4 Åland-See und Åland-Inseln		
B3 Bottensee		
B2 Norra Kvarken		
B1 Bottenwiek		
A6 Engl. Kanal, Westteil		
A5 Engl. Kanal, Ostteil		
Ijsselmeer		

Stationsmeldung von .... UTC

	R + St.	Wetter	Sicht	°C/hPa		R + St.	Wetter	Sicht	°C/hPa
Brest					Brindisi				
Bordeaux					Venedig				
La Coruna					Triest				
Gibraltar					Pula				
Almeria					Split				
Alicante					Dubrovnik				
Barcelona					Ulcinj				
Palma de Mallorca					Korfu				
Marseille					Kithira				
Nizza					Athen				
Genua					Thessaloniki				
Grosetta					Limnos				
Ajaccio					Heraklion				
Ponza					Rhodos				
Cagliari					Izmir				
Tunis					Antalya				
Messina					Istanbul				
Luqa/Malta					Larnaca				
Palermo					Las Palmas				

Station: .... UTC/GZ

Vorhersage bis .... Weitere Aussichten bis ....

M12 Kanarische Inseln		
M11 Alboran Gibraltar		
M10 Palos		
M2 Balearen		
M4 Westl. Korsika/Sardinien		
M1 Golfe du Lion		
M3 Ligurisches Meer		
M5 Tyrrhenisches Meer		
M6 Adria		
M7 Ionisches Meer		
M9 Ägäis		
M8 Biskaya		

Seite: .... Fahrt: .... Reisetag: .... Seetag: .... Dat.: .... den .... 20 .... Reiseziel: ....

Beobachtungen									
Uhrzeit	Wind		See-gang	Strom		Wetter	Luftdruck	Temp.	
	Richt.	kn		Richt.	kn		hPa	W C°	L C°

Tagesereignisse

	Wasser	Treibst.	Petr.	Gas
Bestand				
verbraucht				
nachgefüllt				
Endbestand				

Lampen
2100
0000
0300

Check	i.o.	Bemerkungen, Reparaturen, Ölwechsel, Batteriewasser etc.
Seenotausr.		
Motor		
E-Anlage		
Seeventile		
Bilge		
Rigg		
Lampen		
Sender		
Ruderanlage		
Gasanlage		

Seefunkgespräche		
Min.	Tel./Adresse	KüFu

Uhrzeit	Kurs							Fahrt	Log-stand
	Komp.	Dev.	MW	Abtr.	Strom	Ges.-Ber.	Karte	sm/h	

Segelf./Betriebsstunden/ Drehzahl	Schiffsführung: Manöver, Schiffsort, Kursmarken, Peilung	Wache	Seemeilen	
			Segel	Motor

Position:

morgens: ....

mittags: ....

abends: ....

Motor-Betriebsstunden:

ges. .... h .... min

Tag: .... h .... min

x l/h = ... l Verbrauch

Heizung + ... l Verbrauch

Gas.-Verbr. l

Chronometer um ....

Stand: ....

Gang: ....

Bordzeit .... ± GMT

(Unterschrift)

Tagesweg		
Vortrag		
Summe		
Gesamt		
Etmal		
Ø kn		

In Seewetterberichten des Deutschen Wetterdienstes verwendete geographische Begriffe

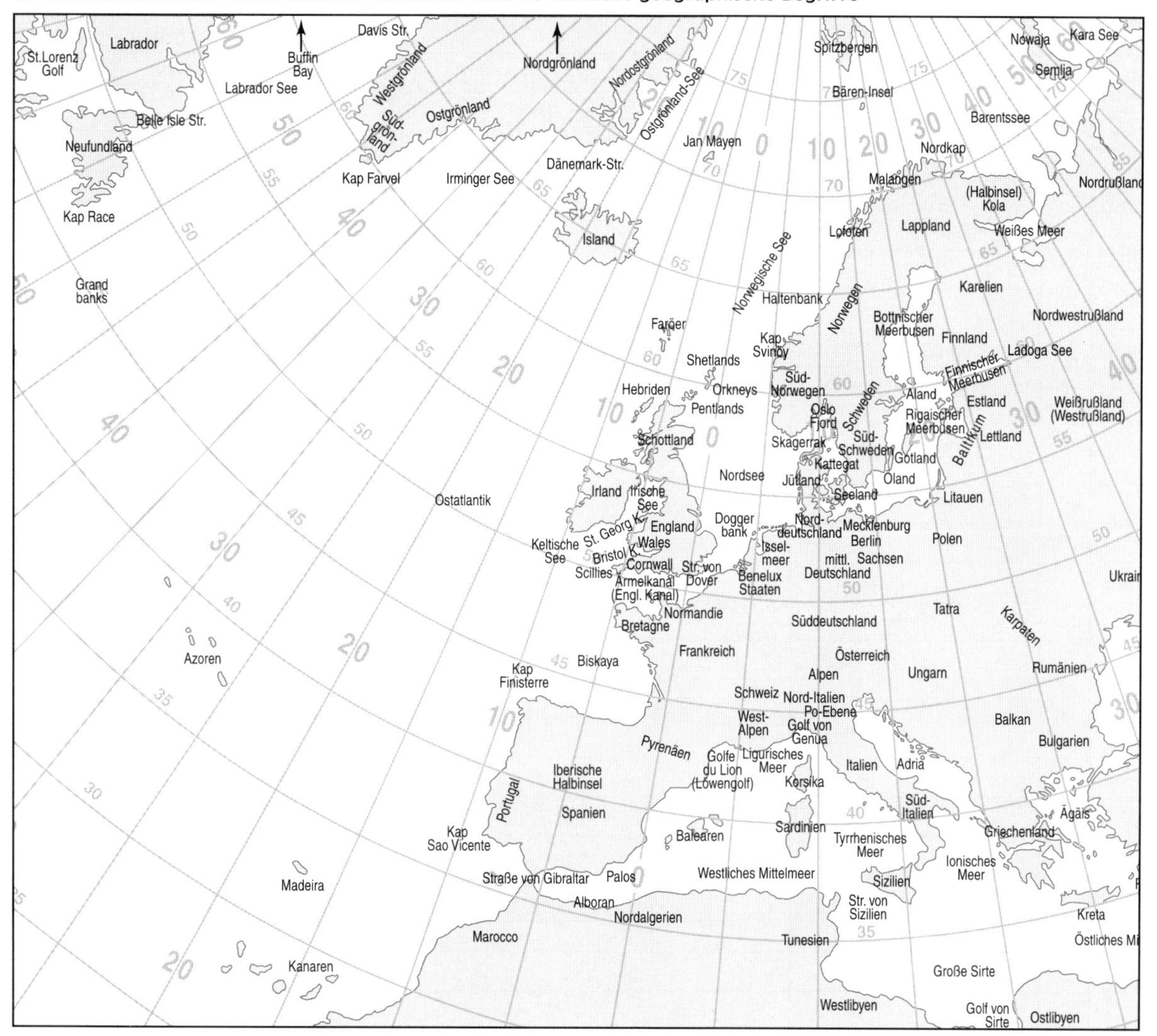

Wetterlage vom .... UTC/GZ .... Station

....

....

....

....

....

....

Stationsmeldung von .... UTC

	Stationen					
1	Svinoy					
2	Stavanger					
3	Aberdeen					
4	Tynemouth					
5	Hemsby					
6	Den Helder					
7	Norderney					
8	Helgoland					
9	List auf Sylt					
10	Thyboroen					
11	Skagen					
12	Fornaes					
13	Kegnaes					
14	Kiel-Holtenau					
	LT Kiel					
15	Fehmarn					
16	Arkona					
17	Bornholm					
18	Visby					
19	Utoe					
20	Riga					
21	Hel					
22	Soesteberg					
23	Manston					
24	Jersey					
25	Culdrose					
26	Belmullet					
27	Stornoway					

Stationsmeldung von .... UTC

	Vorhersage bis:	Aussichten bis: ....
N10 Deutsche Bucht		
N11 Humber/Südwest		
N12 Thames/Nordsee		
N9 Fischer		
N8 Dogger		
N4 Forties		
N2 Utsira N		
N3 Utsira S		
B14 Skagerrak		
B13 Kattegat		
B12 Belte und Sund		
B11 Westliche Ostsee		
B10 Südliche Ostsee		
Boddengewässer Ost		
B9 Südöstliche Ostsee		
B8 Zentrale Ostsee		
B7 Nördliche Ostsee		
B6 Rigaischer Meerbusen		
B5 Finnischer Meerbusen		
B4 Åland-See und Åland-Inseln		
B3 Bottensee		
B2 Norra Kvarken		
B1 Bottenwiek		
A6 Engl. Kanal, Westteil		
A5 Engl. Kanal, Ostteil		
Ijsselmeer		

Stationsmeldung von .... UTC

	R + St.	Wetter	Sicht	°C/hPa		R + St.	Wetter	Sicht	°C/hPa
Brest					Brindisi				
Bordeaux					Venedig				
La Coruna					Triest				
Gibraltar					Pula				
Almeria					Split				
Alicante					Dubrovnik				
Barcelona					Ulcinj				
Palma de Mallorca					Korfu				
Marseille					Kithira				
Nizza					Athen				
Genua					Thessaloniki				
Grosetta					Limnos				
Ajaccio					Heraklion				
Ponza					Rhodos				
Cagliari					Izmir				
Tunis					Antalya				
Messina					Istanbul				
Luqa/Malta					Larnaca				
Palermo					Las Palmas				

Station: .... UTC/GZ

Vorhersage bis .... Weitere Aussichten bis ....

M12 Kanarische Inseln		
M11 Alboran Gibraltar		
M10 Palos		
M2 Balearen		
M4 Westl. Korsika/Sardinien		
M1 Golfe du Lion		
M3 Ligurisches Meer		
M5 Tyrrhenisches Meer		
M6 Adria		
M7 Ionisches Meer		
M9 Ägäis		
M8 Biskaya		

Seite: .... Fahrt: .... Reisetag: .... Seetag: .... Dat.: .... den .... 20 .... Reiseziel: ....

Beobachtungen									
Uhrzeit	Wind		Seegang	Strom		Wetter	Luftdruck	Temp.	
	Richt.	kn		Richt.	kn		hPa	W C°	L C°
						○			
						○			
						○			
						○			
						○			
						○			
						○			
						○			
						○			
						○			

Tageseereignisse

	Wasser	Treibst.	Petr.	Gas
Bestand				
verbraucht				
nachgefüllt				
Endbestand				

Lampen
2100
0000
0300

Check	i.o.	Bemerkungen, Reparaturen, Ölwechsel, Batteriewasser etc.
Seenotausr.		
Motor		
E-Anlage		
Seeventile		
Bilge		
Rigg		
Lampen		
Sender		
Ruderanlage		
Gasanlage		

Seefunkgespräche		
Min.	Tel./Adresse	KüFu

Uhrzeit	Kurs							Fahrt	Log-stand
	Komp.	Dev.	MW	Abtr.	Strom	Ges.-Ber.	Karte	sm/h	

Segelf./Betriebsstunden/ Drehzahl	Schiffsführung: Manöver, Schiffsort, Kursmarken, Peilung	Wache	Seemeilen	
			Segel	Motor

	Segel	Motor
Tagesweg		
Vortrag		
Summe		
Gesamt		
Etmal		
Ø kn		

Position:

morgens: ....

mittags: ....

abends: ....

Motor-Betriebsstunden:

ges. .... h .... min

Tag: .... h .... min

x l/h = ... l Verbrauch

Heizung + ... l Verbrauch

Gas.-Verbr. l

Chronometer um ....

Stand: ....

Gang: ....

Bordzeit .... ± GMT

(Unterschrift)

In Seewetterberichten des Deutschen Wetterdienstes verwendete geographische Begriffe

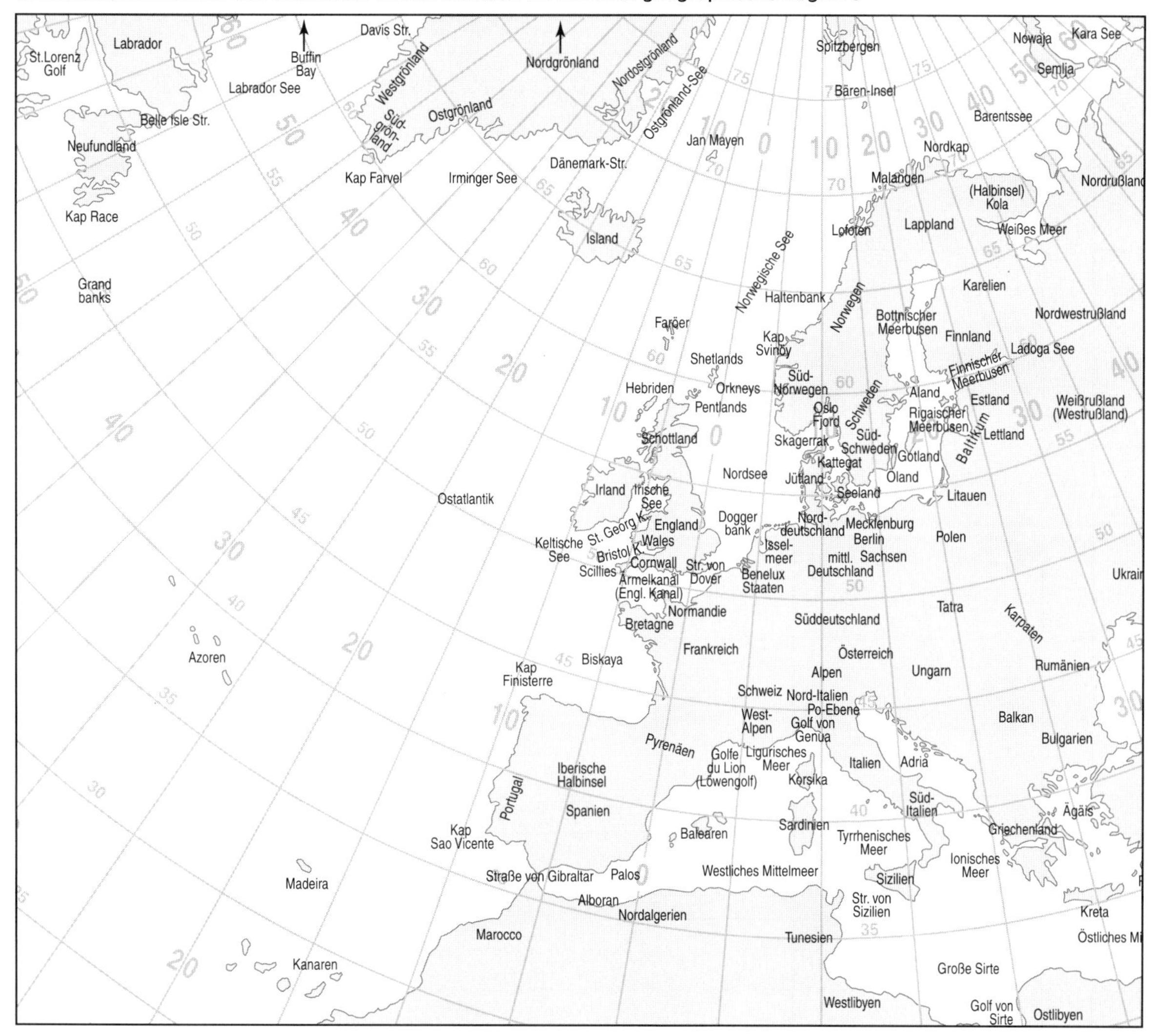

Wetterlage vom .... UTC/GZ .... Station

....

....

....

....

....

....

Stationsmeldung von .... UTC

	Stationen					
1	Svinoy					
2	Stavanger					
3	Aberdeen					
4	Tynemouth					
5	Hemsby					
6	Den Helder					
7	Norderney					
8	Helgoland					
9	List auf Sylt					
10	Thyboroen					
11	Skagen					
12	Fornaes					
13	Kegnaes					
14	Kiel-Holtenau					
	LT Kiel					
15	Fehmarn					
16	Arkona					
17	Bornholm					
18	Visby					
19	Utoe					
20	Riga					
21	Hel					
22	Soesteberg					
23	Manston					
24	Jersey					
25	Culdrose					
26	Belmullet					
27	Stornoway					

Stationsmeldung von .... UTC

	Vorhersage bis:	Aussichten bis: ....
N10 Deutsche Bucht		
N11 Humber/Südwest		
N12 Thames/Nordsee		
N9 Fischer		
N8 Dogger		
N4 Forties		
N2 Utsira N		
N3 Utsira S		
B14 Skagerrak		
B13 Kattegat		
B12 Belte und Sund		
B11 Westliche Ostsee		
B10 Südliche Ostsee		
Boddengewässer Ost		
B9 Südöstliche Ostsee		
B8 Zentrale Ostsee		
B7 Nördliche Ostsee		
B6 Rigaischer Meerbusen		
B5 Finnischer Meerbusen		
B4 Åland-See und Åland-Inseln		
B3 Bottensee		
B2 Norra Kvarken		
B1 Bottenwiek		
A6 Engl. Kanal, Westteil		
A5 Engl. Kanal, Ostteil		
Ijsselmeer		

Stationsmeldung von .... UTC

	R + St.	Wetter	Sicht	°C/hPa		R + St.	Wetter	Sicht	°C/hPa
Brest					Brindisi				
Bordeaux					Venedig				
La Coruna					Triest				
Gibraltar					Pula				
Almeria					Split				
Alicante					Dubrovnik				
Barcelona					Ulcinj				
Palma de Mallorca					Korfu				
Marseille					Kithira				
Nizza					Athen				
Genua					Thessaloniki				
Grosetta					Limnos				
Ajaccio					Heraklion				
Ponza					Rhodos				
Cagliari					Izmir				
Tunis					Antalya				
Messina					Istanbul				
Luqa/Malta					Larnaca				
Palermo					Las Palmas				

Station: .... UTC/GZ

Vorhersage bis .... Weitere Aussichten bis ....

M12 Kanarische Inseln		
M11 Alboran Gibraltar		
M10 Palos		
M2 Balearen		
M4 Westl. Korsika/Sardinien		
M1 Golfe du Lion		
M3 Ligurisches Meer		
M5 Tyrrhenisches Meer		
M6 Adria		
M7 Ionisches Meer		
M9 Ägäis		
M8 Biskaya		

Seite: .... Fahrt: .... Reisetag: .... Seetag: .... Dat.: .... den .... 20 .... Reiseziel: ....

Beobachtungen										
Uhrzeit	Wind		See-gang	Strom		Wetter	Luftdruck	Temp.	
	Richt.	kn		Richt.	kn		hPa	W C°	L C°
						○			
						○			
						○			
						○			
						○			
						○			
						○			
						○			
						○			
						○			

Tagesereignisse

	Wasser	Treibst.	Petr.	Gas
Bestand				
verbraucht				
nachgefüllt				
Endbestand				

Lampen
2100
0000
0300

Seefunkgespräche		
Min.	Tel./Adresse	KüFu

Check	i.o.	Bemerkungen, Reparaturen, Ölwechsel, Batteriewasser etc.
Seenotausr.		
Motor		
E-Anlage		
Seeventile		
Bilge		
Rigg		
Lampen		
Sender		
Ruderanlage		
Gasanlage		

Uhrzeit	Kurs							Fahrt	Log-stand
	Komp.	Dev.	MW	Abtr.	Strom	Ges.-Ber.	Karte	sm/h	

Segelf./Betriebsstunden/ Drehzahl	Schiffsführung: Manöver, Schiffsort, Kursmarken, Peilung	Wache	Seemeilen	
			Segel	Motor

Tagesweg		
Vortrag		
Summe		
Gesamt		
Etmal		
Ø kn		

Position:

morgens: ....

mittags: ....

abends: ....

Motor-Betriebsstunden:

ges. .... h .... min

Tag: .... h .... min

x l/h = ... l Verbrauch

Heizung + ... l Verbrauch

Gas.-Verbr. l

Chronometer um ....

Stand: ....

Gang: ....

Bordzeit .... ± GMT

(Unterschrift)

In Seewetterberichten des Deutschen Wetterdienstes verwendete geographische Begriffe

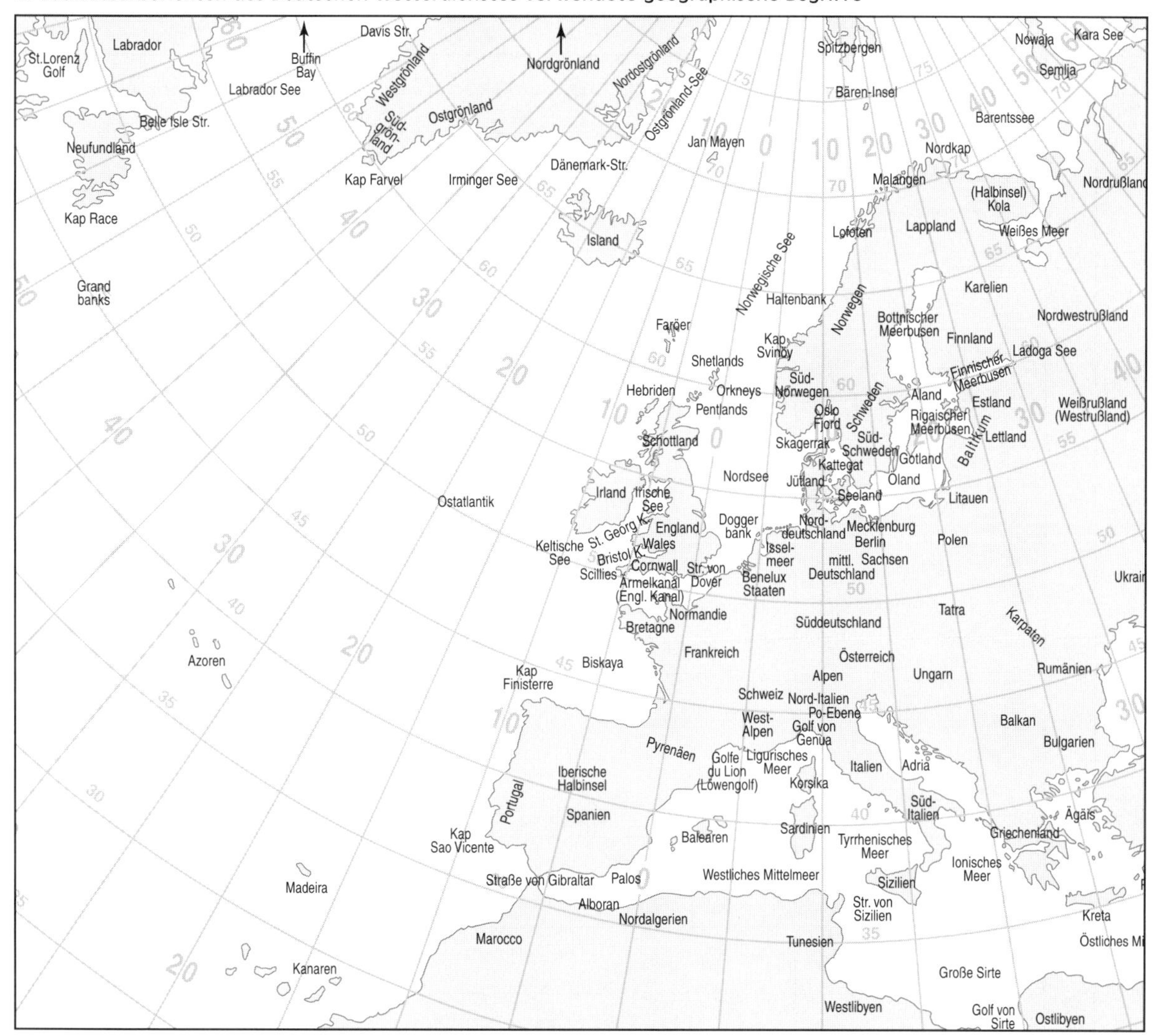

Wetterlage vom .... UTC/GZ .... Station

....

....

....

....

....

Stationsmeldung von .... UTC

	Stationen					
1	Svinoy					
2	Stavanger					
3	Aberdeen					
4	Tynemouth					
5	Hemsby					
6	Den Helder					
7	Norderney					
8	Helgoland					
9	List auf Sylt					
10	Thyboroen					
11	Skagen					
12	Fornaes					
13	Kegnaes					
14	Kiel-Holtenau					
	LT Kiel					
15	Fehmarn					
16	Arkona					
17	Bornholm					
18	Visby					
19	Utoe					
20	Riga					
21	Hel					
22	Soesteberg					
23	Manston					
24	Jersey					
25	Culdrose					
26	Belmullet					
27	Stornoway					

Stationsmeldung von .... UTC

	Vorhersage bis:	Aussichten bis: ....
N10 Deutsche Bucht		
N11 Humber/Südwest		
N12 Thames/Nordsee		
N9 Fischer		
N8 Dogger		
N4 Forties		
N2 Utsira N		
N3 Utsira S		
B14 Skagerrak		
B13 Kattegat		
B12 Belte und Sund		
B11 Westliche Ostsee		
B10 Südliche Ostsee		
Boddengewässer Ost		
B9 Südöstliche Ostsee		
B8 Zentrale Ostsee		
B7 Nördliche Ostsee		
B6 Rigaischer Meerbusen		
B5 Finnischer Meerbusen		
B4 Åland-See und Åland-Inseln		
B3 Bottensee		
B2 Norra Kvarken		
B1 Bottenwiek		
A6 Engl. Kanal, Westteil		
A5 Engl. Kanal, Ostteil		
Ijsselmeer		

Stationsmeldung von .... UTC

	R + St.	Wetter	Sicht	°C/hPa		R + St.	Wetter	Sicht	°C/hPa
Brest					Brindisi				
Bordeaux					Venedig				
La Coruna					Triest				
Gibraltar					Pula				
Almeria					Split				
Alicante					Dubrovnik				
Barcelona					Ulcinj				
Palma de Mallorca					Korfu				
Marseille					Kithira				
Nizza					Athen				
Genua					Thessaloniki				
Grosetta					Limnos				
Ajaccio					Heraklion				
Ponza					Rhodos				
Cagliari					Izmir				
Tunis					Antalya				
Messina					Istanbul				
Luqa/Malta					Larnaca				
Palermo					Las Palmas				

Station: .... UTC/GZ

Vorhersage bis .... Weitere Aussichten bis ....

M12 Kanarische Inseln		
M11 Alboran Gibraltar		
M10 Palos		
M2 Balearen		
M4 Westl. Korsika/Sardinien		
M1 Golfe du Lion		
M3 Ligurisches Meer		
M5 Tyrrhenisches Meer		
M6 Adria		
M7 Ionisches Meer		
M9 Ägäis		
M8 Biskaya		

Seite: .... Fahrt: .... Reisetag: .... Seetag: .... Dat.: .... den .... 20 .... Reiseziel: ....

Beobachtungen									
Uhrzeit	Wind		Seegang	Strom		Wetter	Luftdruck	Temp.	
	Richt.	kn		Richt.	kn		hPa	W C°	L C°
						○			
						○			
						○			
						○			
						○			
						○			
						○			
						○			
						○			
						○			

Tagesereignisse

	Wasser	Treibst.	Petr.	Gas
Bestand				
verbraucht				
nachgefüllt				
Endbestand				

Lampen
2100
0000
0300

Seefunkgespräche		
Min.	Tel./Adresse	KüFu

Check	i.o.	Bemerkungen, Reparaturen, Ölwechsel, Batteriewasser etc.
Seenotausr.		
Motor		
E-Anlage		
Seeventile		
Bilge		
Rigg		
Lampen		
Sender		
Ruderanlage		
Gasanlage		

Uhrzeit	Kurs							Fahrt	Log-stand
	Komp.	Dev.	MW	Abtr.	Strom	Ges.-Ber.	Karte	sm/h	

Segelf./Betriebsstunden/ Drehzahl	Schiffsführung: Manöver, Schiffsort, Kursmarken, Peilung	Wache	Seemeilen	
			Segel	Motor

Position:

morgens: ....

mittags: ....

abends: ....

Motor-Betriebsstunden:

ges. .... h .... min

Tag: .... h .... min

x l/h = ... l Verbrauch

Heizung + ... l Verbrauch

Gas.-Verbr. l

Chronometer um ....

Stand: ....

Gang: ....

Bordzeit .... ± GMT

(Unterschrift)

	Segel	Motor
Tagesweg		
Vortrag		
Summe		
Gesamt		
Etmal		
Ø kn		

In Seewetterberichten des Deutschen Wetterdienstes verwendete geographische Begriffe

Wetterlage vom .... UTC/GZ .... Station

....

....

....

....

....

....

Stationsmeldung von .... UTC

	Stationen					
1	Svinoy					
2	Stavanger					
3	Aberdeen					
4	Tynemouth					
5	Hemsby					
6	Den Helder					
7	Norderney					
8	Helgoland					
9	List auf Sylt					
10	Thyboroen					
11	Skagen					
12	Fornaes					
13	Kegnaes					
14	Kiel-Holtenau					
	LT Kiel					
15	Fehmarn					
16	Arkona					
17	Bornholm					
18	Visby					
19	Utoe					
20	Riga					
21	Hel					
22	Soesteberg					
23	Manston					
24	Jersey					
25	Culdrose					
26	Belmullet					
27	Stornoway					

Stationsmeldung von .... UTC

	Vorhersage bis:	Aussichten bis: ....
N10 Deutsche Bucht		
N11 Humber/Südwest		
N12 Thames/Nordsee		
N9 Fischer		
N8 Dogger		
N4 Forties		
N2 Utsira N		
N3 Utsira S		
B14 Skagerrak		
B13 Kattegat		
B12 Belte und Sund		
B11 Westliche Ostsee		
B10 Südliche Ostsee		
Boddengewässer Ost		
B9 Südöstliche Ostsee		
B8 Zentrale Ostsee		
B7 Nördliche Ostsee		
B6 Rigaischer Meerbusen		
B5 Finnischer Meerbusen		
B4 Åland-See und Åland-Inseln		
B3 Bottensee		
B2 Norra Kvarken		
B1 Bottenwiek		
A6 Engl. Kanal, Westteil		
A5 Engl. Kanal, Ostteil		
Ijsselmeer		

Stationsmeldung von .... UTC

	R + St.	Wetter	Sicht	°C/hPa		R + St.	Wetter	Sicht	°C/hPa
Brest					Brindisi				
Bordeaux					Venedig				
La Coruna					Triest				
Gibraltar					Pula				
Almeria					Split				
Alicante					Dubrovnik				
Barcelona					Ulcinj				
Palma de Mallorca					Korfu				
Marseille					Kithira				
Nizza					Athen				
Genua					Thessaloniki				
Grosetta					Limnos				
Ajaccio					Heraklion				
Ponza					Rhodos				
Cagliari					Izmir				
Tunis					Antalya				
Messina					Istanbul				
Luqa/Malta					Larnaca				
Palermo					Las Palmas				

Station: .... UTC/GZ

Vorhersage bis .... Weitere Aussichten bis ....

M12 Kanarische Inseln		
M11 Alboran Gibraltar		
M10 Palos		
M2 Balearen		
M4 Westl. Korsika/Sardinien		
M1 Golfe du Lion		
M3 Ligurisches Meer		
M5 Tyrrhenisches Meer		
M6 Adria		
M7 Ionisches Meer		
M9 Ägäis		
M8 Biskaya		

Seite: .... Fahrt: .... Reisetag: .... Seetag: .... Dat.: .... den .... 20 .... Reiseziel: ....

Beobachtungen										
Uhrzeit	Wind		Seegang	Strom		Wetter	Luftdruck	Temp.	
	Richt.	kn		Richt.	kn		hPa	W C°	L C°
						○			
						○			
						○			
						○			
						○			
						○			
						○			
						○			
						○			
						○			

Tagesereignisse

	Wasser	Treibst.	Petr.	Gas
Bestand				
verbraucht				
nachgefüllt				
Endbestand				

Lampen
2100
0000
0300

Seefunkgespräche		
Min.	Tel./Adresse	KüFu

Check	i.o.	Bemerkungen, Reparaturen, Ölwechsel, Batteriewasser etc.
Seenotausr.		
Motor		
E-Anlage		
Seeventile		
Bilge		
Rigg		
Lampen		
Sender		
Ruderanlage		
Gasanlage		

Uhrzeit	Kurs							Fahrt	Log-stand
	Komp.	Dev.	MW	Abtr.	Strom	Ges.-Ber.	Karte	sm/h	

Segelf./Betriebsstunden/ Drehzahl	Schiffsführung: Manöver, Schiffsort, Kursmarken, Peilung	Wache	Seemeilen	
			Segel	Motor

Position:

morgens: ....

mittags: ....

abends: ....

Motor-Betriebsstunden:

ges. .... h .... min

Tag: .... h .... min

x l/h = ... l Verbrauch

Heizung + ... l Verbrauch

Gas.-Verbr. l

Chronometer um ....

Stand: ....

Gang: ....

Bordzeit .... ± GMT

(Unterschrift)

	Segel	Motor
Tagesweg		
Vortrag		
Summe		
Gesamt		
Etmal		
Ø kn		

In Seewetterberichten des Deutschen Wetterdienstes verwendete geographische Begriffe

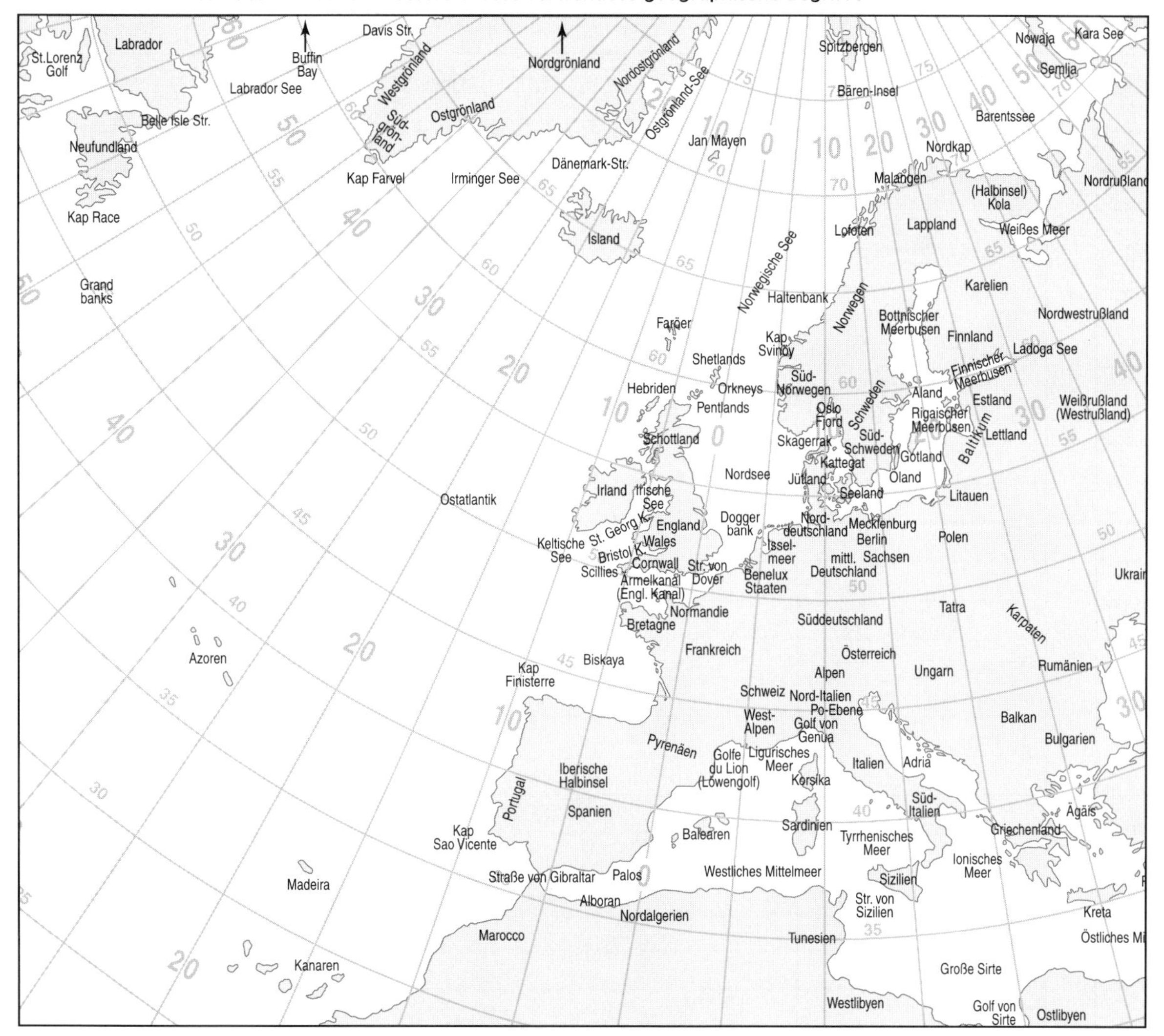

Wetterlage vom .... UTC/GZ .... Station

....

....

....

....

....

....

Stationsmeldung von .... UTC

	Stationen					
1	Svinoy					
2	Stavanger					
3	Aberdeen					
4	Tynemouth					
5	Hemsby					
6	Den Helder					
7	Norderney					
8	Helgoland					
9	List auf Sylt					
10	Thyboroen					
11	Skagen					
12	Fornaes					
13	Kegnaes					
14	Kiel-Holtenau					
	LT Kiel					
15	Fehmarn					
16	Arkona					
17	Bornholm					
18	Visby					
19	Utoe					
20	Riga					
21	Hel					
22	Soesteberg					
23	Manston					
24	Jersey					
25	Culdrose					
26	Belmullet					
27	Stornoway					

Stationsmeldung von .... UTC

	Vorhersage bis:	Aussichten bis: ....
N10 Deutsche Bucht		
N11 Humber/Südwest		
N12 Thames/Nordsee		
N9 Fischer		
N8 Dogger		
N4 Forties		
N2 Utsira N		
N3 Utsira S		
B14 Skagerrak		
B13 Kattegat		
B12 Belte und Sund		
B11 Westliche Ostsee		
B10 Südliche Ostsee		
Boddengewässer Ost		
B9 Südöstliche Ostsee		
B8 Zentrale Ostsee		
B7 Nördliche Ostsee		
B6 Rigaischer Meerbusen		
B5 Finnischer Meerbusen		
B4 Åland-See und Åland-Inseln		
B3 Bottensee		
B2 Norra Kvarken		
B1 Bottenwiek		
A6 Engl. Kanal, Westteil		
A5 Engl. Kanal, Ostteil		
Ijsselmeer		

Stationsmeldung von .... UTC

	R + St.	Wetter	Sicht	°C/hPa		R + St.	Wetter	Sicht	°C/hPa
Brest					Brindisi				
Bordeaux					Venedig				
La Coruna					Triest				
Gibraltar					Pula				
Almeria					Split				
Alicante					Dubrovnik				
Barcelona					Ulcinj				
Palma de Mallorca					Korfu				
Marseille					Kithira				
Nizza					Athen				
Genua					Thessaloniki				
Grosetta					Limnos				
Ajaccio					Heraklion				
Ponza					Rhodos				
Cagliari					Izmir				
Tunis					Antalya				
Messina					Istanbul				
Luqa/Malta					Larnaca				
Palermo					Las Palmas				

Station: .... UTC/GZ

Vorhersage bis .... Weitere Aussichten bis ....

M12 Kanarische Inseln		
M11 Alboran Gibraltar		
M10 Palos		
M2 Balearen		
M4 Westl. Korsika/Sardinien		
M1 Golfe du Lion		
M3 Ligurisches Meer		
M5 Tyrrhenisches Meer		
M6 Adria		
M7 Ionisches Meer		
M9 Ägäis		
M8 Biskaya		

Seite: .... Fahrt: .... Reisetag: .... Seetag: .... Dat.: .... den .... 20 .... Reiseziel: ....

Beobachtungen									
Uhrzeit	Wind		Seegang	Strom		Wetter	Luftdruck	Temp.	
	Richt.	kn		Richt.	kn		hPa	W C°	L C°
						○			
						○			
						○			
						○			
						○			
						○			
						○			
						○			
						○			
						○			

Tagesereignisse

	Wasser	Treibst.	Petr.	Gas
Bestand				
verbraucht				
nachgefüllt				
Endbestand				

Lampen
2100
0000
0300

Seefunkgespräche		
Min.	Tel./Adresse	KüFu

Check	i.o.	Bemerkungen, Reparaturen, Ölwechsel, Batteriewasser etc.
Seenotausr.		
Motor		
E-Anlage		
Seeventile		
Bilge		
Rigg		
Lampen		
Sender		
Ruderanlage		
Gasanlage		

Uhrzeit	Kurs							Fahrt	Log-stand
	Komp.	Dev.	MW	Abtr.	Strom	Ges.-Ber.	Karte	sm/h	

Segelf./Betriebsstunden/ Drehzahl	Schiffsführung: Manöver, Schiffsort, Kursmarken, Peilung	Wache	Seemeilen	
			Segel	Motor

Position:

morgens: ....

mittags: ....

abends: ....

Motor-Betriebsstunden:

ges. .... h .... min

Tag: .... h .... min

x l/h = ... l Verbrauch

Heizung + ... l Verbrauch

Gas.-Verbr. l

Chronometer um ....

Stand: ....

Gang: ....

Bordzeit .... ± GMT

(Unterschrift)

Tagesweg		
Vortrag		
Summe		
Gesamt		
Etmal		
Ø kn		

In Seewetterberichten des Deutschen Wetterdienstes verwendete geographische Begriffe

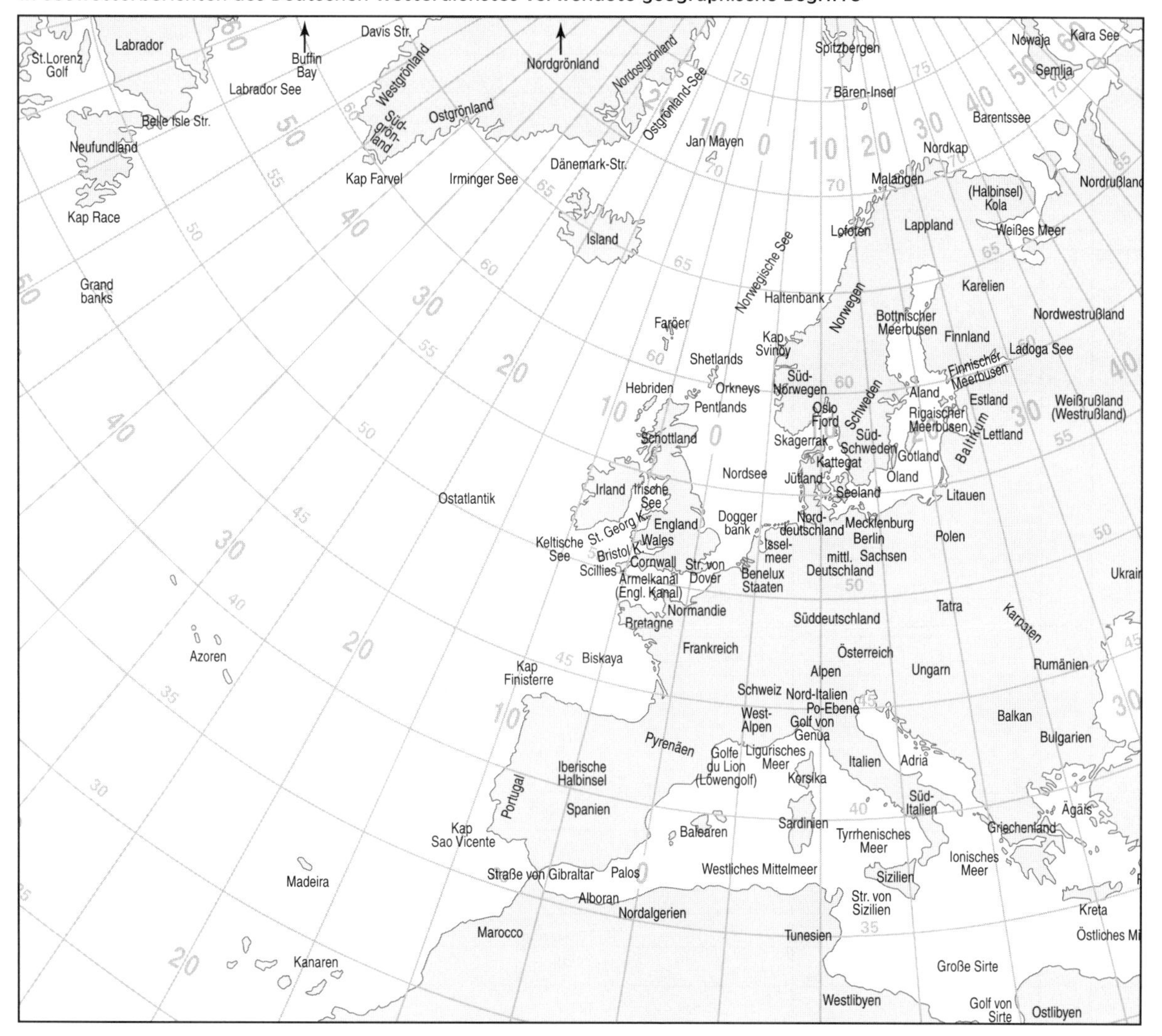

Wetterlage vom .... UTC/GZ .... Station

....

....

....

....

....

....

Stationsmeldung von .... UTC

	Stationen					
1	Svinoy					
2	Stavanger					
3	Aberdeen					
4	Tynemouth					
5	Hemsby					
6	Den Helder					
7	Norderney					
8	Helgoland					
9	List auf Sylt					
10	Thyboroen					
11	Skagen					
12	Fornaes					
13	Kegnaes					
14	Kiel-Holtenau					
	LT Kiel					
15	Fehmarn					
16	Arkona					
17	Bornholm					
18	Visby					
19	Utoe					
20	Riga					
21	Hel					
22	Soesteberg					
23	Manston					
24	Jersey					
25	Culdrose					
26	Belmullet					
27	Stornoway					

Stationsmeldung von .... UTC

	Vorhersage bis:	Aussichten bis: ....
N10 Deutsche Bucht		
N11 Humber/Südwest		
N12 Thames/Nordsee		
N9 Fischer		
N8 Dogger		
N4 Forties		
N2 Utsira N		
N3 Utsira S		
B14 Skagerrak		
B13 Kattegat		
B12 Belte und Sund		
B11 Westliche Ostsee		
B10 Südliche Ostsee		
Boddengewässer Ost		
B9 Südöstliche Ostsee		
B8 Zentrale Ostsee		
B7 Nördliche Ostsee		
B6 Rigaischer Meerbusen		
B5 Finnischer Meerbusen		
B4 Åland-See und Åland-Inseln		
B3 Bottensee		
B2 Norra Kvarken		
B1 Bottenwiek		
A6 Engl. Kanal, Westteil		
A5 Engl. Kanal, Ostteil		
Ijsselmeer		

Stationsmeldung von .... UTC

	R + St.	Wetter	Sicht	°C/hPa		R + St.	Wetter	Sicht	°C/hPa
Brest					Brindisi				
Bordeaux					Venedig				
La Coruna					Triest				
Gibraltar					Pula				
Almeria					Split				
Alicante					Dubrovnik				
Barcelona					Ulcinj				
Palma de Mallorca					Korfu				
Marseille					Kithira				
Nizza					Athen				
Genua					Thessaloniki				
Grosetta					Limnos				
Ajaccio					Heraklion				
Ponza					Rhodos				
Cagliari					Izmir				
Tunis					Antalya				
Messina					Istanbul				
Luqa/Malta					Larnaca				
Palermo					Las Palmas				

Station: .... UTC/GZ

Vorhersage bis .... Weitere Aussichten bis ....

M12 Kanarische Inseln		
M11 Alboran Gibraltar		
M10 Palos		
M2 Balearen		
M4 Westl. Korsika/Sardinien		
M1 Golfe du Lion		
M3 Ligurisches Meer		
M5 Tyrrhenisches Meer		
M6 Adria		
M7 Ionisches Meer		
M9 Ägäis		
M8 Biskaya		

Seite: .... Fahrt: .... Reisetag: .... Seetag: .... Dat.: .... den .... 20 .... Reiseziel: ....

Beobachtungen									
Uhrzeit	Wind		Seegang	Strom		Wetter	Luftdruck	Temp.	
	Richt.	kn		Richt.	kn		hPa	W C°	L C°
						○			
						○			
						○			
						○			
						○			
						○			
						○			
						○			
						○			
						○			

Tagesereignisse

	Wasser	Treibst.	Petr.	Gas
Bestand				
verbraucht				
nachgefüllt				
Endbestand				

Lampen
2100
0000
0300

Seefunkgespräche		
Min.	Tel./Adresse	KüFu

Check	i.o.	Bemerkungen, Reparaturen, Ölwechsel, Batteriewasser etc.
Seenotausr.		
Motor		
E-Anlage		
Seeventile		
Bilge		
Rigg		
Lampen		
Sender		
Ruderanlage		
Gasanlage		

Uhrzeit	Kurs							Fahrt	Log-stand
	Komp.	Dev.	MW	Abtr.	Strom	Ges.-Ber.	Karte	sm/h	

Segelf./Betriebsstunden/ Drehzahl	Schiffsführung: Manöver, Schiffsort, Kursmarken, Peilung	Wache	Seemeilen	
			Segel	Motor

Position:

morgens: ....

mittags: ....

abends: ....

Motor-Betriebsstunden:

ges. .... h .... min

Tag: .... h .... min

x l/h = ... l Verbrauch

Heizung + ... l Verbrauch

Gas.-Verbr. l

Chronometer um ....

Stand: ....

Gang: ....

Bordzeit .... ± GMT

(Unterschrift)

	Segel	Motor
Tagesweg		
Vortrag		
Summe		
Gesamt		
Etmal		
Ø kn		

In Seewetterberichten des Deutschen Wetterdienstes verwendete geographische Begriffe

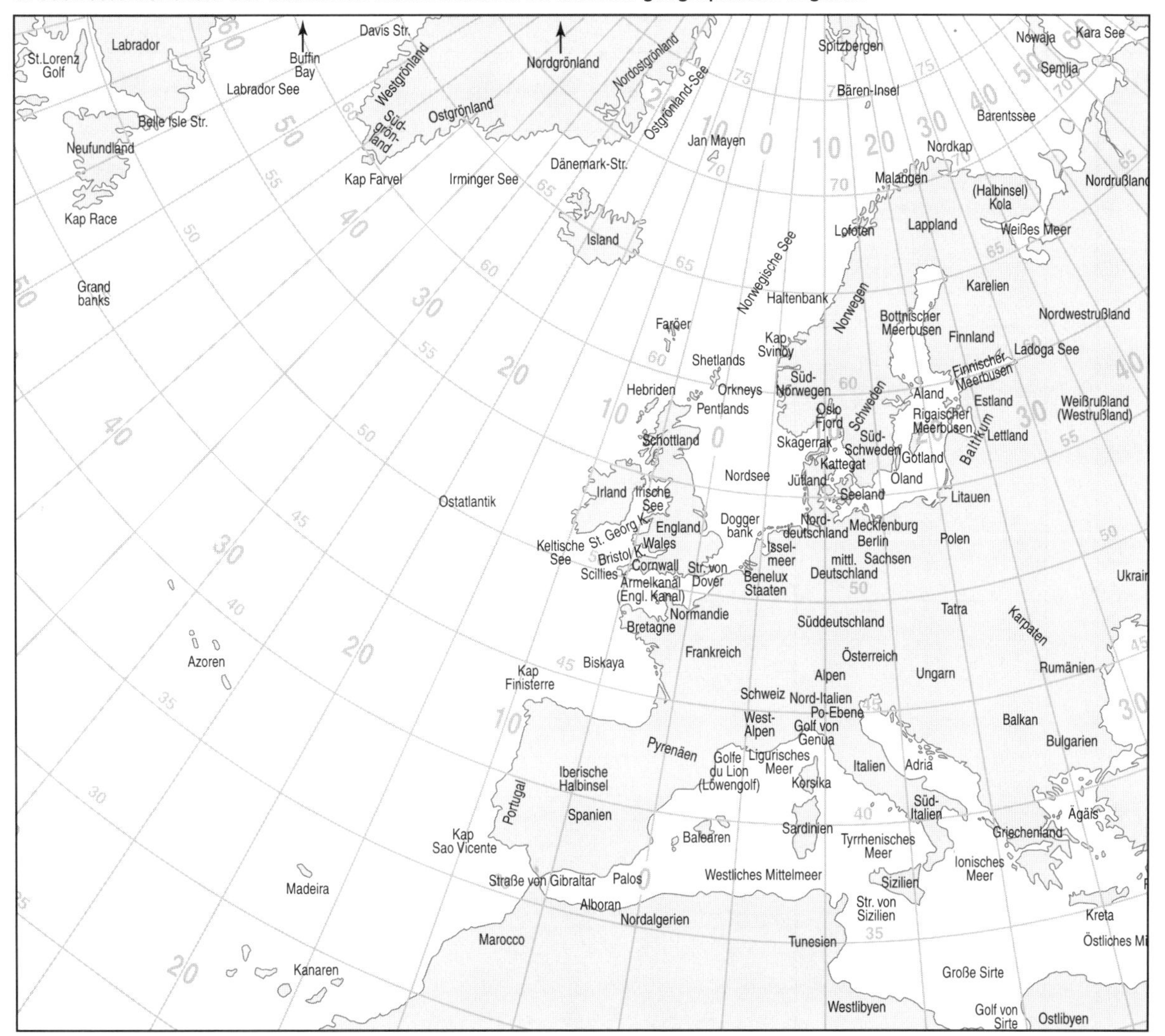

Wetterlage vom .... **UTC/GZ** .... **Station**

....

....

....

....

....

Stationsmeldung von .... UTC

	Stationen					
1	Svinoy					
2	Stavanger					
3	Aberdeen					
4	Tynemouth					
5	Hemsby					
6	Den Helder					
7	Norderney					
8	Helgoland					
9	List auf Sylt					
10	Thyboroen					
11	Skagen					
12	Fornaes					
13	Kegnaes					
14	Kiel-Holtenau					
	LT Kiel					
15	Fehmarn					
16	Arkona					
17	Bornholm					
18	Visby					
19	Utoe					
20	Riga					
21	Hel					
22	Soesteberg					
23	Manston					
24	Jersey					
25	Culdrose					
26	Belmullet					
27	Stornoway					

Stationsmeldung von .... UTC

	Vorhersage bis:	Aussichten bis: ....
N10 Deutsche Bucht		
N11 Humber/Südwest		
N12 Thames/Nordsee		
N9 Fischer		
N8 Dogger		
N4 Forties		
N2 Utsira N		
N3 Utsira S		
B14 Skagerrak		
B13 Kattegat		
B12 Belte und Sund		
B11 Westliche Ostsee		
B10 Südliche Ostsee		
Boddengewässer Ost		
B9 Südöstliche Ostsee		
B8 Zentrale Ostsee		
B7 Nördliche Ostsee		
B6 Rigaischer Meerbusen		
B5 Finnischer Meerbusen		
B4 Åland-See und Åland-Inseln		
B3 Bottensee		
B2 Norra Kvarken		
B1 Bottenwiek		
A6 Engl. Kanal, Westteil		
A5 Engl. Kanal, Ostteil		
Ijsselmeer		

Stationsmeldung von .... UTC

	R + St.	Wetter	Sicht	°C/hPa		R + St.	Wetter	Sicht	°C/hPa
Brest					Brindisi				
Bordeaux					Venedig				
La Coruna					Triest				
Gibraltar					Pula				
Almeria					Split				
Alicante					Dubrovnik				
Barcelona					Ulcinj				
Palma de Mallorca					Korfu				
Marseille					Kithira				
Nizza					Athen				
Genua					Thessaloniki				
Grosetta					Limnos				
Ajaccio					Heraklion				
Ponza					Rhodos				
Cagliari					Izmir				
Tunis					Antalya				
Messina					Istanbul				
Luqa/Malta					Larnaca				
Palermo					Las Palmas				

Station: .... **UTC/GZ**

Vorhersage bis .... Weitere Aussichten bis ....

M12 Kanarische Inseln		
M11 Alboran Gibraltar		
M10 Palos		
M2 Balearen		
M4 Westl. Korsika/Sardinien		
M1 Golfe du Lion		
M3 Ligurisches Meer		
M5 Tyrrhenisches Meer		
M6 Adria		
M7 Ionisches Meer		
M9 Ägäis		
M8 Biskaya		

Seite: .... Fahrt: .... Reisetag: .... Seetag: .... Dat.: .... den .... 20 .... Reiseziel: ....

Beobachtungen									
Uhrzeit	Wind		Seegang	Strom		Wetter	Luftdruck	Temp.	
	Richt.	kn		Richt.	kn		hPa	W C°	L C°
						○			
						○			
						○			
						○			
						○			
						○			
						○			
						○			
						○			
						○			

Tagesereignisse

	Wasser	Treibst.	Petr.	Gas
Bestand				
verbraucht				
nachgefüllt				
Endbestand				

Lampen
2100
0000
0300

Seefunkgespräche		
Min.	Tel./Adresse	KüFu

Check	i.o.	Bemerkungen, Reparaturen, Ölwechsel, Batteriewasser etc.
Seenotausr.		
Motor		
E-Anlage		
Seeventile		
Bilge		
Rigg		
Lampen		
Sender		
Ruderanlage		
Gasanlage		

Uhrzeit	Kurs							Fahrt	Log-stand
	Komp.	Dev.	MW	Abtr.	Strom	Ges.-Ber.	Karte	sm/h	

Segelf./Betriebsstunden/ Drehzahl	Schiffsführung: Manöver, Schiffsort, Kursmarken, Peilung	Wache	Seemeilen	
			Segel	Motor

Position:

morgens: ....

mittags: ....

abends: ....

Motor-Betriebsstunden:

ges. .... h .... min

Tag: .... h .... min

x l/h = ... l Verbrauch

Heizung + ... l Verbrauch

Gas.-Verbr. l

Chronometer um ....

Stand: ....

Gang: ....

Bordzeit .... ± GMT

(Unterschrift)

	Segel	Motor
Tagesweg		
Vortrag		
Summe		
Gesamt		
Etmal		
Ø kn		

In Seewetterberichten des Deutschen Wetterdienstes verwendete geographische Begriffe

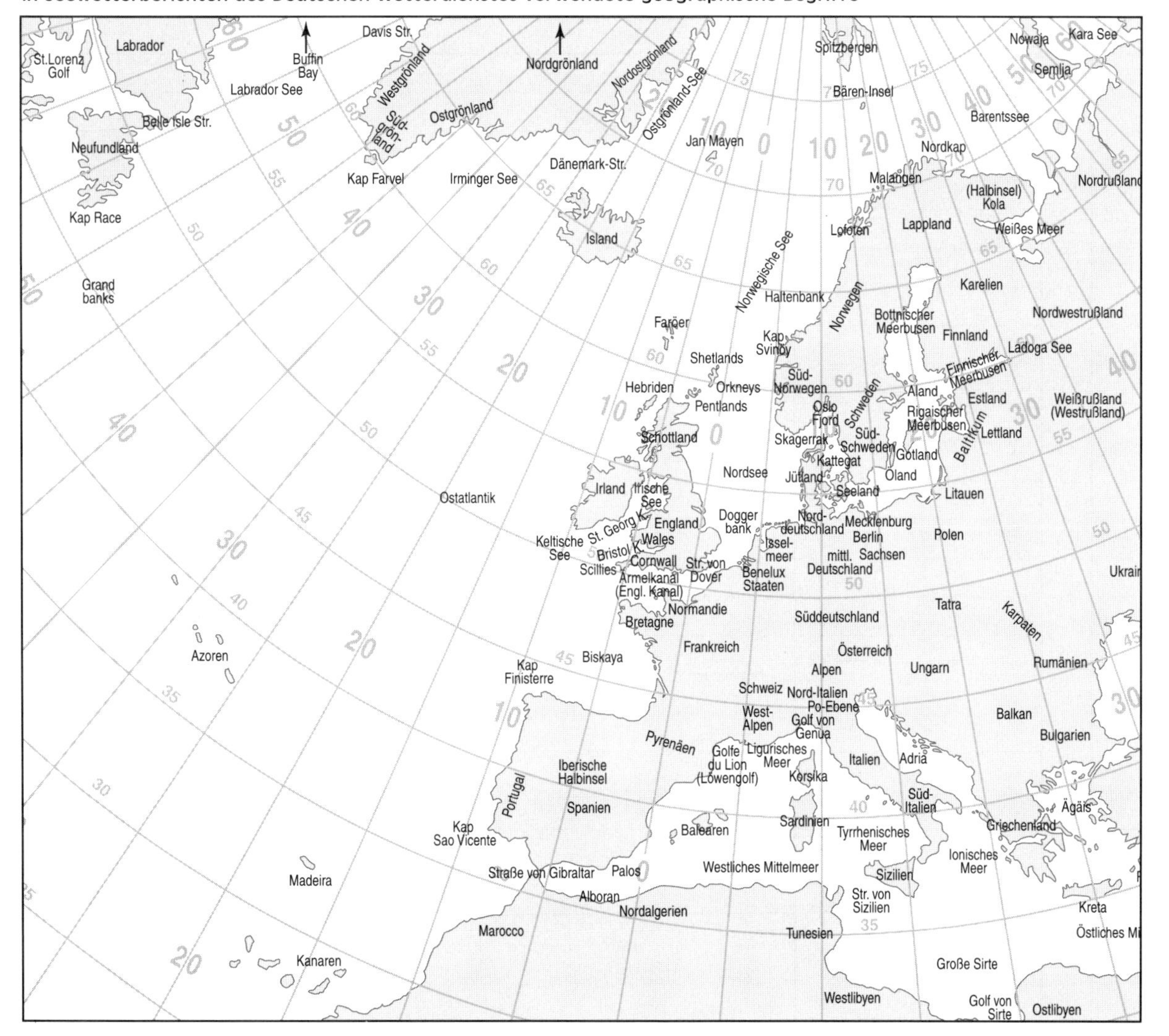

Wetterlage vom .... UTC/GZ .... Station

....

....

....

....

....

....

Stationsmeldung von .... UTC

	Stationen					
1	Svinoy					
2	Stavanger					
3	Aberdeen					
4	Tynemouth					
5	Hemsby					
6	Den Helder					
7	Norderney					
8	Helgoland					
9	List auf Sylt					
10	Thyboroen					
11	Skagen					
12	Fornaes					
13	Kegnaes					
14	Kiel-Holtenau					
	LT Kiel					
15	Fehmarn					
16	Arkona					
17	Bornholm					
18	Visby					
19	Utoe					
20	Riga					
21	Hel					
22	Soesteberg					
23	Manston					
24	Jersey					
25	Culdrose					
26	Belmullet					
27	Stornoway					

Stationsmeldung von .... UTC

	Vorhersage bis:	Aussichten bis: ....
N10 Deutsche Bucht		
N11 Humber/Südwest		
N12 Thames/Nordsee		
N9 Fischer		
N8 Dogger		
N4 Forties		
N2 Utsira N		
N3 Utsira S		
B14 Skagerrak		
B13 Kattegat		
B12 Belte und Sund		
B11 Westliche Ostsee		
B10 Südliche Ostsee		
Boddengewässer Ost		
B9 Südöstliche Ostsee		
B8 Zentrale Ostsee		
B7 Nördliche Ostsee		
B6 Rigaischer Meerbusen		
B5 Finnischer Meerbusen		
B4 Åland-See und Åland-Inseln		
B3 Bottensee		
B2 Norra Kvarken		
B1 Bottenwiek		
A6 Engl. Kanal, Westteil		
A5 Engl. Kanal, Ostteil		
Ijsselmeer		

Stationsmeldung von .... UTC

	R + St.	Wetter	Sicht	°C/hPa		R + St.	Wetter	Sicht	°C/hPa
Brest					Brindisi				
Bordeaux					Venedig				
La Coruna					Triest				
Gibraltar					Pula				
Almeria					Split				
Alicante					Dubrovnik				
Barcelona					Ulcinj				
Palma de Mallorca					Korfu				
Marseille					Kithira				
Nizza					Athen				
Genua					Thessaloniki				
Grosetta					Limnos				
Ajaccio					Heraklion				
Ponza					Rhodos				
Cagliari					Izmir				
Tunis					Antalya				
Messina					Istanbul				
Luqa/Malta					Larnaca				
Palermo					Las Palmas				

Station: .... UTC/GZ

Vorhersage bis .... Weitere Aussichten bis ....

M12 Kanarische Inseln		
M11 Alboran Gibraltar		
M10 Palos		
M2 Balearen		
M4 Westl. Korsika/Sardinien		
M1 Golfe du Lion		
M3 Ligurisches Meer		
M5 Tyrrhenisches Meer		
M6 Adria		
M7 Ionisches Meer		
M9 Ägäis		
M8 Biskaya		

Seite: .... Fahrt: .... Reisetag: .... Seetag: .... Dat.: .... den .... 20 .... Reiseziel: ....

Beobachtungen									
Uhrzeit	Wind		Seegang	Strom		Wetter	Luftdruck	Temp.	
	Richt.	kn		Richt.	kn		hPa	W C°	L C°
						○			
						○			
						○			
						○			
						○			
						○			
						○			
						○			
						○			
						○			

Tagesereignisse

	Wasser	Treibst.	Petr.	Gas
Bestand				
verbraucht				
nachgefüllt				
Endbestand				

Lampen
2100
0000
0300

Check	i.o.	Bemerkungen, Reparaturen, Ölwechsel, Batteriewasser etc.
Seenotausr.		
Motor		
E-Anlage		
Seeventile		
Bilge		
Rigg		
Lampen		
Sender		
Ruderanlage		
Gasanlage		

Seefunkgespräche		
Min.	Tel./Adresse	KüFu

Uhrzeit	Kurs							Fahrt	Log-stand
	Komp.	Dev.	MW	Abtr.	Strom	Ges.-Ber.	Karte	sm/h	

Segelf./Betriebsstunden/ Drehzahl	Schiffsführung: Manöver, Schiffsort, Kursmarken, Peilung	Wache	Seemeilen	
			Segel	Motor

Position:

morgens: ....

mittags: ....

abends: ....

Motor-Betriebsstunden:

ges. .... h .... min

Tag: .... h .... min

x l/h = ... l Verbrauch

Heizung + ... l Verbrauch

Gas.-Verbr. l

Chronometer um ....

Stand: ....

Gang: ....

Bordzeit .... ± GMT

(Unterschrift)

	Segel	Motor
Tagesweg		
Vortrag		
Summe		
Gesamt		
Etmal		
Ø kn		

In Seewetterberichten des Deutschen Wetterdienstes verwendete geographische Begriffe

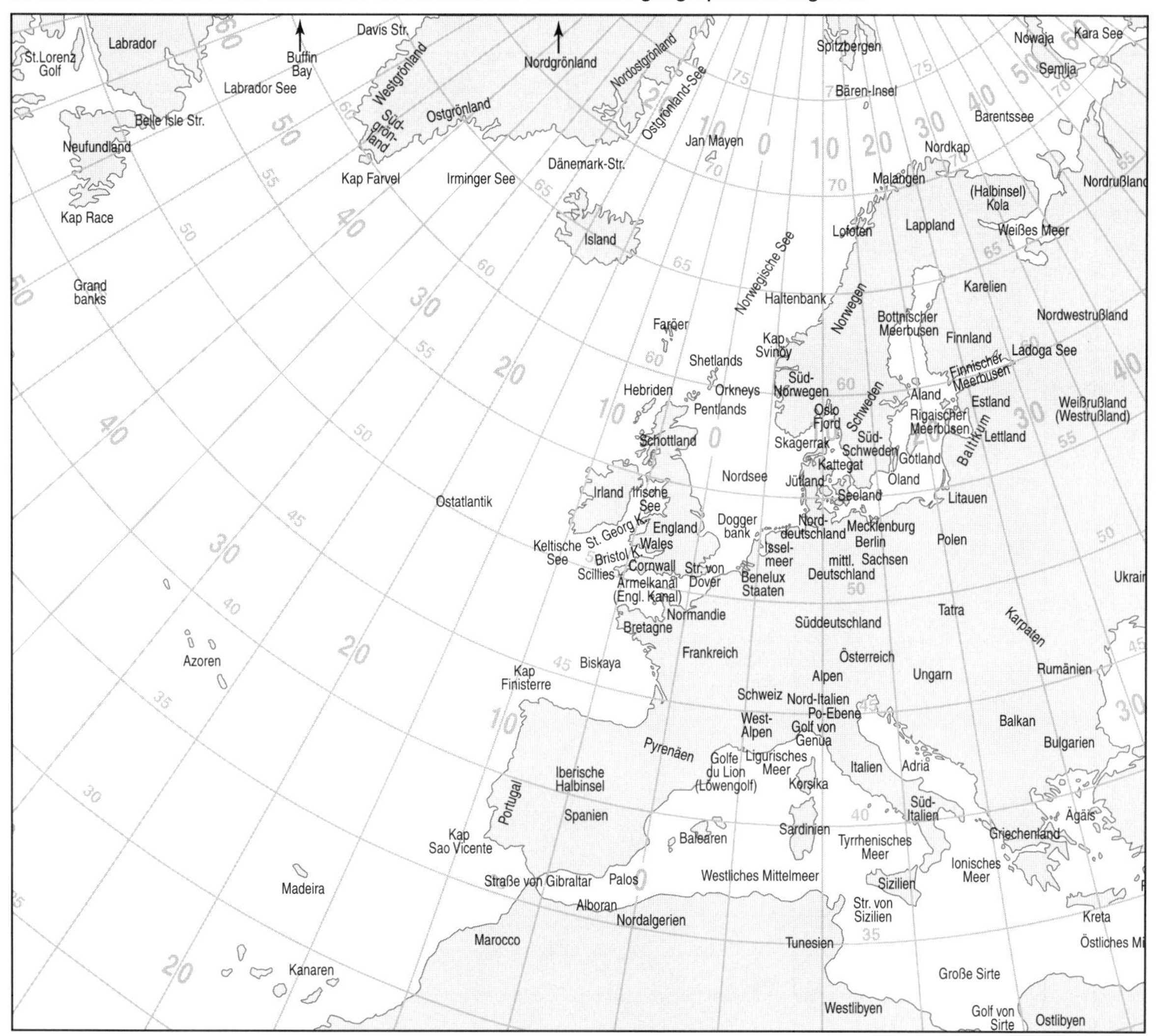

Wetterlage vom .... UTC/GZ .... Station

....

....

....

....

....

....

Stationsmeldung von .... UTC

	Stationen					
1	Svinoy					
2	Stavanger					
3	Aberdeen					
4	Tynemouth					
5	Hemsby					
6	Den Helder					
7	Norderney					
8	Helgoland					
9	List auf Sylt					
10	Thyboroen					
11	Skagen					
12	Fornaes					
13	Kegnaes					
14	Kiel-Holtenau					
	LT Kiel					
15	Fehmarn					
16	Arkona					
17	Bornholm					
18	Visby					
19	Utoe					
20	Riga					
21	Hel					
22	Soesteberg					
23	Manston					
24	Jersey					
25	Culdrose					
26	Belmullet					
27	Stornoway					

Stationsmeldung von .... UTC

	Vorhersage bis:	Aussichten bis: ....
N10 Deutsche Bucht		
N11 Humber/Südwest		
N12 Thames/Nordsee		
N9 Fischer		
N8 Dogger		
N4 Forties		
N2 Utsira N		
N3 Utsira S		
B14 Skagerrak		
B13 Kattegat		
B12 Belte und Sund		
B11 Westliche Ostsee		
B10 Südliche Ostsee		
Boddengewässer Ost		
B9 Südöstliche Ostsee		
B8 Zentrale Ostsee		
B7 Nördliche Ostsee		
B6 Rigaischer Meerbusen		
B5 Finnischer Meerbusen		
B4 Åland-See und Åland-Inseln		
B3 Bottensee		
B2 Norra Kvarken		
B1 Bottenwiek		
A6 Engl. Kanal, Westteil		
A5 Engl. Kanal, Ostteil		
Ijsselmeer		

Stationsmeldung von .... UTC

	R + St.	Wetter	Sicht	°C/hPa		R + St.	Wetter	Sicht	°C/hPa
Brest					Brindisi				
Bordeaux					Venedig				
La Coruna					Triest				
Gibraltar					Pula				
Almeria					Split				
Alicante					Dubrovnik				
Barcelona					Ulcinj				
Palma de Mallorca					Korfu				
Marseille					Kithira				
Nizza					Athen				
Genua					Thessaloniki				
Grosetta					Limnos				
Ajaccio					Heraklion				
Ponza					Rhodos				
Cagliari					Izmir				
Tunis					Antalya				
Messina					Istanbul				
Luqa/Malta					Larnaca				
Palermo					Las Palmas				

Station: .... UTC/GZ

Vorhersage bis .... Weitere Aussichten bis ....

M12 Kanarische Inseln		
M11 Alboran Gibraltar		
M10 Palos		
M2 Balearen		
M4 Westl. Korsika/Sardinien		
M1 Golfe du Lion		
M3 Ligurisches Meer		
M5 Tyrrhenisches Meer		
M6 Adria		
M7 Ionisches Meer		
M9 Ägäis		
M8 Biskaya		

Seite: .... Fahrt: .... Reisetag: .... Seetag: .... Dat.: .... den .... 20 .... Reiseziel: ....

Beobachtungen									
Uhrzeit	Wind		Seegang	Strom		Wetter	Luftdruck	Temp.	
	Richt.	kn		Richt.	kn		hPa	W C°	L C°
						◯			
						◯			
						◯			
						◯			
						◯			
						◯			
						◯			
						◯			
						◯			
						◯			

Tagesereignisse

	Wasser	Treibst.	Petr.	Gas
Bestand				
verbraucht				
nachgefüllt				
Endbestand				

Lampen
2100
0000
0300

Seefunkgespräche		
Min.	Tel./Adresse	KüFu

Check	i.o.	Bemerkungen, Reparaturen, Ölwechsel, Batteriewasser etc.
Seenotausr.		
Motor		
E-Anlage		
Seeventile		
Bilge		
Rigg		
Lampen		
Sender		
Ruderanlage		
Gasanlage		

Uhrzeit	Kurs							Fahrt	Log-stand
	Komp.	Dev.	MW	Abtr.	Strom	Ges.-Ber.	Karte	sm/h	

Segelf./Betriebsstunden/ Drehzahl	Schiffsführung: Manöver, Schiffsort, Kursmarken, Peilung	Wache	Seemeilen	
			Segel	Motor

Position:

morgens: ....

mittags: ....

abends: ....

Motor-Betriebsstunden:

ges. .... h .... min

Tag: .... h .... min

x l/h = ... l Verbrauch

Heizung + ... l Verbrauch

Gas.-Verbr. l

Chronometer um ....

Stand: ....

Gang: ....

Bordzeit .... ± GMT

(Unterschrift)

	Segel	Motor
Tagesweg		
Vortrag		
Summe		
Gesamt		
Etmal		
Ø kn		

In Seewetterberichten des Deutschen Wetterdienstes verwendete geographische Begriffe

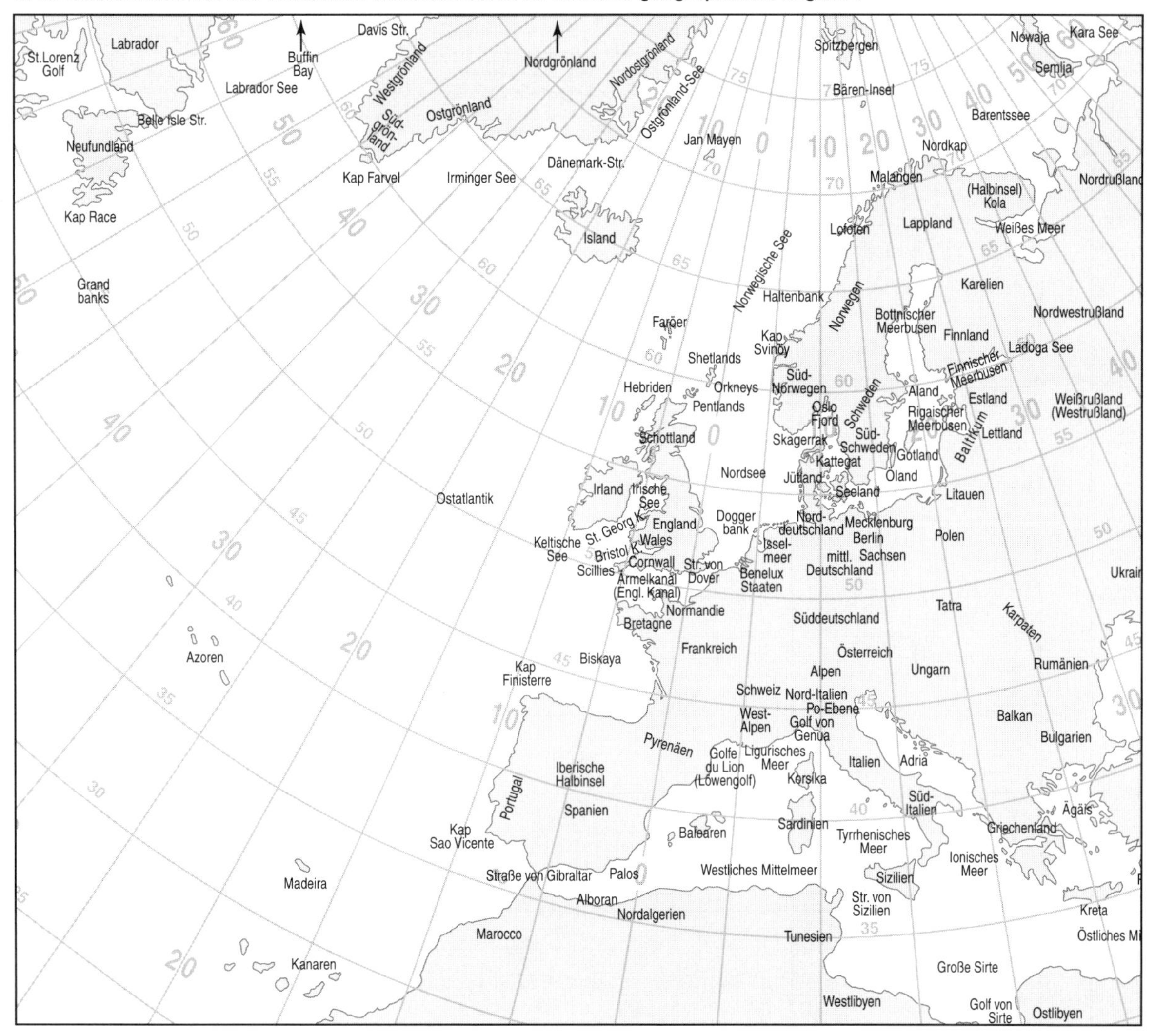

Wetterlage vom .... UTC/GZ .... Station

....

....

....

....

....

....

Stationsmeldung von .... UTC

	Stationen					
1	Svinoy					
2	Stavanger					
3	Aberdeen					
4	Tynemouth					
5	Hemsby					
6	Den Helder					
7	Norderney					
8	Helgoland					
9	List auf Sylt					
10	Thyboroen					
11	Skagen					
12	Fornaes					
13	Kegnaes					
14	Kiel-Holtenau					
	LT Kiel					
15	Fehmarn					
16	Arkona					
17	Bornholm					
18	Visby					
19	Utoe					
20	Riga					
21	Hel					
22	Soesteberg					
23	Manston					
24	Jersey					
25	Culdrose					
26	Belmullet					
27	Stornoway					

Stationsmeldung von .... UTC

	Vorhersage bis:	Aussichten bis: ....
N10 Deutsche Bucht		
N11 Humber/Südwest		
N12 Thames/Nordsee		
N9 Fischer		
N8 Dogger		
N4 Forties		
N2 Utsira N		
N3 Utsira S		
B14 Skagerrak		
B13 Kattegat		
B12 Belte und Sund		
B11 Westliche Ostsee		
B10 Südliche Ostsee		
Boddengewässer Ost		
B9 Südöstliche Ostsee		
B8 Zentrale Ostsee		
B7 Nördliche Ostsee		
B6 Rigaischer Meerbusen		
B5 Finnischer Meerbusen		
B4 Åland-See und Åland-Inseln		
B3 Bottensee		
B2 Norra Kvarken		
B1 Bottenwiek		
A6 Engl. Kanal, Westteil		
A5 Engl. Kanal, Ostteil		
Ijsselmeer		

Stationsmeldung von .... UTC

	R + St.	Wetter	Sicht	°C/hPa		R + St.	Wetter	Sicht	°C/hPa
Brest					Brindisi				
Bordeaux					Venedig				
La Coruna					Triest				
Gibraltar					Pula				
Almeria					Split				
Alicante					Dubrovnik				
Barcelona					Ulcinj				
Palma de Mallorca					Korfu				
Marseille					Kithira				
Nizza					Athen				
Genua					Thessaloniki				
Grosetta					Limnos				
Ajaccio					Heraklion				
Ponza					Rhodos				
Cagliari					Izmir				
Tunis					Antalya				
Messina					Istanbul				
Luqa/Malta					Larnaca				
Palermo					Las Palmas				

Station: .... UTC/GZ

Vorhersage bis .... Weitere Aussichten bis ....

M12 Kanarische Inseln		
M11 Alboran Gibraltar		
M10 Palos		
M2 Balearen		
M4 Westl. Korsika/Sardinien		
M1 Golfe du Lion		
M3 Ligurisches Meer		
M5 Tyrrhenisches Meer		
M6 Adria		
M7 Ionisches Meer		
M9 Ägäis		
M8 Biskaya		

Seite: .... Fahrt: .... Reisetag: .... Seetag: .... Dat.: .... den .... 20 .... Reiseziel: ....

Beobachtungen									
Uhrzeit	Wind		Seegang	Strom		Wetter	Luftdruck	Temp.	
	Richt.	kn		Richt.	kn		hPa	W C°	L C°
						○			
						○			
						○			
						○			
						○			
						○			
						○			
						○			
						○			
						○			

Tagesereignisse

	Wasser	Treibst.	Petr.	Gas
Bestand				
verbraucht				
nachgefüllt				
Endbestand				

Lampen
2100
0000
0300

Seefunkgespräche		
Min.	Tel./Adresse	KüFu

Check	i.o.	Bemerkungen, Reparaturen, Ölwechsel, Batteriewasser etc.
Seenotausr.		
Motor		
E-Anlage		
Seeventile		
Bilge		
Rigg		
Lampen		
Sender		
Ruderanlage		
Gasanlage		

Uhrzeit	Kurs							Fahrt	Log-stand
	Komp.	Dev.	MW	Abtr.	Strom	Ges.-Ber.	Karte	sm/h	

Segelf./Betriebsstunden/ Drehzahl	Schiffsführung: Manöver, Schiffsort, Kursmarken, Peilung	Wache	Seemeilen	
			Segel	Motor

Position:

morgens: ....

mittags: ....

abends: ....

Motor-Betriebsstunden:

ges. .... h .... min

Tag: .... h .... min

x l/h = ... l Verbrauch

Heizung + ... l Verbrauch

Gas.-Verbr. l

Chronometer um ....

Stand: ....

Gang: ....

Bordzeit .... ± GMT

(Unterschrift)

Tagesweg		
Vortrag		
Summe		
Gesamt		
Etmal		
Ø kn		

In Seewetterberichten des Deutschen Wetterdienstes verwendete geographische Begriffe

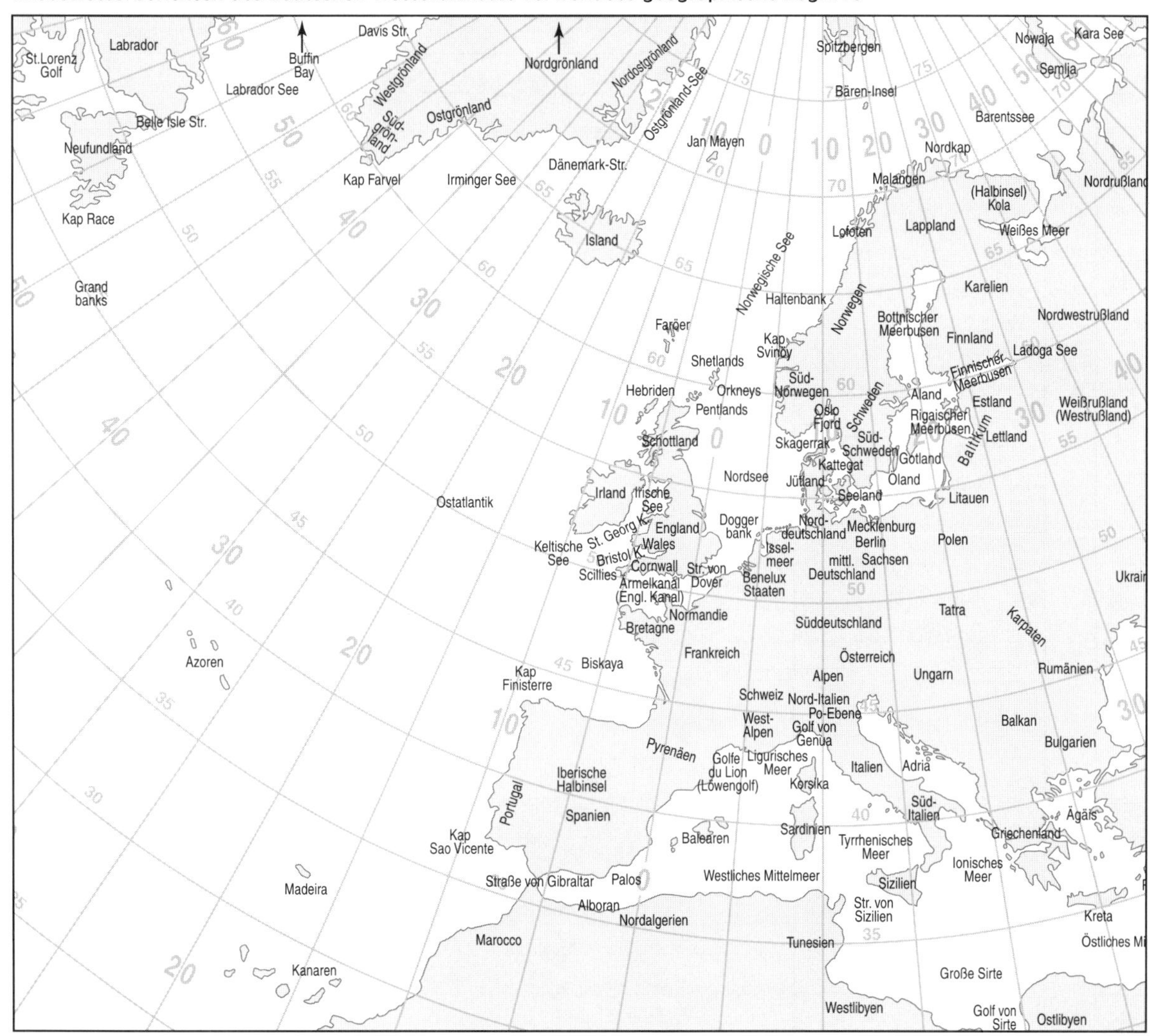

Wetterlage vom .... UTC/GZ .... Station

....

....

....

....

....

Stationsmeldung von .... UTC

	Stationen					
1	Svinoy					
2	Stavanger					
3	Aberdeen					
4	Tynemouth					
5	Hemsby					
6	Den Helder					
7	Norderney					
8	Helgoland					
9	List auf Sylt					
10	Thyboroen					
11	Skagen					
12	Fornaes					
13	Kegnaes					
14	Kiel-Holtenau					
	LT Kiel					
15	Fehmarn					
16	Arkona					
17	Bornholm					
18	Visby					
19	Utoe					
20	Riga					
21	Hel					
22	Soesteberg					
23	Manston					
24	Jersey					
25	Culdrose					
26	Belmullet					
27	Stornoway					

Stationsmeldung von .... UTC

	Vorhersage bis:	Aussichten bis: ....
N10 Deutsche Bucht		
N11 Humber/Südwest		
N12 Thames/Nordsee		
N9 Fischer		
N8 Dogger		
N4 Forties		
N2 Utsira N		
N3 Utsira S		
B14 Skagerrak		
B13 Kattegat		
B12 Belte und Sund		
B11 Westliche Ostsee		
B10 Südliche Ostsee		
Boddengewässer Ost		
B9 Südöstliche Ostsee		
B8 Zentrale Ostsee		
B7 Nördliche Ostsee		
B6 Rigaischer Meerbusen		
B5 Finnischer Meerbusen		
B4 Åland-See und Åland-Inseln		
B3 Bottensee		
B2 Norra Kvarken		
B1 Bottenwiek		
A6 Engl. Kanal, Westteil		
A5 Engl. Kanal, Ostteil		
Ijsselmeer		

Stationsmeldung von .... UTC

	R + St.	Wetter	Sicht	°C/hPa		R + St.	Wetter	Sicht	°C/hPa
Brest					Brindisi				
Bordeaux					Venedig				
La Coruna					Triest				
Gibraltar					Pula				
Almeria					Split				
Alicante					Dubrovnik				
Barcelona					Ulcinj				
Palma de Mallorca					Korfu				
Marseille					Kithira				
Nizza					Athen				
Genua					Thessaloniki				
Grosetta					Limnos				
Ajaccio					Heraklion				
Ponza					Rhodos				
Cagliari					Izmir				
Tunis					Antalya				
Messina					Istanbul				
Luqa/Malta					Larnaca				
Palermo					Las Palmas				

Station: .... UTC/GZ

Vorhersage bis .... Weitere Aussichten bis ....

M12 Kanarische Inseln		
M11 Alboran Gibraltar		
M10 Palos		
M2 Balearen		
M4 Westl. Korsika/Sardinien		
M1 Golfe du Lion		
M3 Ligurisches Meer		
M5 Tyrrhenisches Meer		
M6 Adria		
M7 Ionisches Meer		
M9 Ägäis		
M8 Biskaya		

Seite: .... Fahrt: .... Reisetag: .... Seetag: .... Dat.: .... den .... 20 .... Reiseziel: ....

Beobachtungen									
Uhrzeit	Wind		See-gang	Strom		Wetter	Luftdruck	Temp.	
	Richt.	kn		Richt.	kn		hPa	W C°	L C°
						○			
						○			
						○			
						○			
						○			
						○			
						○			
						○			
						○			
						○			

Tagesereignisse

	Wasser	Treibst.	Petr.	Gas
Bestand				
verbraucht				
nachgefüllt				
Endbestand				

Lampen
2100
0000
0300

Seefunkgespräche		
Min.	Tel./Adresse	KüFu

Check	i.o.	Bemerkungen, Reparaturen, Ölwechsel, Batteriewasser etc.
Seenotausr.		
Motor		
E-Anlage		
Seeventile		
Bilge		
Rigg		
Lampen		
Sender		
Ruderanlage		
Gasanlage		

Uhrzeit	Kurs							Fahrt	Log-stand
	Komp.	Dev.	MW	Abtr.	Strom	Ges.-Ber.	Karte	sm/h	

Segelf./Betriebsstunden/ Drehzahl	Schiffsführung: Manöver, Schiffsort, Kursmarken, Peilung	Wache	Seemeilen	
			Segel	Motor

Position:

morgens: ....

mittags: ....

abends: ....

Motor-Betriebsstunden:

ges. .... h .... min

Tag: .... h .... min

x l/h = ... l Verbrauch

Heizung + ... l Verbrauch

Gas.-Verbr. l

Chronometer um ....

Stand: ....

Gang: ....

Bordzeit .... ± GMT

(Unterschrift)

	Segel	Motor
Tagesweg		
Vortrag		
Summe		
Gesamt		
Etmal		
Ø kn		

In Seewetterberichten des Deutschen Wetterdienstes verwendete geographische Begriffe

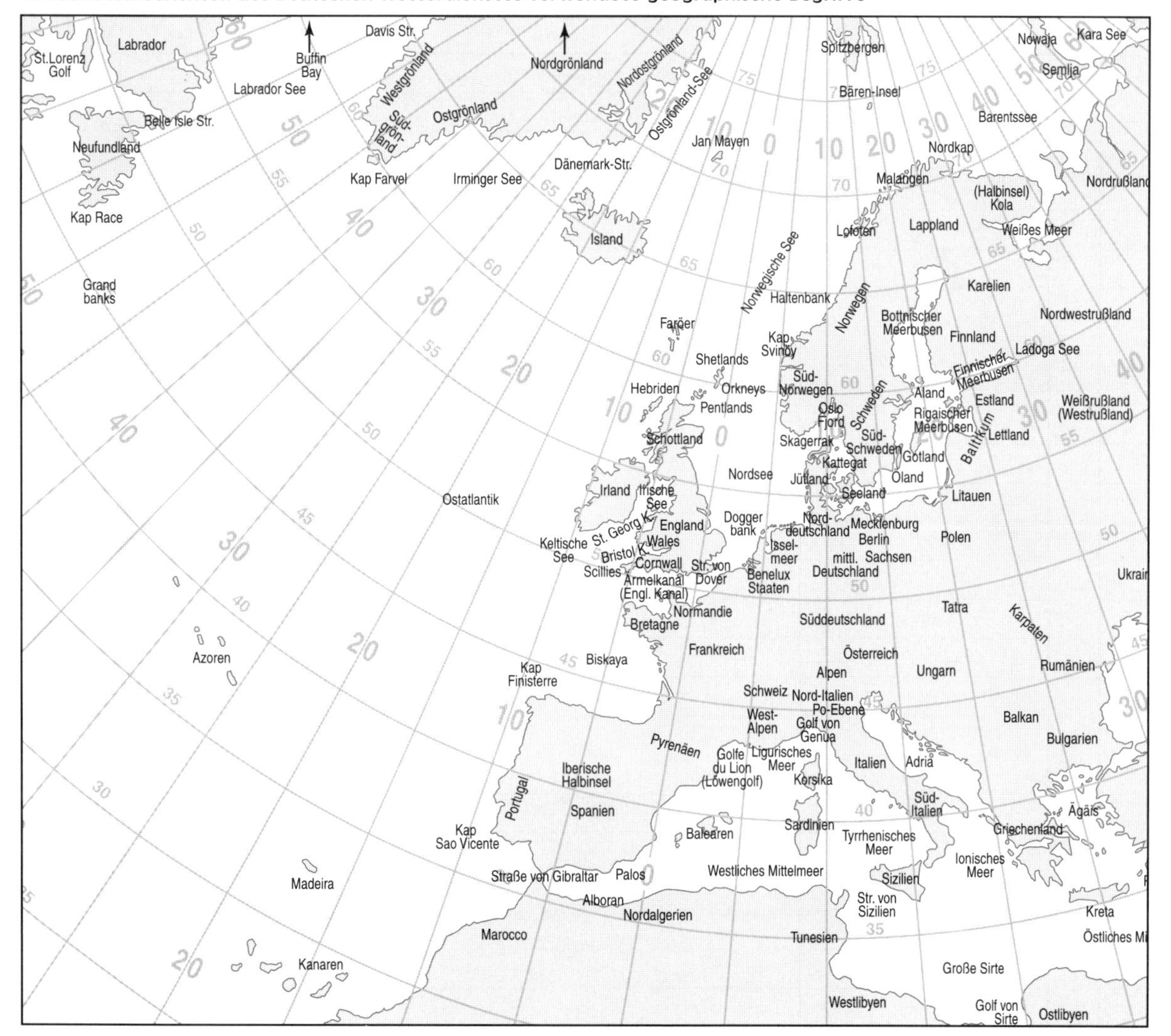

Wetterlage vom .... UTC/GZ .... Station

....

....

....

....

....

Stationsmeldung von .... UTC

	Stationen					
1	Svinoy					
2	Stavanger					
3	Aberdeen					
4	Tynemouth					
5	Hemsby					
6	Den Helder					
7	Norderney					
8	Helgoland					
9	List auf Sylt					
10	Thyboroen					
11	Skagen					
12	Fornaes					
13	Kegnaes					
14	Kiel-Holtenau					
	LT Kiel					
15	Fehmarn					
16	Arkona					
17	Bornholm					
18	Visby					
19	Utoe					
20	Riga					
21	Hel					
22	Soesteberg					
23	Manston					
24	Jersey					
25	Culdrose					
26	Belmullet					
27	Stornoway					

Stationsmeldung von .... UTC

	Vorhersage bis:	Aussichten bis: ....
N10 Deutsche Bucht		
N11 Humber/Südwest		
N12 Thames/Nordsee		
N9 Fischer		
N8 Dogger		
N4 Forties		
N2 Utsira N		
N3 Utsira S		
B14 Skagerrak		
B13 Kattegat		
B12 Belte und Sund		
B11 Westliche Ostsee		
B10 Südliche Ostsee		
Boddengewässer Ost		
B9 Südöstliche Ostsee		
B8 Zentrale Ostsee		
B7 Nördliche Ostsee		
B6 Rigaischer Meerbusen		
B5 Finnischer Meerbusen		
B4 Åland-See und Åland-Inseln		
B3 Bottensee		
B2 Norra Kvarken		
B1 Bottenwiek		
A6 Engl. Kanal, Westteil		
A5 Engl. Kanal, Ostteil		
Ijsselmeer		

Stationsmeldung von .... UTC

	R + St.	Wetter	Sicht	°C/hPa		R + St.	Wetter	Sicht	°C/hPa
Brest					Brindisi				
Bordeaux					Venedig				
La Coruna					Triest				
Gibraltar					Pula				
Almeria					Split				
Alicante					Dubrovnik				
Barcelona					Ulcinj				
Palma de Mallorca					Korfu				
Marseille					Kithira				
Nizza					Athen				
Genua					Thessaloniki				
Grosetta					Limnos				
Ajaccio					Heraklion				
Ponza					Rhodos				
Cagliari					Izmir				
Tunis					Antalya				
Messina					Istanbul				
Luqa/Malta					Larnaca				
Palermo					Las Palmas				

Station: .... UTC/GZ

Vorhersage bis .... Weitere Aussichten bis ....

M12 Kanarische Inseln		
M11 Alboran Gibraltar		
M10 Palos		
M2 Balearen		
M4 Westl. Korsika/Sardinien		
M1 Golfe du Lion		
M3 Ligurisches Meer		
M5 Tyrrhenisches Meer		
M6 Adria		
M7 Ionisches Meer		
M9 Ägäis		
M8 Biskaya		

Seite: .... Fahrt: .... Reisetag: .... Seetag: .... Dat.: .... den .... 20 .... Reiseziel: ....

Beobachtungen									
Uhrzeit	Wind		Seegang	Strom		Wetter	Luftdruck	Temp.	
	Richt.	kn		Richt.	kn		hPa	W C°	L C°
						○			
						○			
						○			
						○			
						○			
						○			
						○			
						○			
						○			
						○			

Tagesereignisse

	Wasser	Treibst.	Petr.	Gas
Bestand				
verbraucht				
nachgefüllt				
Endbestand				

Lampen
2100
0000
0300

Seefunkgespräche		
Min.	Tel./Adresse	KüFu

Check	i.o.	Bemerkungen, Reparaturen, Ölwechsel, Batteriewasser etc.
Seenotausr.		
Motor		
E-Anlage		
Seeventile		
Bilge		
Rigg		
Lampen		
Sender		
Ruderanlage		
Gasanlage		

Uhrzeit	Kurs							Fahrt	Log-stand
	Komp.	Dev.	MW	Abtr.	Strom	Ges.-Ber.	Karte	sm/h	

Segelf./Betriebsstunden/ Drehzahl	Schiffsführung: Manöver, Schiffsort, Kursmarken, Peilung	Wache	Seemeilen	
			Segel	Motor

Tagesweg		
Vortrag		
Summe		
Gesamt		
Etmal		
Ø kn		

Position:

morgens: ....

mittags: ....

abends: ....

Motor-Betriebsstunden:

ges. .... h .... min

Tag: .... h .... min

x l/h = ... l Verbrauch

Heizung + ... l Verbrauch

Gas.-Verbr. l

Chronometer um ....

Stand: ....

Gang: ....

Bordzeit .... ± GMT

____

(Unterschrift)

In Seewetterberichten des Deutschen Wetterdienstes verwendete geographische Begriffe

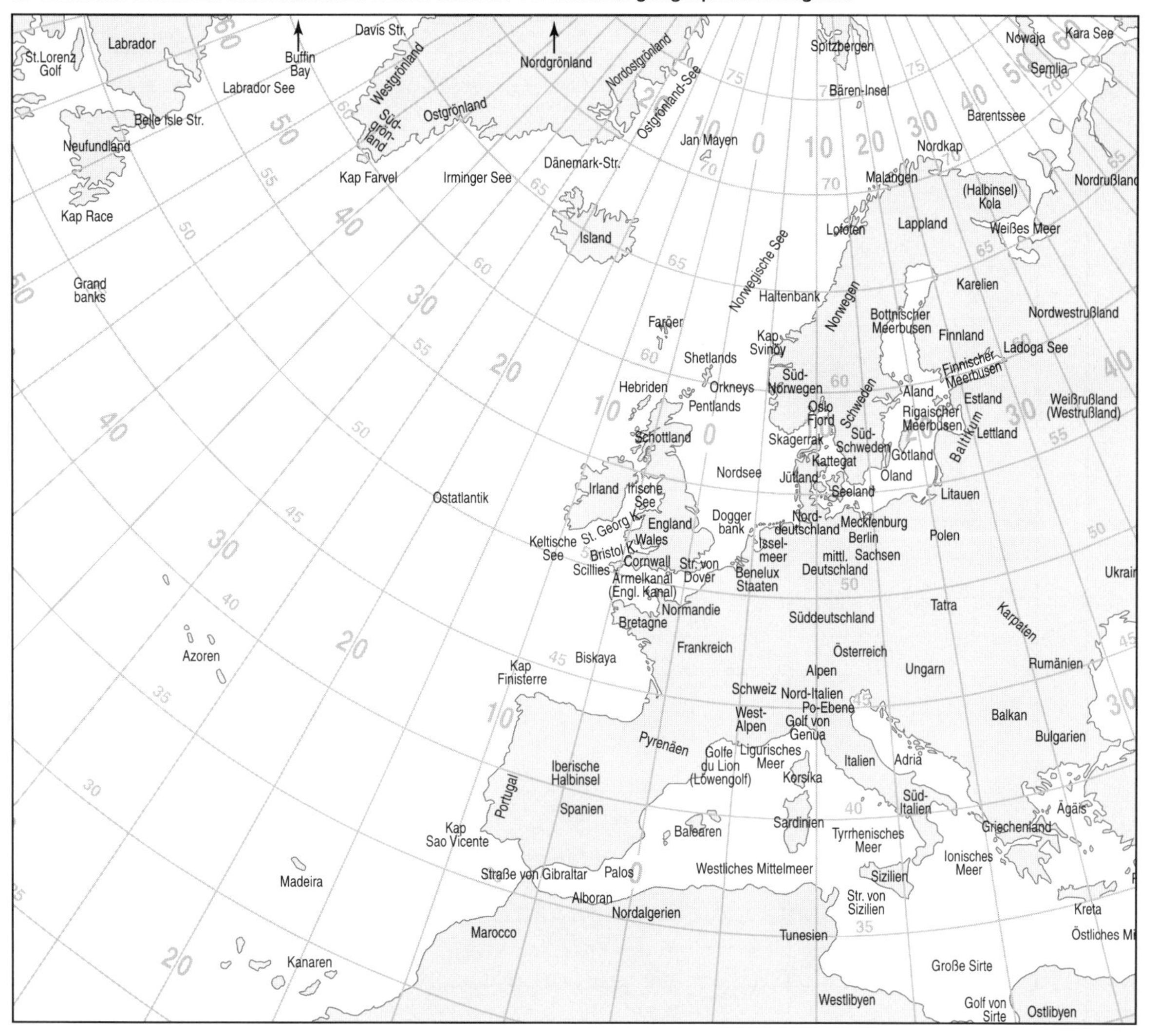

Wetterlage vom .... UTC/GZ .... Station

....

....

....

....

....

....

Stationsmeldung von .... UTC

	Stationen					
1	Svinoy					
2	Stavanger					
3	Aberdeen					
4	Tynemouth					
5	Hemsby					
6	Den Helder					
7	Norderney					
8	Helgoland					
9	List auf Sylt					
10	Thyboroen					
11	Skagen					
12	Fornaes					
13	Kegnaes					
14	Kiel-Holtenau					
	LT Kiel					
15	Fehmarn					
16	Arkona					
17	Bornholm					
18	Visby					
19	Utoe					
20	Riga					
21	Hel					
22	Soesteberg					
23	Manston					
24	Jersey					
25	Culdrose					
26	Belmullet					
27	Stornoway					

Stationsmeldung von .... UTC

	Vorhersage bis:	Aussichten bis: ....
N10 Deutsche Bucht		
N11 Humber/Südwest		
N12 Thames/Nordsee		
N9 Fischer		
N8 Dogger		
N4 Forties		
N2 Utsira N		
N3 Utsira S		
B14 Skagerrak		
B13 Kattegat		
B12 Belte und Sund		
B11 Westliche Ostsee		
B10 Südliche Ostsee		
Boddengewässer Ost		
B9 Südöstliche Ostsee		
B8 Zentrale Ostsee		
B7 Nördliche Ostsee		
B6 Rigaischer Meerbusen		
B5 Finnischer Meerbusen		
B4 Åland-See und Åland-Inseln		
B3 Bottensee		
B2 Norra Kvarken		
B1 Bottenwiek		
A6 Engl. Kanal, Westteil		
A5 Engl. Kanal, Ostteil		
Ijsselmeer		

Stationsmeldung von .... UTC

	R + St.	Wetter	Sicht	°C/hPa		R + St.	Wetter	Sicht	°C/hPa
Brest					Brindisi				
Bordeaux					Venedig				
La Coruna					Triest				
Gibraltar					Pula				
Almeria					Split				
Alicante					Dubrovnik				
Barcelona					Ulcinj				
Palma de Mallorca					Korfu				
Marseille					Kithira				
Nizza					Athen				
Genua					Thessaloniki				
Grosetta					Limnos				
Ajaccio					Heraklion				
Ponza					Rhodos				
Cagliari					Izmir				
Tunis					Antalya				
Messina					Istanbul				
Luqa/Malta					Larnaca				
Palermo					Las Palmas				

Station: .... UTC/GZ

Vorhersage bis .... Weitere Aussichten bis ....

M12 Kanarische Inseln		
M11 Alboran Gibraltar		
M10 Palos		
M2 Balearen		
M4 Westl. Korsika/Sardinien		
M1 Golfe du Lion		
M3 Ligurisches Meer		
M5 Tyrrhenisches Meer		
M6 Adria		
M7 Ionisches Meer		
M9 Ägäis		
M8 Biskaya		

Seite: .... Fahrt: .... Reisetag: .... Seetag: .... Dat.: .... den .... 20 .... Reiseziel: ....

Beobachtungen									
Uhrzeit	Wind		Seegang	Strom		Wetter	Luftdruck	Temp.	
	Richt.	kn		Richt.	kn		hPa	W C°	L C°
						○			
						○			
						○			
						○			
						○			
						○			
						○			
						○			
						○			
						○			

Tagesereignisse

	Wasser	Treibst.	Petr.	Gas
Bestand				
verbraucht				
nachgefüllt				
Endbestand				

Lampen
2100
0000
0300

Seefunkgespräche		
Min.	Tel./Adresse	KüFu

Check	i.o.	Bemerkungen, Reparaturen, Ölwechsel, Batteriewasser etc.
Seenotausr.		
Motor		
E-Anlage		
Seeventile		
Bilge		
Rigg		
Lampen		
Sender		
Ruderanlage		
Gasanlage		

Uhrzeit	Kurs							Fahrt	Log-stand
	Komp.	Dev.	MW	Abtr.	Strom	Ges.-Ber.	Karte	sm/h	

Segelf./Betriebsstunden/ Drehzahl	Schiffsführung: Manöver, Schiffsort, Kursmarken, Peilung	Wache	Seemeilen	
			Segel	Motor

	Segel	Motor
Tagesweg		
Vortrag		
Summe		
Gesamt		
Etmal		
Ø kn		

Position:

morgens: ....

mittags: ....

abends: ....

Motor-Betriebsstunden:

ges. .... h .... min

Tag: .... h .... min

x l/h = ... l Verbrauch

Heizung + ... l Verbrauch

Gas.-Verbr. l

Chronometer um ....

Stand: ....

Gang: ....

Bordzeit .... ± GMT

(Unterschrift)

In Seewetterberichten des Deutschen Wetterdienstes verwendete geographische Begriffe

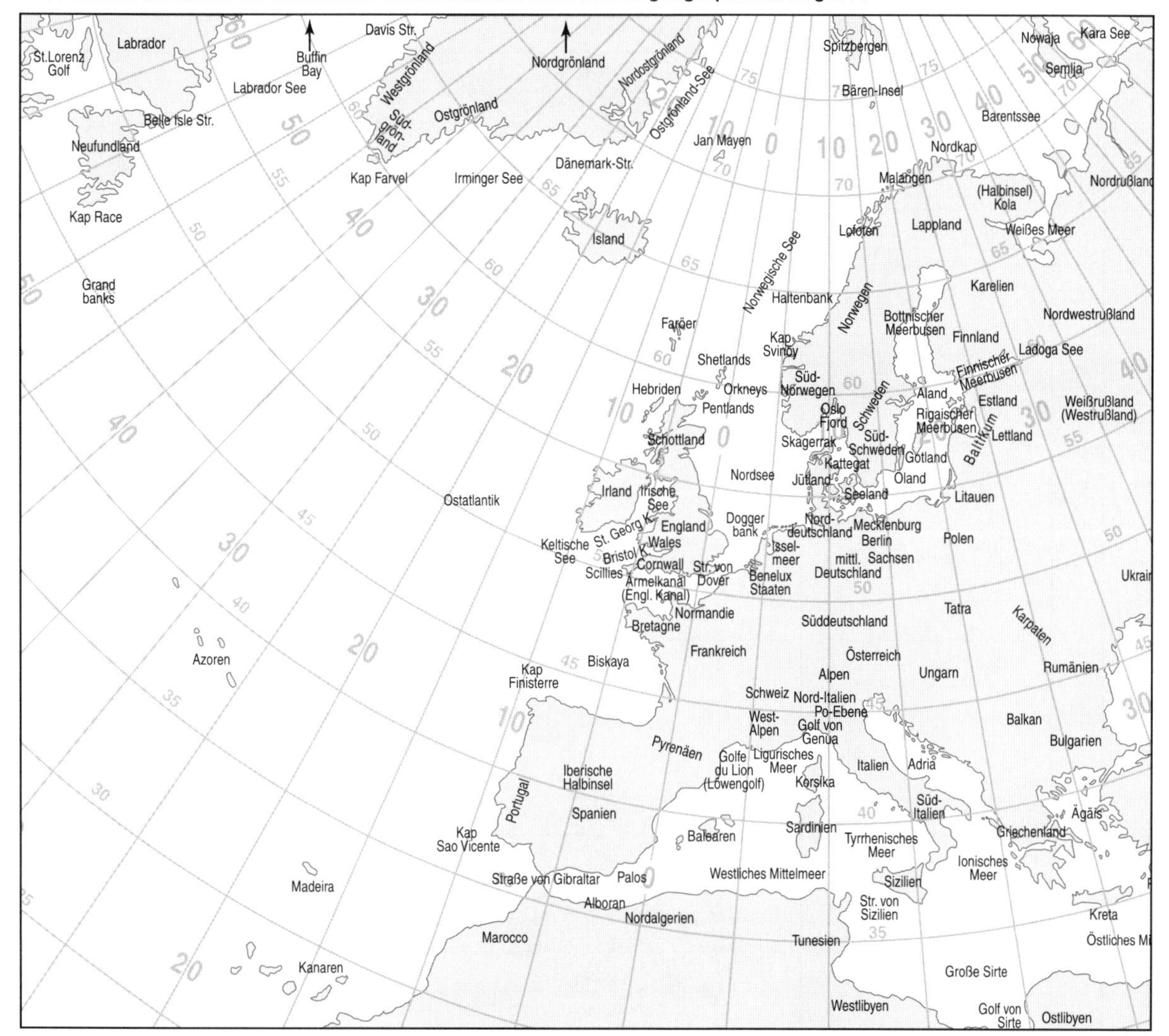

Wetterlage vom .... UTC/GZ .... Station

....

....

....

....

....

Stationsmeldung von .... UTC

	Stationen					
1	Svinoy					
2	Stavanger					
3	Aberdeen					
4	Tynemouth					
5	Hemsby					
6	Den Helder					
7	Norderney					
8	Helgoland					
9	List auf Sylt					
10	Thyboroen					
11	Skagen					
12	Fornaes					
13	Kegnaes					
14	Kiel-Holtenau					
	LT Kiel					
15	Fehmarn					
16	Arkona					
17	Bornholm					
18	Visby					
19	Utoe					
20	Riga					
21	Hel					
22	Soesteberg					
23	Manston					
24	Jersey					
25	Culdrose					
26	Belmullet					
27	Stornoway					

Stationsmeldung von .... UTC

	Vorhersage bis:	Aussichten bis: ....
N10 Deutsche Bucht		
N11 Humber/Südwest		
N12 Thames/Nordsee		
N9 Fischer		
N8 Dogger		
N4 Forties		
N2 Utsira N		
N3 Utsira S		
B14 Skagerrak		
B13 Kattegat		
B12 Belte und Sund		
B11 Westliche Ostsee		
B10 Südliche Ostsee		
Boddengewässer Ost		
B9 Südöstliche Ostsee		
B8 Zentrale Ostsee		
B7 Nördliche Ostsee		
B6 Rigaischer Meerbusen		
B5 Finnischer Meerbusen		
B4 Åland-See und Åland-Inseln		
B3 Bottensee		
B2 Norra Kvarken		
B1 Bottenwiek		
A6 Engl. Kanal, Westteil		
A5 Engl. Kanal, Ostteil		
Ijsselmeer		

Stationsmeldung von .... UTC

	R + St.	Wetter	Sicht	°C/hPa		R + St.	Wetter	Sicht	°C/hPa
Brest					Brindisi				
Bordeaux					Venedig				
La Coruna					Triest				
Gibraltar					Pula				
Almeria					Split				
Alicante					Dubrovnik				
Barcelona					Ulcinj				
Palma de Mallorca					Korfu				
Marseille					Kithira				
Nizza					Athen				
Genua					Thessaloniki				
Grosetta					Limnos				
Ajaccio					Heraklion				
Ponza					Rhodos				
Cagliari					Izmir				
Tunis					Antalya				
Messina					Istanbul				
Luqa/Malta					Larnaca				
Palermo					Las Palmas				

Station: .... **UTC/GZ**

Vorhersage bis .... Weitere Aussichten bis ....

M12 Kanarische Inseln		
M11 Alboran Gibraltar		
M10 Palos		
M2 Balearen		
M4 Westl. Korsika/Sardinien		
M1 Golfe du Lion		
M3 Ligurisches Meer		
M5 Tyrrhenisches Meer		
M6 Adria		
M7 Ionisches Meer		
M9 Ägäis		
M8 Biskaya		

Seite: .... Fahrt: .... Reisetag: .... Seetag: .... Dat.: .... den .... 20 .... Reiseziel: ....

Beobachtungen										
Uhrzeit	Wind		Seegang	Strom		Wetter	Luftdruck	Temp.	
	Richt.	kn		Richt.	kn		hPa	W C°	L C°

Tagesereignisse

	Wasser	Treibst.	Petr.	Gas
Bestand				
verbraucht				
nachgefüllt				
Endbestand				

Lampen
2100
0000
0300

Seefunkgespräche		
Min.	Tel./Adresse	KüFu

Check	i.o.	Bemerkungen, Reparaturen, Ölwechsel, Batteriewasser etc.
Seenotausr.		
Motor		
E-Anlage		
Seeventile		
Bilge		
Rigg		
Lampen		
Sender		
Ruderanlage		
Gasanlage		

Uhrzeit	Kurs							Fahrt	Log-stand
	Komp.	Dev.	MW	Abtr.	Strom	Ges.-Ber.	Karte	sm/h	

Segelf./Betriebsstunden/ Drehzahl	Schiffsführung: Manöver, Schiffsort, Kursmarken, Peilung	Wache	Seemeilen	
			Segel	Motor

	Segel	Motor
Tagesweg		
Vortrag		
Summe		
Gesamt		
Etmal		
Ø kn		

Position:

morgens: ....

mittags: ....

abends: ....

Motor-Betriebsstunden:

ges. .... h .... min

Tag: .... h .... min

x l/h = ... l Verbrauch

Heizung + ... l Verbrauch

Gas.-Verbr. l

Chronometer um ....

Stand: ....

Gang: ....

Bordzeit .... ± GMT

(Unterschrift)

In Seewetterberichten des Deutschen Wetterdienstes verwendete geographische Begriffe

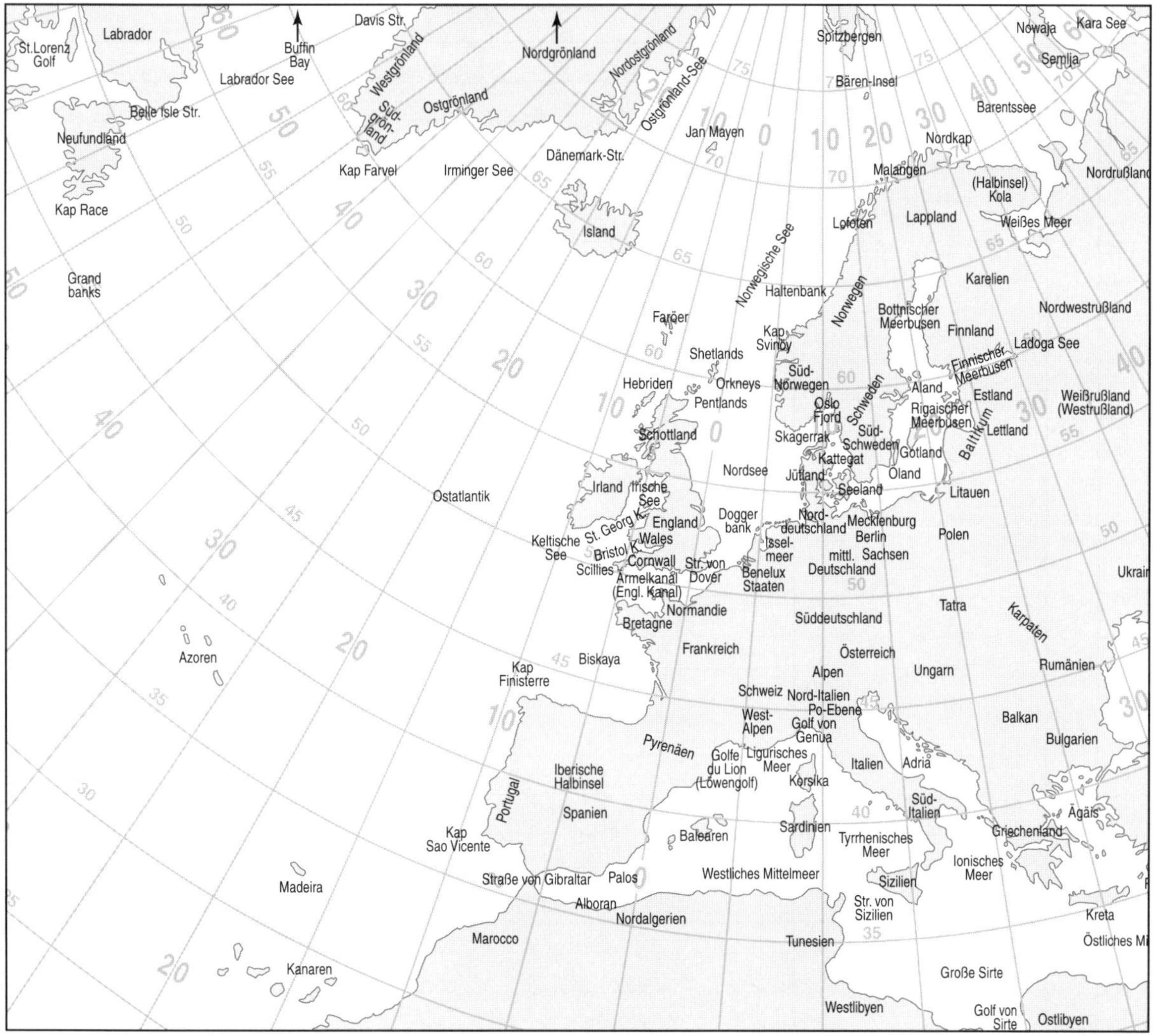

Wetterlage vom .... UTC/GZ .... Station

....

....

....

....

....

Stationsmeldung von .... UTC

	Stationen					
1	Svinoy					
2	Stavanger					
3	Aberdeen					
4	Tynemouth					
5	Hemsby					
6	Den Helder					
7	Norderney					
8	Helgoland					
9	List auf Sylt					
10	Thyboroen					
11	Skagen					
12	Fornaes					
13	Kegnaes					
14	Kiel-Holtenau					
	LT Kiel					
15	Fehmarn					
16	Arkona					
17	Bornholm					
18	Visby					
19	Utoe					
20	Riga					
21	Hel					
22	Soesteberg					
23	Manston					
24	Jersey					
25	Culdrose					
26	Belmullet					
27	Stornoway					

Stationsmeldung von .... UTC

	Vorhersage bis:	Aussichten bis: ....
N10 Deutsche Bucht		
N11 Humber/Südwest		
N12 Thames/Nordsee		
N9 Fischer		
N8 Dogger		
N4 Forties		
N2 Utsira N		
N3 Utsira S		
B14 Skagerrak		
B13 Kattegat		
B12 Belte und Sund		
B11 Westliche Ostsee		
B10 Südliche Ostsee		
Boddengewässer Ost		
B9 Südöstliche Ostsee		
B8 Zentrale Ostsee		
B7 Nördliche Ostsee		
B6 Rigaischer Meerbusen		
B5 Finnischer Meerbusen		
B4 Åland-See und Åland-Inseln		
B3 Bottensee		
B2 Norra Kvarken		
B1 Bottenwiek		
A6 Engl. Kanal, Westteil		
A5 Engl. Kanal, Ostteil		
Ijsselmeer		

Stationsmeldung von .... UTC

	R + St.	Wetter	Sicht	°C/hPa		R + St.	Wetter	Sicht	°C/hPa
Brest					Brindisi				
Bordeaux					Venedig				
La Coruna					Triest				
Gibraltar					Pula				
Almeria					Split				
Alicante					Dubrovnik				
Barcelona					Ulcinj				
Palma de Mallorca					Korfu				
Marseille					Kithira				
Nizza					Athen				
Genua					Thessaloniki				
Grosetta					Limnos				
Ajaccio					Heraklion				
Ponza					Rhodos				
Cagliari					Izmir				
Tunis					Antalya				
Messina					Istanbul				
Luqa/Malta					Larnaca				
Palermo					Las Palmas				

Station: .... UTC/GZ

Vorhersage bis .... Weitere Aussichten bis ....

M12 Kanarische Inseln		
M11 Alboran Gibraltar		
M10 Palos		
M2 Balearen		
M4 Westl. Korsika/Sardinien		
M1 Golfe du Lion		
M3 Ligurisches Meer		
M5 Tyrrhenisches Meer		
M6 Adria		
M7 Ionisches Meer		
M9 Ägäis		
M8 Biskaya		

Seite: .... Fahrt: .... Reisetag: .... Seetag: .... Dat.: .... den .... 20 .... Reiseziel: ....

Beobachtungen									
Uhrzeit	Wind		See-gang	Strom		Wetter	Luftdruck	Temp.	
	Richt.	kn		Richt.	kn		hPa	W C°	L C°
						◯			
						◯			
						◯			
						◯			
						◯			
						◯			
						◯			
						◯			
						◯			
						◯			

Tagesereignisse

	Wasser	Treibst.	Petr.	Gas
Bestand				
verbraucht				
nachgefüllt				
Endbestand				

Lampen
2100
0000
0300

Check	i.o.	Bemerkungen, Reparaturen, Ölwechsel, Batteriewasser etc.
Seenotausr.		
Motor		
E-Anlage		
Seeventile		
Bilge		
Rigg		
Lampen		
Sender		
Ruderanlage		
Gasanlage		

Seefunkgespräche		
Min.	Tel./Adresse	KüFu

Uhrzeit	Kurs							Fahrt	Log-stand
	Komp.	Dev.	MW	Abtr.	Strom	Ges.-Ber.	Karte	sm/h	

Segelf./Betriebsstunden/ Drehzahl	Schiffsführung: Manöver, Schiffsort, Kursmarken, Peilung	Wache	Seemeilen	
			Segel	Motor

Tagesweg		
Vortrag		
Summe		
Gesamt		
Etmal		
Ø kn		

Position:

morgens: ....

mittags: ....

abends: ....

Motor-Betriebsstunden:

ges. .... h .... min

Tag: .... h .... min

x l/h = ... l Verbrauch

Heizung + ... l Verbrauch

Gas.-Verbr. l

Chronometer um ....

Stand: ....

Gang: ....

Bordzeit .... ± GMT

(Unterschrift)

In Seewetterberichten des Deutschen Wetterdienstes verwendete geographische Begriffe

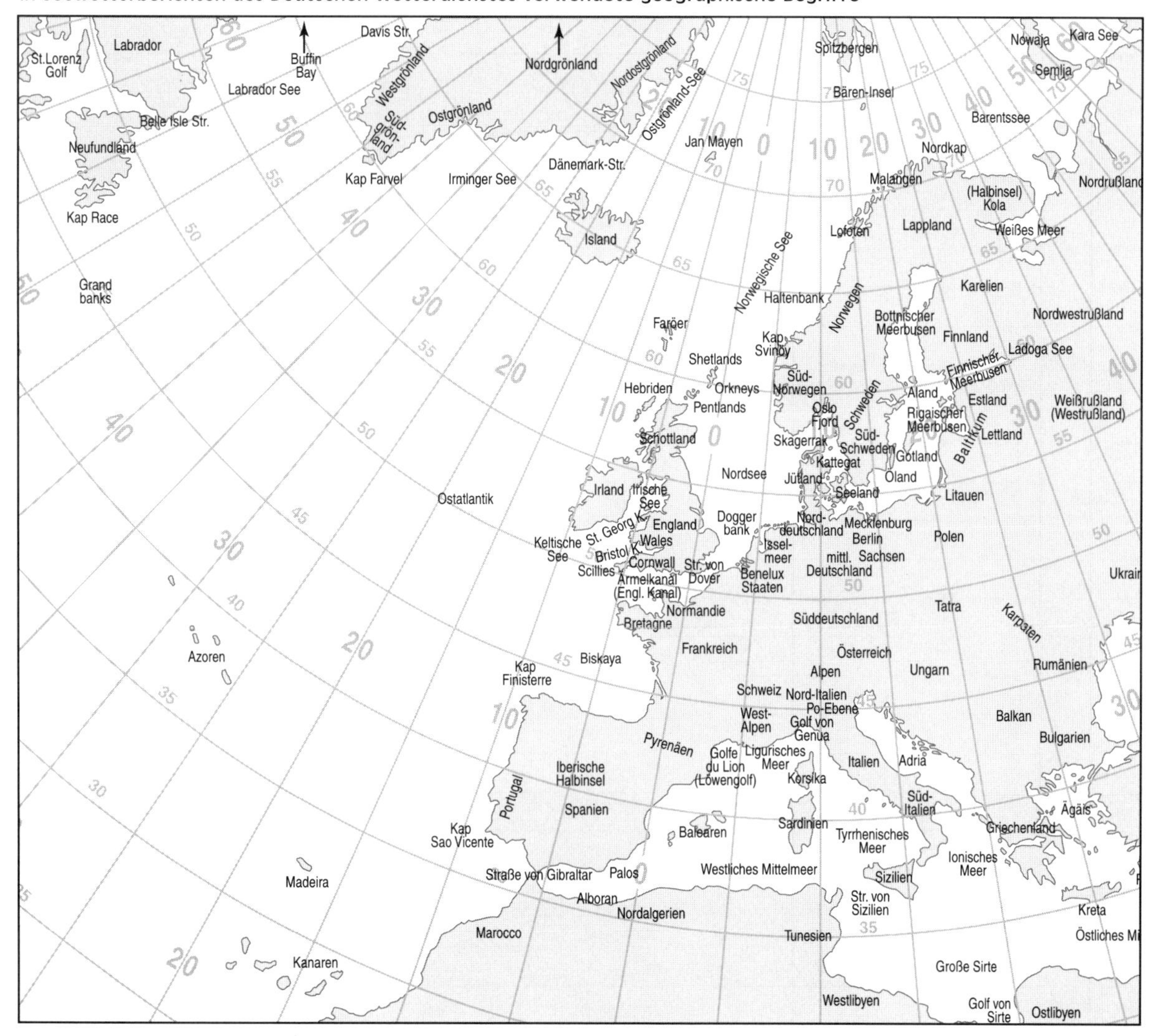

Wetterlage vom .... UTC/GZ .... Station

....

....

....

....

....

....

Stationsmeldung von .... UTC

	Stationen					
1	Svinoy					
2	Stavanger					
3	Aberdeen					
4	Tynemouth					
5	Hemsby					
6	Den Helder					
7	Norderney					
8	Helgoland					
9	List auf Sylt					
10	Thyboroen					
11	Skagen					
12	Fornaes					
13	Kegnaes					
14	Kiel-Holtenau					
	LT Kiel					
15	Fehmarn					
16	Arkona					
17	Bornholm					
18	Visby					
19	Utoe					
20	Riga					
21	Hel					
22	Soesteberg					
23	Manston					
24	Jersey					
25	Culdrose					
26	Belmullet					
27	Stornoway					

Stationsmeldung von .... UTC

	Vorhersage bis:	Aussichten bis: ....
N10 Deutsche Bucht		
N11 Humber/Südwest		
N12 Thames/Nordsee		
N9 Fischer		
N8 Dogger		
N4 Forties		
N2 Utsira N		
N3 Utsira S		
B14 Skagerrak		
B13 Kattegat		
B12 Belte und Sund		
B11 Westliche Ostsee		
B10 Südliche Ostsee		
Boddengewässer Ost		
B9 Südöstliche Ostsee		
B8 Zentrale Ostsee		
B7 Nördliche Ostsee		
B6 Rigaischer Meerbusen		
B5 Finnischer Meerbusen		
B4 Åland-See und Åland-Inseln		
B3 Bottensee		
B2 Norra Kvarken		
B1 Bottenwiek		
A6 Engl. Kanal, Westteil		
A5 Engl. Kanal, Ostteil		
Ijsselmeer		

Stationsmeldung von .... UTC

	R + St.	Wetter	Sicht	°C/hPa		R + St.	Wetter	Sicht	°C/hPa
Brest					Brindisi				
Bordeaux					Venedig				
La Coruna					Triest				
Gibraltar					Pula				
Almeria					Split				
Alicante					Dubrovnik				
Barcelona					Ulcinj				
Palma de Mallorca					Korfu				
Marseille					Kithira				
Nizza					Athen				
Genua					Thessaloniki				
Grosetta					Limnos				
Ajaccio					Heraklion				
Ponza					Rhodos				
Cagliari					Izmir				
Tunis					Antalya				
Messina					Istanbul				
Luqa/Malta					Larnaca				
Palermo					Las Palmas				

Station: .... UTC/GZ

Vorhersage bis .... Weitere Aussichten bis ....

M12 Kanarische Inseln		
M11 Alboran Gibraltar		
M10 Palos		
M2 Balearen		
M4 Westl. Korsika/Sardinien		
M1 Golfe du Lion		
M3 Ligurisches Meer		
M5 Tyrrhenisches Meer		
M6 Adria		
M7 Ionisches Meer		
M9 Ägäis		
M8 Biskaya		

Seite: .... Fahrt: .... Reisetag: .... Seetag: .... Dat.: .... den .... 20 .... Reiseziel: ....

Beobachtungen									
Uhrzeit	Wind		Seegang	Strom		Wetter	Luftdruck	Temp.	
	Richt.	kn		Richt.	kn		hPa	W C°	L C°
						○			
						○			
						○			
						○			
						○			
						○			
						○			
						○			
						○			
						○			

Tagesereignisse

	Wasser	Treibst.	Petr.	Gas
Bestand				
verbraucht				
nachgefüllt				
Endbestand				

Lampen
2100
0000
0300

Check	i.o.	Bemerkungen, Reparaturen, Ölwechsel, Batteriewasser etc.
Seenotausr.		
Motor		
E-Anlage		
Seeventile		
Bilge		
Rigg		
Lampen		
Sender		
Ruderanlage		
Gasanlage		

Seefunkgespräche		
Min.	Tel./Adresse	KüFu

Uhrzeit	Kurs							Fahrt	Log-stand
	Komp.	Dev.	MW	Abtr.	Strom	Ges.-Ber.	Karte	sm/h	

Segelf./Betriebsstunden/ Drehzahl	Schiffsführung: Manöver, Schiffsort, Kursmarken, Peilung	Wache	Seemeilen	
			Segel	Motor

Position:

morgens: ....

mittags: ....

abends: ....

Motor-Betriebsstunden:

ges. .... h .... min

Tag: .... h .... min

x l/h = ... l Verbrauch

Heizung + ... l Verbrauch

Gas.-Verbr. l

Chronometer um ....

Stand: ....

Gang: ....

Bordzeit .... ± GMT

(Unterschrift)

Tagesweg		
Vortrag		
Summe		
Gesamt		
Etmal		
Ø kn		

In Seewetterberichten des Deutschen Wetterdienstes verwendete geographische Begriffe

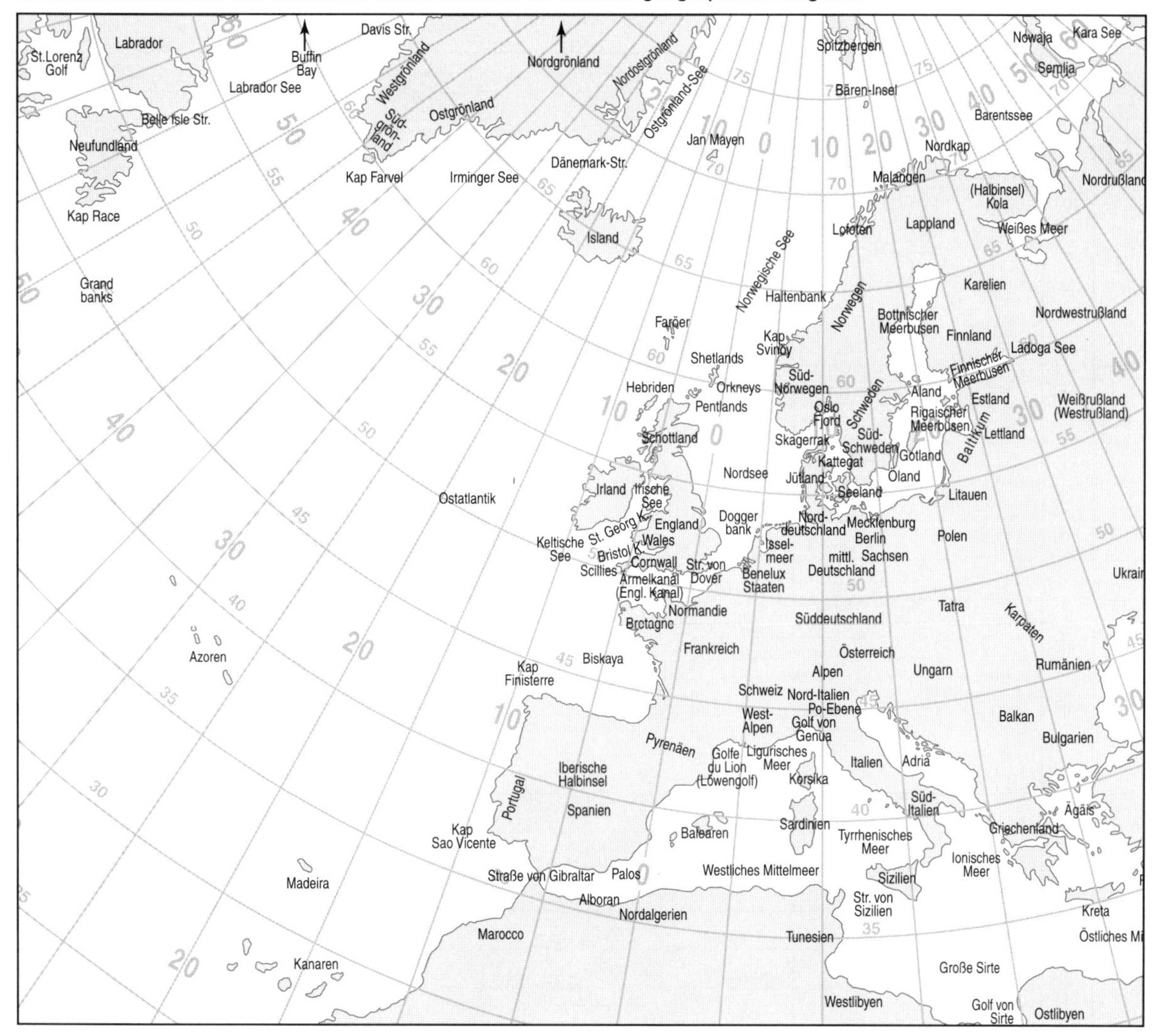

Wetterlage vom .... UTC/GZ .... Station

....

....

....

....

....

....

Stationsmeldung von .... UTC

	Stationen						
1	Svinoy						
2	Stavanger						
3	Aberdeen						
4	Tynemouth						
5	Hemsby						
6	Den Helder						
7	Norderney						
8	Helgoland						
9	List auf Sylt						
10	Thyboroen						
11	Skagen						
12	Fornaes						
13	Kegnaes						
14	Kiel-Holtenau						
	LT Kiel						
15	Fehmarn						
16	Arkona						
17	Bornholm						
18	Visby						
19	Utoe						
20	Riga						
21	Hel						
22	Soesteberg						
23	Manston						
24	Jersey						
25	Culdrose						
26	Belmullet						
27	Stornoway						

Stationsmeldung von .... UTC

	Vorhersage bis:	Aussichten bis: ....
N10 Deutsche Bucht		
N11 Humber/Südwest		
N12 Thames/Nordsee		
N9 Fischer		
N8 Dogger		
N4 Forties		
N2 Utsira N		
N3 Utsira S		
B14 Skagerrak		
B13 Kattegat		
B12 Belte und Sund		
B11 Westliche Ostsee		
B10 Südliche Ostsee		
Boddengewässer Ost		
B9 Südöstliche Ostsee		
B8 Zentrale Ostsee		
B7 Nördliche Ostsee		
B6 Rigaischer Meerbusen		
B5 Finnischer Meerbusen		
B4 Åland-See und Åland-Inseln		
B3 Bottensee		
B2 Norra Kvarken		
B1 Bottenwiek		
A6 Engl. Kanal, Westteil		
A5 Engl. Kanal, Ostteil		
Ijsselmeer		

Stationsmeldung von .... UTC

	R + St.	Wetter	Sicht	°C/hPa		R + St.	Wetter	Sicht	°C/hPa
Brest					Brindisi				
Bordeaux					Venedig				
La Coruna					Triest				
Gibraltar					Pula				
Almeria					Split				
Alicante					Dubrovnik				
Barcelona					Ulcinj				
Palma de Mallorca					Korfu				
Marseille					Kithira				
Nizza					Athen				
Genua					Thessaloniki				
Grosetta					Limnos				
Ajaccio					Heraklion				
Ponza					Rhodos				
Cagliari					Izmir				
Tunis					Antalya				
Messina					Istanbul				
Luqa/Malta					Larnaca				
Palermo					Las Palmas				

Station: .... UTC/GZ

Vorhersage bis .... Weitere Aussichten bis ....

M12 Kanarische Inseln		
M11 Alboran Gibraltar		
M10 Palos		
M2 Balearen		
M4 Westl. Korsika/Sardinien		
M1 Golfe du Lion		
M3 Ligurisches Meer		
M5 Tyrrhenisches Meer		
M6 Adria		
M7 Ionisches Meer		
M9 Ägäis		
M8 Biskaya		

Seite: .... Fahrt: .... Reisetag: .... Seetag: .... Dat.: .... den .... 20 .... Reiseziel: ....

Beobachtungen									
Uhrzeit	Wind		See-gang	Strom		Wetter	Luftdruck	Temp.	
	Richt.	kn		Richt.	kn		hPa	W C°	L C°
						○			
						○			
						○			
						○			
						○			
						○			
						○			
						○			
						○			
						○			

Tagesereignisse

	Wasser	Treibst.	Petr.	Gas
Bestand				
verbraucht				
nachgefüllt				
Endbestand				

Lampen
2100
0000
0300

Seefunkgespräche		
Min.	Tel./Adresse	KüFu

Check	i.o.	Bemerkungen, Reparaturen, Ölwechsel, Batteriewasser etc.
Seenotausr.		
Motor		
E-Anlage		
Seeventile		
Bilge		
Rigg		
Lampen		
Sender		
Ruderanlage		
Gasanlage		

Uhrzeit	Kurs							Fahrt	Log-stand
	Komp.	Dev.	MW	Abtr.	Strom	Ges.-Ber.	Karte	sm/h	

Segelf./Betriebsstunden/ Drehzahl	Schiffsführung: Manöver, Schiffsort, Kursmarken, Peilung	Wache	Seemeilen	
			Segel	Motor

Position:

morgens: ....

mittags: ....

abends: ....

Motor-Betriebsstunden:

ges. .... h .... min

Tag: .... h .... min

x l/h = ... l Verbrauch

Heizung + ... l Verbrauch

Gas.-Verbr. l

Chronometer um ....

Stand: ....

Gang: ....

Bordzeit .... ± GMT

____
(Unterschrift)

Tagesweg		
Vortrag		
Summe		
Gesamt		
Etmal		
Ø kn		

In Seewetterberichten des Deutschen Wetterdienstes verwendete geographische Begriffe

Wetterlage vom .... **UTC/GZ** .... **Station**

....

....

....

....

....

....

Stationsmeldung von .... UTC

	Stationen					
1	Svinoy					
2	Stavanger					
3	Aberdeen					
4	Tynemouth					
5	Hemsby					
6	Den Helder					
7	Norderney					
8	Helgoland					
9	List auf Sylt					
10	Thyboroen					
11	Skagen					
12	Fornaes					
13	Kegnaes					
14	Kiel-Holtenau					
	LT Kiel					
15	Fehmarn					
16	Arkona					
17	Bornholm					
18	Visby					
19	Utoe					
20	Riga					
21	Hel					
22	Soesteberg					
23	Manston					
24	Jersey					
25	Culdrose					
26	Belmullet					
27	Stornoway					

Stationsmeldung von .... **UTC**

	Vorhersage bis:	Aussichten bis: ....
N10 Deutsche Bucht		
N11 Humber/Südwest		
N12 Thames/Nordsee		
N9 Fischer		
N8 Dogger		
N4 Forties		
N2 Utsira N		
N3 Utsira S		
B14 Skagerrak		
B13 Kattegat		
B12 Belte und Sund		
B11 Westliche Ostsee		
B10 Südliche Ostsee		
Boddengewässer Ost		
B9 Südöstliche Ostsee		
B8 Zentrale Ostsee		
B7 Nördliche Ostsee		
B6 Rigaischer Meerbusen		
B5 Finnischer Meerbusen		
B4 Åland-See und Åland-Inseln		
B3 Bottensee		
B2 Norra Kvarken		
B1 Bottenwiek		
A6 Engl. Kanal, Westteil		
A5 Engl. Kanal, Ostteil		
Ijsselmeer		

Stationsmeldung von .... **UTC**

	R + St.	Wetter	Sicht	°C/hPa		R + St.	Wetter	Sicht	°C/hPa
Brest					Brindisi				
Bordeaux					Venedig				
La Coruna					Triest				
Gibraltar					Pula				
Almeria					Split				
Alicante					Dubrovnik				
Barcelona					Ulcinj				
Palma de Mallorca					Korfu				
Marseille					Kithira				
Nizza					Athen				
Genua					Thessaloniki				
Grosetta					Limnos				
Ajaccio					Heraklion				
Ponza					Rhodos				
Cagliari					Izmir				
Tunis					Antalya				
Messina					Istanbul				
Luqa/Malta					Larnaca				
Palermo					Las Palmas				

Station: .... **UTC/GZ**

Vorhersage bis .... Weitere Aussichten bis ....

M12 Kanarische Inseln		
M11 Alboran Gibraltar		
M10 Palos		
M2 Balearen		
M4 Westl. Korsika/Sardinien		
M1 Golfe du Lion		
M3 Ligurisches Meer		
M5 Tyrrhenisches Meer		
M6 Adria		
M7 Ionisches Meer		
M9 Ägäis		
M8 Biskaya		

Seite: .... Fahrt: .... Reisetag: .... Seetag: .... Dat.: .... den .... 20 .... Reiseziel: ....

Beobachtungen									
Uhrzeit	Wind		Seegang	Strom		Wetter	Luftdruck	Temp.	
	Richt.	kn		Richt.	kn		hPa	W C°	L C°
						○			
						○			
						○			
						○			
						○			
						○			
						○			
						○			
						○			
						○			

Tagesereignisse

	Wasser	Treibst.	Petr.	Gas
Bestand				
verbraucht				
nachgefüllt				
Endbestand				

Lampen
2100
0000
0300

Seefunkgespräche		
Min.	Tel./Adresse	KüFu

Check	i.o.	Bemerkungen, Reparaturen, Ölwechsel, Batteriewasser etc.
Seenotausr.		
Motor		
E-Anlage		
Seeventile		
Bilge		
Rigg		
Lampen		
Sender		
Ruderanlage		
Gasanlage		

Uhrzeit	Kurs							Fahrt	Log-stand
	Komp.	Dev.	MW	Abtr.	Strom	Ges.-Ber.	Karte	sm/h	

Segelf./Betriebsstunden/ Drehzahl	Schiffsführung: Manöver, Schiffsort, Kursmarken, Peilung	Wache	Seemeilen	
			Segel	Motor

Position:

morgens: ....

mittags: ....

abends: ....

Motor-Betriebsstunden:

ges. .... h .... min

Tag: .... h .... min

x l/h = ... l Verbrauch

Heizung + ... l Verbrauch

Gas.-Verbr. l

Chronometer um ....

Stand: ....

Gang: ....

Bordzeit .... ± GMT

(Unterschrift)

	Segel	Motor
Tagesweg		
Vortrag		
Summe		
Gesamt		
Etmal		
Ø kn		

In Seewetterberichten des Deutschen Wetterdienstes verwendete geographische Begriffe

Labrador, St. Lorenz Golf, Davis Str., Baffin Bay, Labrador See, Belle Isle Str., Neufundland, Kap Race, Grand banks, Westgrönland, Süd-grönland, Ostgrönland, Nordgrönland, Nordostgrönland, Ostgrönland-See, Kap Farvel, Irminger See, Dänemark-Str., Jan Mayen, Island, Spitzbergen, Bären-Insel, Nowaja Semlja, Kara See, Barentssee, Nordkap, Malangen, (Halbinsel) Kola, Nordrußland, Lofoten, Lappland, Weißes Meer, Norwegische See, Haltenbank, Norwegen, Karelien, Bottnischer Meerbusen, Finnland, Nordwestrußland, Färöer, Kap Svinoy, Shetlands, Finnischer Meerbusen, Ladoga See, Hebriden, Orkneys, Süd-Norwegen, Schweden, Aland, Estland, Weißrußland (Westrußland), Pentlands, Oslo Fjord, Rigaischer Meerbusen, Schottland, Skagerrak, Süd-Schweden, Baltikum, Lettland, Gotland, Kattegat, Ostatlantik, Nordsee, Jütland, Oland, Irland, Irische See, Seeland, Litauen, Dogger bank, Nord-deutschland, Mecklenburg, England, St. Georg K., Wales, Keltische See, Bristol K., Issel-meer, Berlin, Polen, Scillies, Cornwall, Str. von Dover, mittl. Deutschland, Sachsen, Ärmelkanal (Engl. Kanal), Benelux Staaten, Ukraine, Bretagne, Normandie, Süddeutschland, Tatra, Karpaten, Frankreich, Österreich, Azoren, Kap Finisterre, Biskaya, Alpen, Ungarn, Rumänien, Schweiz, Nord-Italien, Po-Ebene, West-Alpen, Golf von Genua, Balkan, Pyrenäen, Golfe du Lion (Löwengolf), Ligurisches Meer, Italien, Adria, Bulgarien, Iberische Halbinsel, Portugal, Korsika, Spanien, Süd-Italien, Ägäis, Kap Sao Vicente, Balearen, Sardinien, Tyrrhenisches Meer, Griechenland, Ionisches Meer, Madeira, Straße von Gibraltar, Palos, Westliches Mittelmeer, Sizilien, Alboran, Nordalgerien, Str. von Sizilien, Kreta, Marocco, Tunesien, Östliches Mittelmeer, Kanaren, Große Sirte, Westlibyen, Golf von Sirte, Ostlibyen

Wetterlage vom .... UTC/GZ .... Station

....

....

....

....

....

Stationsmeldung von .... UTC

	Stationen					
1	Svinoy					
2	Stavanger					
3	Aberdeen					
4	Tynemouth					
5	Hemsby					
6	Den Helder					
7	Norderney					
8	Helgoland					
9	List auf Sylt					
10	Thyboroen					
11	Skagen					
12	Fornaes					
13	Kegnaes					
14	Kiel-Holtenau					
	LT Kiel					
15	Fehmarn					
16	Arkona					
17	Bornholm					
18	Visby					
19	Utoe					
20	Riga					
21	Hel					
22	Soesteberg					
23	Manston					
24	Jersey					
25	Culdrose					
26	Belmullet					
27	Stornoway					

Stationsmeldung von .... UTC

	Vorhersage bis:	Aussichten bis: ....
N10 Deutsche Bucht		
N11 Humber/Südwest		
N12 Thames/Nordsee		
N9 Fischer		
N8 Dogger		
N4 Forties		
N2 Utsira N		
N3 Utsira S		
B14 Skagerrak		
B13 Kattegat		
B12 Belte und Sund		
B11 Westliche Ostsee		
B10 Südliche Ostsee		
Boddengewässer Ost		
B9 Südöstliche Ostsee		
B8 Zentrale Ostsee		
B7 Nördliche Ostsee		
B6 Rigaischer Meerbusen		
B5 Finnischer Meerbusen		
B4 Åland-See und Åland-Inseln		
B3 Bottensee		
B2 Norra Kvarken		
B1 Bottenwiek		
A6 Engl. Kanal, Westteil		
A5 Engl. Kanal, Ostteil		
Ijsselmeer		

Stationsmeldung von .... UTC

	R + St.	Wetter	Sicht	°C/hPa		R + St.	Wetter	Sicht	°C/hPa
Brest					Brindisi				
Bordeaux					Venedig				
La Coruna					Triest				
Gibraltar					Pula				
Almeria					Split				
Alicante					Dubrovnik				
Barcelona					Ulcinj				
Palma de Mallorca					Korfu				
Marseille					Kithira				
Nizza					Athen				
Genua					Thessaloniki				
Grosetta					Limnos				
Ajaccio					Heraklion				
Ponza					Rhodos				
Cagliari					Izmir				
Tunis					Antalya				
Messina					Istanbul				
Luqa/Malta					Larnaca				
Palermo					Las Palmas				

Station: .... UTC/GZ

Vorhersage bis .... Weitere Aussichten bis ....

M12 Kanarische Inseln		
M11 Alboran Gibraltar		
M10 Palos		
M2 Balearen		
M4 Westl. Korsika/Sardinien		
M1 Golfe du Lion		
M3 Ligurisches Meer		
M5 Tyrrhenisches Meer		
M6 Adria		
M7 Ionisches Meer		
M9 Ägäis		
M8 Biskaya		

Seite: .... Fahrt: .... Reisetag: .... Seetag: .... Dat.: .... den .... 20 .... Reiseziel: ....

Beobachtungen										
Uhrzeit	Wind		Seegang	Strom		Wetter	Luftdruck	Temp.	
	Richt.	kn		Richt.	kn		hPa	W C°	L C°
						○			
						○			
						○			
						○			
						○			
						○			
						○			
						○			
						○			
						○			

Tagesereignisse

	Wasser	Treibst.	Petr.	Gas
Bestand				
verbraucht				
nachgefüllt				
Endbestand				

Lampen
2100
0000
0300

Check	i.o.	Bemerkungen, Reparaturen, Ölwechsel, Batteriewasser etc.
Seenotausr.		
Motor		
E-Anlage		
Seeventile		
Bilge		
Rigg		
Lampen		
Sender		
Ruderanlage		
Gasanlage		

Seefunkgespräche		
Min.	Tel./Adresse	KüFu

Uhrzeit	Kurs							Fahrt	Log-stand
	Komp.	Dev.	MW	Abtr.	Strom	Ges.-Ber.	Karte	sm/h	

Segelf./Betriebsstunden/ Drehzahl	Schiffsführung: Manöver, Schiffsort, Kursmarken, Peilung	Wache	Seemeilen	
			Segel	Motor

Position:

morgens: ....

mittags: ....

abends: ....

Motor-Betriebsstunden:

ges. .... h .... min

Tag: .... h .... min

x l/h = ... l Verbrauch

Heizung + ... l Verbrauch

Gas.-Verbr. l

Chronometer um ....

Stand: ....

Gang: ....

Bordzeit .... ± GMT

(Unterschrift)

	Segel	Motor
Tagesweg		
Vortrag		
Summe		
Gesamt		
Etmal		
Ø kn		

In Seewetterberichten des Deutschen Wetterdienstes verwendete geographische Begriffe

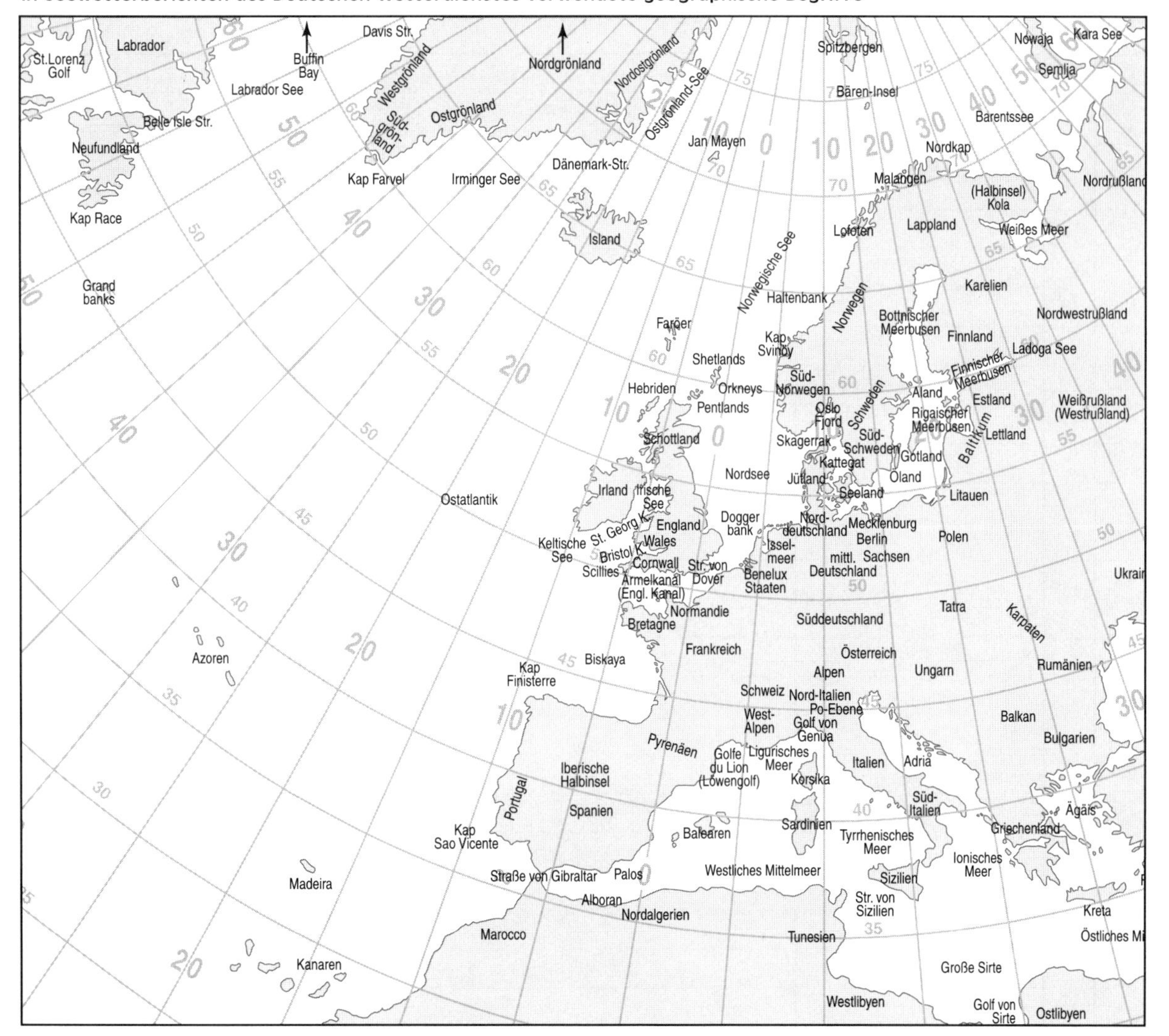

Wetterlage vom .... UTC/GZ .... Station

....

....

....

....

....

....

Stationsmeldung von .... UTC

	Stationen					
1	Svinoy					
2	Stavanger					
3	Aberdeen					
4	Tynemouth					
5	Hemsby					
6	Den Helder					
7	Norderney					
8	Helgoland					
9	List auf Sylt					
10	Thyboroen					
11	Skagen					
12	Fornaes					
13	Kegnaes					
14	Kiel-Holtenau					
	LT Kiel					
15	Fehmarn					
16	Arkona					
17	Bornholm					
18	Visby					
19	Utoe					
20	Riga					
21	Hel					
22	Soesteberg					
23	Manston					
24	Jersey					
25	Culdrose					
26	Belmullet					
27	Stornoway					

Stationsmeldung von .... UTC

	Vorhersage bis:	Aussichten bis: ....
N10 Deutsche Bucht		
N11 Humber/Südwest		
N12 Thames/Nordsee		
N9 Fischer		
N8 Dogger		
N4 Forties		
N2 Utsira N		
N3 Utsira S		
B14 Skagerrak		
B13 Kattegat		
B12 Belte und Sund		
B11 Westliche Ostsee		
B10 Südliche Ostsee		
Boddengewässer Ost		
B9 Südöstliche Ostsee		
B8 Zentrale Ostsee		
B7 Nördliche Ostsee		
B6 Rigaischer Meerbusen		
B5 Finnischer Meerbusen		
B4 Åland-See und Åland-Inseln		
B3 Bottensee		
B2 Norra Kvarken		
B1 Bottenwiek		
A6 Engl. Kanal, Westteil		
A5 Engl. Kanal, Ostteil		
Ijsselmeer		

Stationsmeldung von .... UTC

	R + St.	Wetter	Sicht	°C/hPa		R + St.	Wetter	Sicht	°C/hPa
Brest					Brindisi				
Bordeaux					Venedig				
La Coruna					Triest				
Gibraltar					Pula				
Almeria					Split				
Alicante					Dubrovnik				
Barcelona					Ulcinj				
Palma de Mallorca					Korfu				
Marseille					Kithira				
Nizza					Athen				
Genua					Thessaloniki				
Grosetta					Limnos				
Ajaccio					Heraklion				
Ponza					Rhodos				
Cagliari					Izmir				
Tunis					Antalya				
Messina					Istanbul				
Luqa/Malta					Larnaca				
Palermo					Las Palmas				

Station: .... UTC/GZ

Vorhersage bis .... Weitere Aussichten bis ....

M12 Kanarische Inseln		
M11 Alboran Gibraltar		
M10 Palos		
M2 Balearen		
M4 Westl. Korsika/Sardinien		
M1 Golfe du Lion		
M3 Ligurisches Meer		
M5 Tyrrhenisches Meer		
M6 Adria		
M7 Ionisches Meer		
M9 Ägäis		
M8 Biskaya		

Seite: .... Fahrt: .... Reisetag: .... Seetag: .... Dat.: .... den .... 20 .... Reiseziel: ....

Beobachtungen									
Uhrzeit	Wind		Seegang	Strom		Wetter	Luftdruck	Temp.	
	Richt.	kn		Richt.	kn		hPa	W C°	L C°
						○			
						○			
						○			
						○			
						○			
						○			
						○			
						○			
						○			
						○			

Tagesereignisse

	Wasser	Treibst.	Petr.	Gas
Bestand				
verbraucht				
nachgefüllt				
Endbestand				

Lampen
2100
0000
0300

Seefunkgespräche		
Min.	Tel./Adresse	KüFu

Check	i.o.	Bemerkungen, Reparaturen, Ölwechsel, Batteriewasser etc.
Seenotausr.		
Motor		
E-Anlage		
Seeventile		
Bilge		
Rigg		
Lampen		
Sender		
Ruderanlage		
Gasanlage		

Uhrzeit	Kurs							Fahrt	Log-stand
	Komp.	Dev.	MW	Abtr.	Strom	Ges.-Ber.	Karte	sm/h	

Segelf./Betriebsstunden/ Drehzahl	Schiffsführung: Manöver, Schiffsort, Kursmarken, Peilung	Wache	Seemeilen	
			Segel	Motor

Position:

morgens: ....

mittags: ....

abends: ....

Motor-Betriebsstunden:

ges. .... h .... min

Tag: .... h .... min

x l/h = ... l Verbrauch

Heizung + ... l Verbrauch

Gas.-Verbr. l

Chronometer um ....

Stand: ....

Gang: ....

Bordzeit .... ± GMT

____

(Unterschrift)

	Segel	Motor
Tagesweg		
Vortrag		
Summe		
Gesamt		
Etmal		
Ø kn		

In Seewetterberichten des Deutschen Wetterdienstes verwendete geographische Begriffe

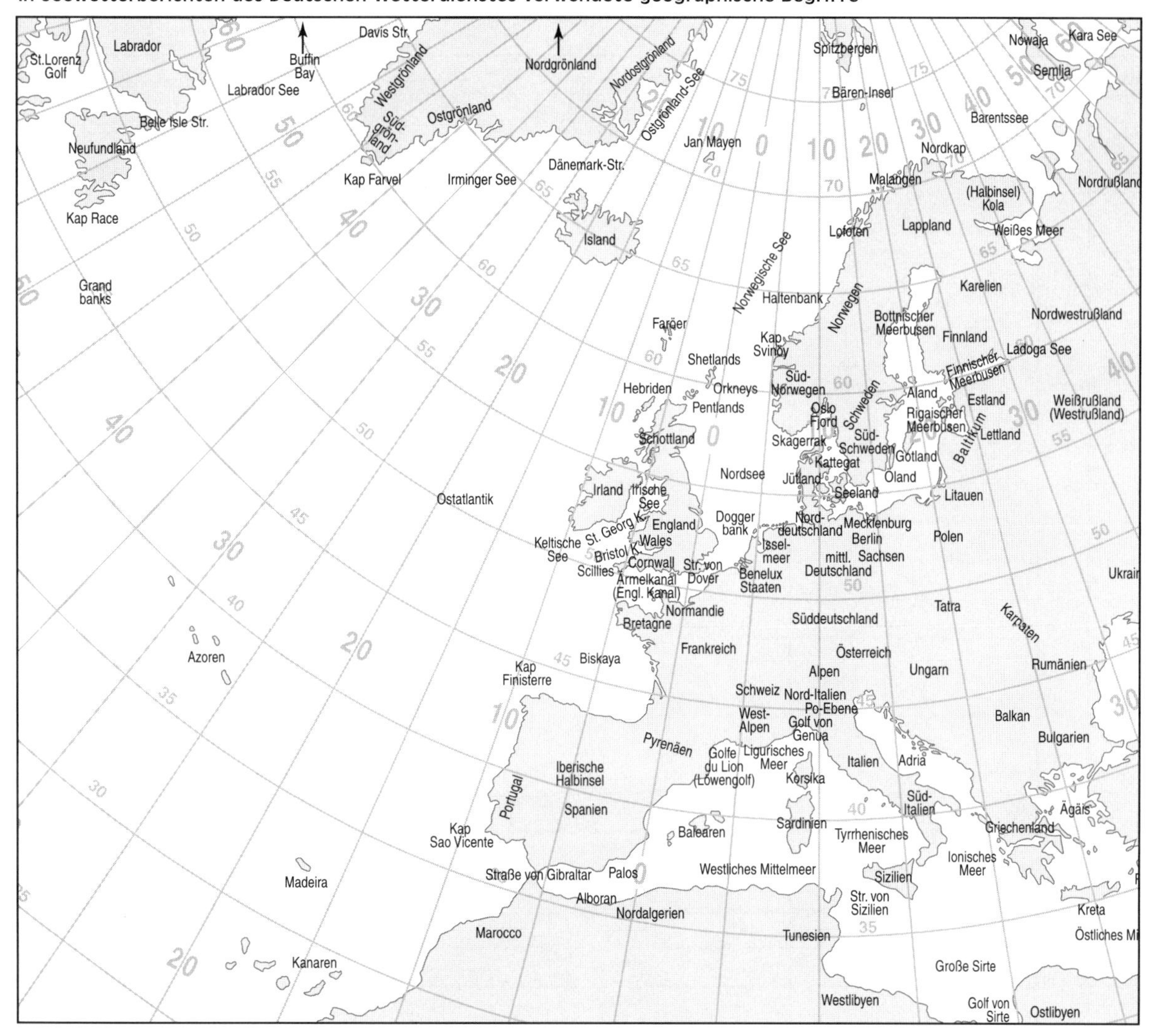

Wetterlage vom .... UTC/GZ .... Station

....

....

....

....

....

....

Stationsmeldung von .... UTC

	Stationen					
1	Svinoy					
2	Stavanger					
3	Aberdeen					
4	Tynemouth					
5	Hemsby					
6	Den Helder					
7	Norderney					
8	Helgoland					
9	List auf Sylt					
10	Thyboroen					
11	Skagen					
12	Fornaes					
13	Kegnaes					
14	Kiel-Holtenau					
	LT Kiel					
15	Fehmarn					
16	Arkona					
17	Bornholm					
18	Visby					
19	Utoe					
20	Riga					
21	Hel					
22	Soesteberg					
23	Manston					
24	Jersey					
25	Culdrose					
26	Belmullet					
27	Stornoway					

Stationsmeldung von .... UTC

	Vorhersage bis:	Aussichten bis: ....
N10 Deutsche Bucht		
N11 Humber/Südwest		
N12 Thames/Nordsee		
N9 Fischer		
N8 Dogger		
N4 Forties		
N2 Utsira N		
N3 Utsira S		
B14 Skagerrak		
B13 Kattegat		
B12 Belte und Sund		
B11 Westliche Ostsee		
B10 Südliche Ostsee		
Boddengewässer Ost		
B9 Südöstliche Ostsee		
B8 Zentrale Ostsee		
B7 Nördliche Ostsee		
B6 Rigaischer Meerbusen		
B5 Finnischer Meerbusen		
B4 Åland-See und Åland-Inseln		
B3 Bottensee		
B2 Norra Kvarken		
B1 Bottenwiek		
A6 Engl. Kanal, Westteil		
A5 Engl. Kanal, Ostteil		
Ijsselmeer		

Stationsmeldung von .... UTC

	R + St.	Wetter	Sicht	°C/hPa		R + St.	Wetter	Sicht	°C/hPa
Brest					Brindisi				
Bordeaux					Venedig				
La Coruna					Triest				
Gibraltar					Pula				
Almeria					Split				
Alicante					Dubrovnik				
Barcelona					Ulcinj				
Palma de Mallorca					Korfu				
Marseille					Kithira				
Nizza					Athen				
Genua					Thessaloniki				
Grosetta					Limnos				
Ajaccio					Heraklion				
Ponza					Rhodos				
Cagliari					Izmir				
Tunis					Antalya				
Messina					Istanbul				
Luqa/Malta					Larnaca				
Palermo					Las Palmas				

Station: .... UTC/GZ

Vorhersage bis .... Weitere Aussichten bis ....

M12 Kanarische Inseln		
M11 Alboran Gibraltar		
M10 Palos		
M2 Balearen		
M4 Westl. Korsika/Sardinien		
M1 Golfe du Lion		
M3 Ligurisches Meer		
M5 Tyrrhenisches Meer		
M6 Adria		
M7 Ionisches Meer		
M9 Ägäis		
M8 Biskaya		

Seite: .... Fahrt: .... Reisetag: .... Seetag: .... Dat.: .... den .... 20 .... Reiseziel: ....

Beobachtungen									
Uhrzeit	Wind		See-gang	Strom		Wetter	Luftdruck	Temp.	
	Richt.	kn		Richt.	kn		hPa	W C°	L C°
						○			
						○			
						○			
						○			
						○			
						○			
						○			
						○			
						○			
						○			

Tagesereignisse

	Wasser	Treibst.	Petr.	Gas
Bestand				
verbraucht				
nachgefüllt				
Endbestand				

Lampen
2100
0000
0300

Check	i.o.	Bemerkungen, Reparaturen, Ölwechsel, Batteriewasser etc.
Seenotausr.		
Motor		
E-Anlage		
Seeventile		
Bilge		
Rigg		
Lampen		
Sender		
Ruderanlage		
Gasanlage		

Seefunkgespräche		
Min.	Tel./Adresse	KüFu

Uhrzeit	Kurs							Fahrt	Log-stand
	Komp.	Dev.	MW	Abtr.	Strom	Ges.-Ber.	Karte	sm/h	

Segelf./Betriebsstunden/ Drehzahl	Schiffsführung: Manöver, Schiffsort, Kursmarken, Peilung	Wache	Seemeilen	
			Segel	Motor

Position:

morgens: ....

mittags: ....

abends: ....

Motor-Betriebsstunden:

ges. .... h .... min

Tag: .... h .... min

x l/h = ... l Verbrauch

Heizung + ... l Verbrauch

Gas.-Verbr. l

Chronometer um ....

Stand: ....

Gang: ....

Bordzeit .... ± GMT

(Unterschrift)

	Segel	Motor
Tagesweg		
Vortrag		
Summe		
Gesamt		
Etmal		
Ø kn		

In Seewetterberichten des Deutschen Wetterdienstes verwendete geographische Begriffe

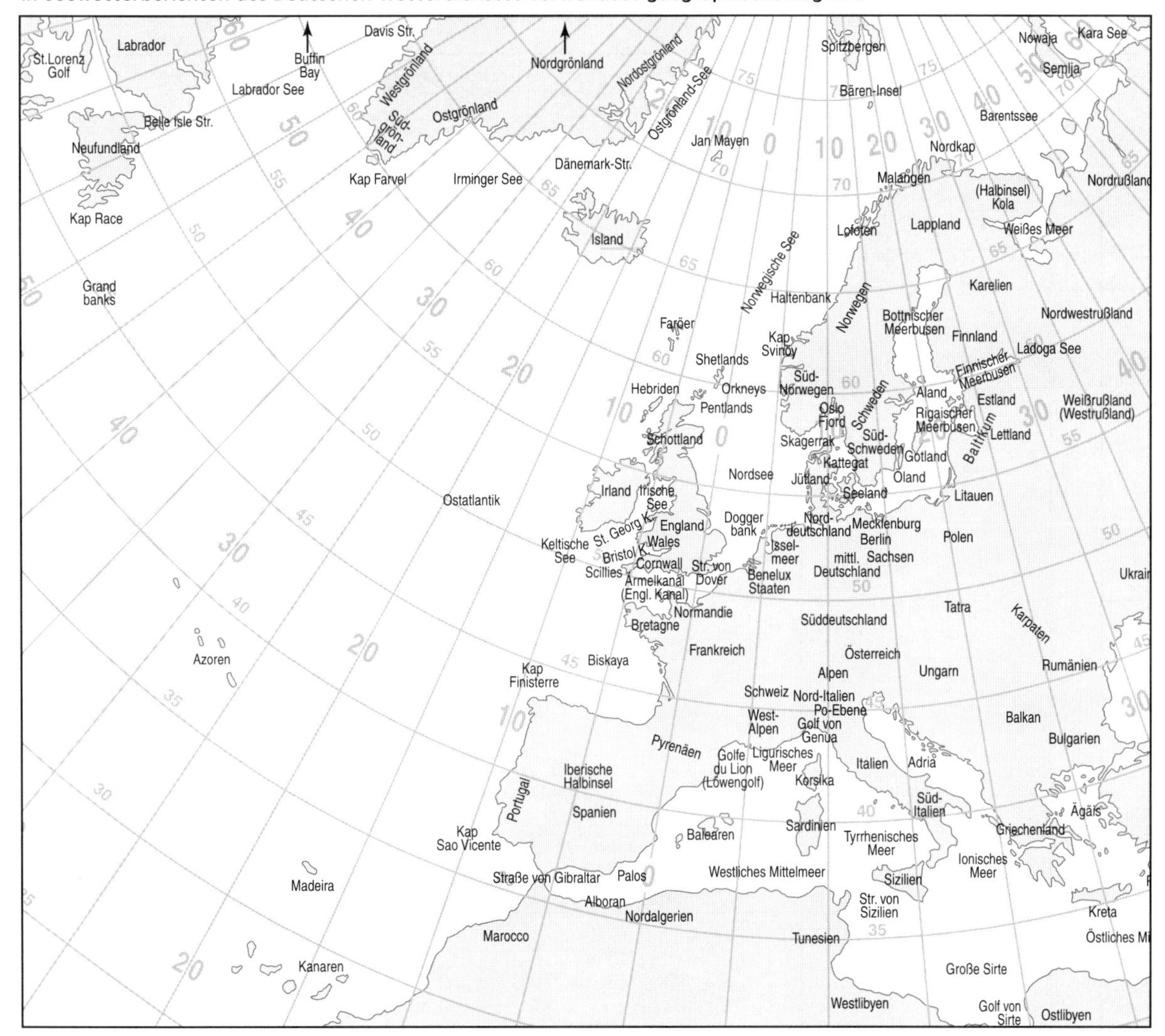

Wetterlage vom .... UTC/GZ .... Station

....

....

....

....

....

....

Stationsmeldung von .... UTC

	Stationen					
1	Svinoy					
2	Stavanger					
3	Aberdeen					
4	Tynemouth					
5	Hemsby					
6	Den Helder					
7	Norderney					
8	Helgoland					
9	List auf Sylt					
10	Thyboroen					
11	Skagen					
12	Fornaes					
13	Kegnaes					
14	Kiel-Holtenau					
	LT Kiel					
15	Fehmarn					
16	Arkona					
17	Bornholm					
18	Visby					
19	Utoe					
20	Riga					
21	Hel					
22	Soesteberg					
23	Manston					
24	Jersey					
25	Culdrose					
26	Belmullet					
27	Stornoway					

Stationsmeldung von .... UTC

	Vorhersage bis:	Aussichten bis: ....
N10 Deutsche Bucht		
N11 Humber/Südwest		
N12 Thames/Nordsee		
N9 Fischer		
N8 Dogger		
N4 Forties		
N2 Utsira N		
N3 Utsira S		
B14 Skagerrak		
B13 Kattegat		
B12 Belte und Sund		
B11 Westliche Ostsee		
B10 Südliche Ostsee		
Boddengewässer Ost		
B9 Südöstliche Ostsee		
B8 Zentrale Ostsee		
B7 Nördliche Ostsee		
B6 Rigaischer Meerbusen		
B5 Finnischer Meerbusen		
B4 Åland-See und Åland-Inseln		
B3 Bottensee		
B2 Norra Kvarken		
B1 Bottenwiek		
A6 Engl. Kanal, Westteil		
A5 Engl. Kanal, Ostteil		
Ijsselmeer		

Stationsmeldung von .... UTC

	R + St.	Wetter	Sicht	°C/hPa		R + St.	Wetter	Sicht	°C/hPa
Brest					Brindisi				
Bordeaux					Venedig				
La Coruna					Triest				
Gibraltar					Pula				
Almeria					Split				
Alicante					Dubrovnik				
Barcelona					Ulcinj				
Palma de Mallorca					Korfu				
Marseille					Kithira				
Nizza					Athen				
Genua					Thessaloniki				
Grosetta					Limnos				
Ajaccio					Heraklion				
Ponza					Rhodos				
Cagliari					Izmir				
Tunis					Antalya				
Messina					Istanbul				
Luqa/Malta					Larnaca				
Palermo					Las Palmas				

Station: .... UTC/GZ

Vorhersage bis .... Weitere Aussichten bis ....

M12 Kanarische Inseln		
M11 Alboran Gibraltar		
M10 Palos		
M2 Balearen		
M4 Westl. Korsika/Sardinien		
M1 Golfe du Lion		
M3 Ligurisches Meer		
M5 Tyrrhenisches Meer		
M6 Adria		
M7 Ionisches Meer		
M9 Ägäis		
M8 Biskaya		

Seite: .... Fahrt: .... Reisetag: .... Seetag: .... Dat.: .... den .... 20 .... Reiseziel: ....

Beobachtungen									
Uhrzeit	Wind		Seegang	Strom		Wetter	Luftdruck	Temp.	
	Richt.	kn		Richt.	kn		hPa	W C°	L C°
						○			
						○			
						○			
						○			
						○			
						○			
						○			
						○			
						○			
						○			

Tagesereignisse

	Wasser	Treibst.	Petr.	Gas
Bestand				
verbraucht				
nachgefüllt				
Endbestand				

Lampen
2100
0000
0300

Seefunkgespräche		
Min.	Tel./Adresse	KüFu

Check	i.o.	Bemerkungen, Reparaturen, Ölwechsel, Batteriewasser etc.
Seenotausr.		
Motor		
E-Anlage		
Seeventile		
Bilge		
Rigg		
Lampen		
Sender		
Ruderanlage		
Gasanlage		

Uhrzeit	Kurs							Fahrt	Log-stand
	Komp.	Dev.	MW	Abtr.	Strom	Ges.-Ber.	Karte	sm/h	

Segelf./Betriebsstunden/ Drehzahl	Schiffsführung: Manöver, Schiffsort, Kursmarken, Peilung	Wache	Seemeilen	
			Segel	Motor

Tagesweg		
Vortrag		
Summe		
Gesamt		
Etmal		
Ø kn		

Position:

morgens: ....

mittags: ....

abends: ....

Motor-Betriebsstunden:

ges. .... h .... min

Tag: .... h .... min

x l/h = ... l Verbrauch

Heizung + ... l Verbrauch

Gas.-Verbr. l

Chronometer um ....

Stand: ....

Gang: ....

Bordzeit .... ± GMT

(Unterschrift)

In Seewetterberichten des Deutschen Wetterdienstes verwendete geographische Begriffe

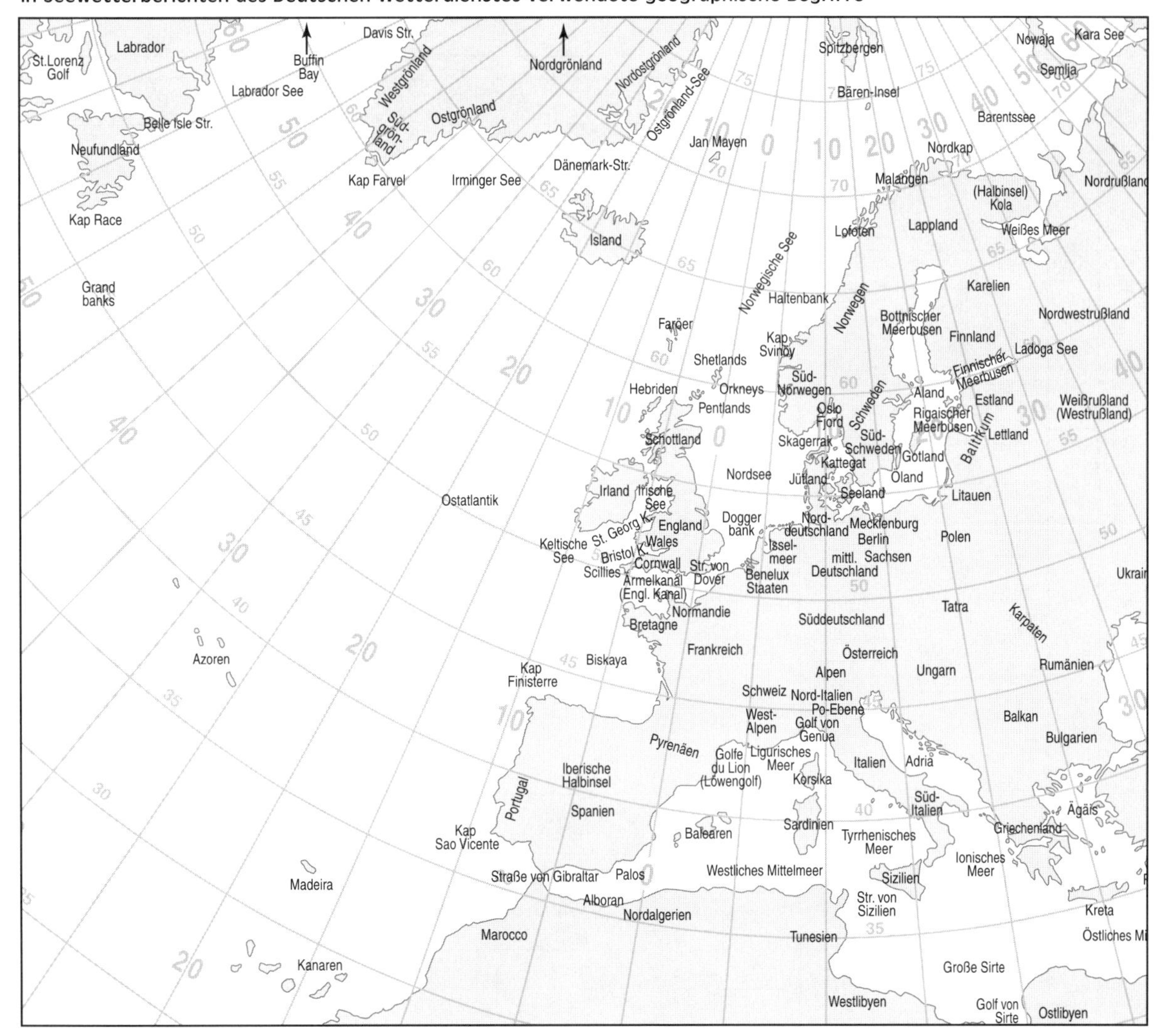

Wetterlage vom .... UTC/GZ .... Station

....

....

....

....

....

Stationsmeldung von .... UTC

	Stationen					
1	Svinoy					
2	Stavanger					
3	Aberdeen					
4	Tynemouth					
5	Hemsby					
6	Den Helder					
7	Norderney					
8	Helgoland					
9	List auf Sylt					
10	Thyboroen					
11	Skagen					
12	Fornaes					
13	Kegnaes					
14	Kiel-Holtenau					
	LT Kiel					
15	Fehmarn					
16	Arkona					
17	Bornholm					
18	Visby					
19	Utoe					
20	Riga					
21	Hel					
22	Soesteberg					
23	Manston					
24	Jersey					
25	Culdrose					
26	Belmullet					
27	Stornoway					

Stationsmeldung von .... UTC

	Vorhersage bis:	Aussichten bis: ....
N10 Deutsche Bucht		
N11 Humber/Südwest		
N12 Thames/Nordsee		
N9 Fischer		
N8 Dogger		
N4 Forties		
N2 Utsira N		
N3 Utsira S		
B14 Skagerrak		
B13 Kattegat		
B12 Belte und Sund		
B11 Westliche Ostsee		
B10 Südliche Ostsee		
Boddengewässer Ost		
B9 Südöstliche Ostsee		
B8 Zentrale Ostsee		
B7 Nördliche Ostsee		
B6 Rigaischer Meerbusen		
B5 Finnischer Meerbusen		
B4 Åland-See und Åland-Inseln		
B3 Bottensee		
B2 Norra Kvarken		
B1 Bottenwiek		
A6 Engl. Kanal, Westteil		
A5 Engl. Kanal, Ostteil		
Ijsselmeer		

Stationsmeldung von .... UTC

	R + St.	Wetter	Sicht	°C/hPa		R + St.	Wetter	Sicht	°C/hPa
Brest					Brindisi				
Bordeaux					Venedig				
La Coruna					Triest				
Gibraltar					Pula				
Almeria					Split				
Alicante					Dubrovnik				
Barcelona					Ulcinj				
Palma de Mallorca					Korfu				
Marseille					Kithira				
Nizza					Athen				
Genua					Thessaloniki				
Grosetta					Limnos				
Ajaccio					Heraklion				
Ponza					Rhodos				
Cagliari					Izmir				
Tunis					Antalya				
Messina					Istanbul				
Luqa/Malta					Larnaca				
Palermo					Las Palmas				

Station: .... UTC/GZ

Vorhersage bis .... Weitere Aussichten bis ....

M12 Kanarische Inseln		
M11 Alboran Gibraltar		
M10 Palos		
M2 Balearen		
M4 Westl. Korsika/Sardinien		
M1 Golfe du Lion		
M3 Ligurisches Meer		
M5 Tyrrhenisches Meer		
M6 Adria		
M7 Ionisches Meer		
M9 Ägäis		
M8 Biskaya		

Seite: .... Fahrt: .... Reisetag: .... Seetag: .... Dat.: .... den .... 20 .... Reiseziel: ....

Beobachtungen									
Uhrzeit	Wind		See-gang	Strom		Wetter	Luftdruck	Temp.	
	Richt.	kn		Richt.	kn		hPa	W C°	L C°
						○			
						○			
						○			
						○			
						○			
						○			
						○			
						○			
						○			
						○			

Tagesereignisse

	Wasser	Treibst.	Petr.	Gas
Bestand				
verbraucht				
nachgefüllt				
Endbestand				

Lampen
2100
0000
0300

Seefunkgespräche		
Min.	Tel./Adresse	KüFu

Check	i.o.	Bemerkungen, Reparaturen, Ölwechsel, Batteriewasser etc.
Seenotausr.		
Motor		
E-Anlage		
Seeventile		
Bilge		
Rigg		
Lampen		
Sender		
Ruderanlage		
Gasanlage		

Uhrzeit	Kurs							Fahrt	Log-stand
	Komp.	Dev.	MW	Abtr.	Strom	Ges.-Ber.	Karte	sm/h	

Segelf./Betriebsstunden/ Drehzahl	Schiffsführung: Manöver, Schiffsort, Kursmarken, Peilung	Wache	Seemeilen	
			Segel	Motor

Position:

morgens: ....

mittags: ....

abends: ....

Motor-Betriebsstunden:

ges. .... h .... min

Tag: .... h .... min

x l/h = ... l Verbrauch

Heizung + ... l Verbrauch

Gas.-Verbr. l

Chronometer um ....

Stand: ....

Gang: ....

Bordzeit .... ± GMT

(Unterschrift)

Tagesweg		
Vortrag		
Summe		
Gesamt		
Etmal		
Ø kn		

In Seewetterberichten des Deutschen Wetterdienstes verwendete geographische Begriffe

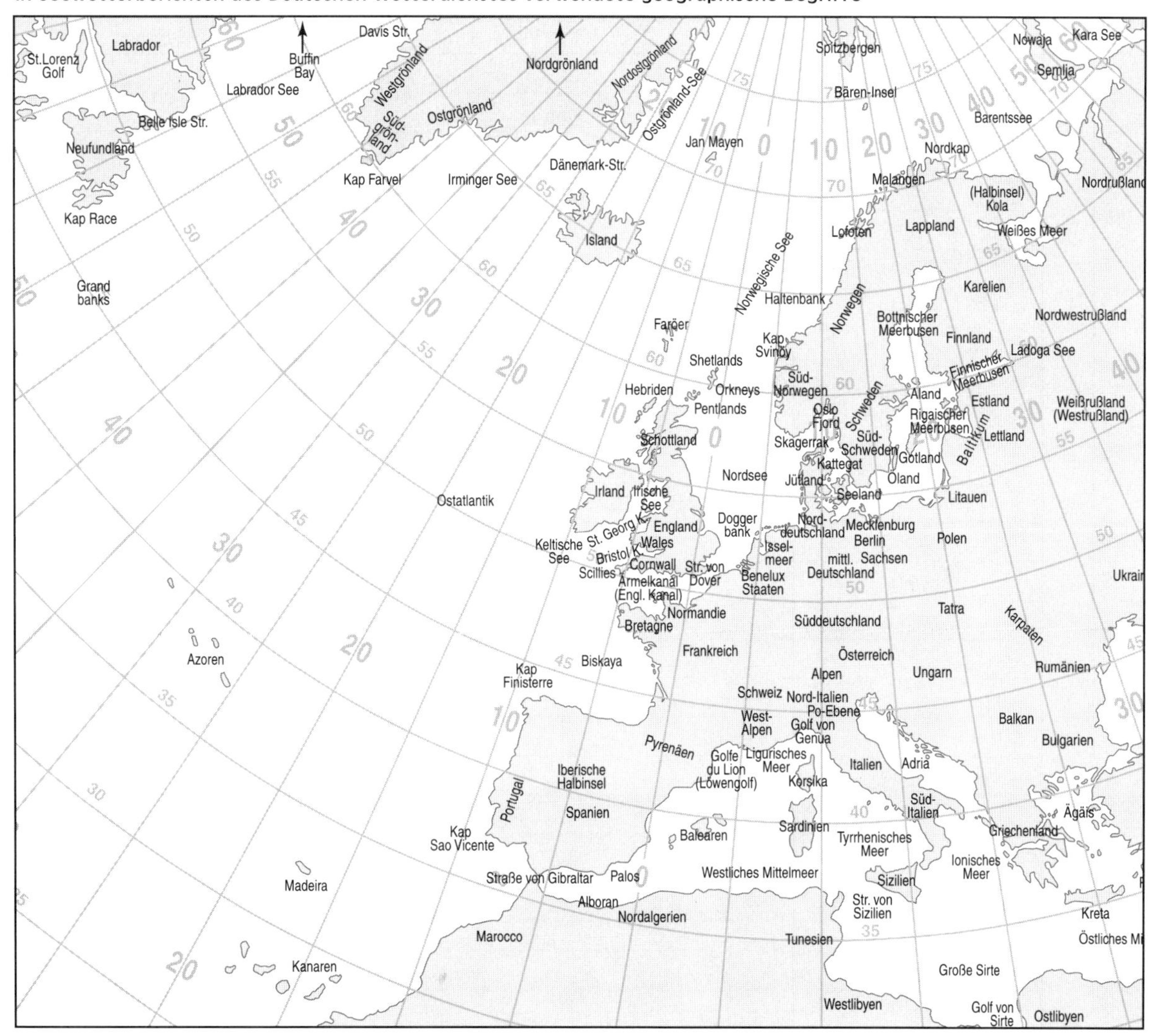

Wetterlage vom .... **UTC/GZ** .... **Station**

....

....

....

....

....

Stationsmeldung von .... UTC

	Stationen					
1	Svinoy					
2	Stavanger					
3	Aberdeen					
4	Tynemouth					
5	Hemsby					
6	Den Helder					
7	Norderney					
8	Helgoland					
9	List auf Sylt					
10	Thyboroen					
11	Skagen					
12	Fornaes					
13	Kegnaes					
14	Kiel-Holtenau					
	LT Kiel					
15	Fehmarn					
16	Arkona					
17	Bornholm					
18	Visby					
19	Utoe					
20	Riga					
21	Hel					
22	Soesteberg					
23	Manston					
24	Jersey					
25	Culdrose					
26	Belmullet					
27	Stornoway					

Stationsmeldung von .... UTC

	Vorhersage bis:	Aussichten bis: ....
N10 Deutsche Bucht		
N11 Humber/Südwest		
N12 Thames/Nordsee		
N9 Fischer		
N8 Dogger		
N4 Forties		
N2 Utsira N		
N3 Utsira S		
B14 Skagerrak		
B13 Kattegat		
B12 Belte und Sund		
B11 Westliche Ostsee		
B10 Südliche Ostsee		
Boddengewässer Ost		
B9 Südöstliche Ostsee		
B8 Zentrale Ostsee		
B7 Nördliche Ostsee		
B6 Rigaischer Meerbusen		
B5 Finnischer Meerbusen		
B4 Åland-See und Åland-Inseln		
B3 Bottensee		
B2 Norra Kvarken		
B1 Bottenwiek		
A6 Engl. Kanal, Westteil		
A5 Engl. Kanal, Ostteil		
Ijsselmeer		

Stationsmeldung von .... UTC

	R + St.	Wetter	Sicht	°C/hPa		R + St.	Wetter	Sicht	°C/hPa
Brest					Brindisi				
Bordeaux					Venedig				
La Coruna					Triest				
Gibraltar					Pula				
Almeria					Split				
Alicante					Dubrovnik				
Barcelona					Ulcinj				
Palma de Mallorca					Korfu				
Marseille					Kithira				
Nizza					Athen				
Genua					Thessaloniki				
Grosetta					Limnos				
Ajaccio					Heraklion				
Ponza					Rhodos				
Cagliari					Izmir				
Tunis					Antalya				
Messina					Istanbul				
Luqa/Malta					Larnaca				
Palermo					Las Palmas				

Station: .... UTC/GZ

Vorhersage bis .... Weitere Aussichten bis ....

M12 Kanarische Inseln		
M11 Alboran Gibraltar		
M10 Palos		
M2 Balearen		
M4 Westl. Korsika/Sardinien		
M1 Golfe du Lion		
M3 Ligurisches Meer		
M5 Tyrrhenisches Meer		
M6 Adria		
M7 Ionisches Meer		
M9 Ägäis		
M8 Biskaya		

Seite: .... Fahrt: .... Reisetag: .... Seetag: .... Dat.: .... den .... 20 .... Reiseziel: ....

Beobachtungen									
Uhrzeit	Wind		Seegang	Strom		Wetter	Luftdruck	Temp.	
	Richt.	kn		Richt.	kn		hPa	W C°	L C°
						○			
						○			
						○			
						○			
						○			
						○			
						○			
						○			
						○			
						○			

Tagesereignisse

	Wasser	Treibst.	Petr.	Gas
Bestand				
verbraucht				
nachgefüllt				
Endbestand				

Lampen
2100
0000
0300

Seefunkgespräche		
Min.	Tel./Adresse	KüFu

Check	i.o.	Bemerkungen, Reparaturen, Ölwechsel, Batteriewasser etc.
Seenotausr.		
Motor		
E-Anlage		
Seeventile		
Bilge		
Rigg		
Lampen		
Sender		
Ruderanlage		
Gasanlage		

Uhrzeit	Kurs							Fahrt	Log-stand
	Komp.	Dev.	MW	Abtr.	Strom	Ges.-Ber.	Karte	sm/h	

Segelf./Betriebsstunden/ Drehzahl	Schiffsführung: Manöver, Schiffsort, Kursmarken, Peilung	Wache	Seemeilen	
			Segel	Motor

Position:

morgens: ....

mittags: ....

abends: ....

Motor-Betriebsstunden:

ges. .... h .... min

Tag: .... h .... min

x l/h = ... l Verbrauch

Heizung + ... l Verbrauch

Gas.-Verbr. l

Chronometer um ....

Stand: ....

Gang: ....

Bordzeit .... ± GMT

(Unterschrift)

	Segel	Motor
Tagesweg		
Vortrag		
Summe		
Gesamt		
Etmal		
Ø kn		

In Seewetterberichten des Deutschen Wetterdienstes verwendete geographische Begriffe

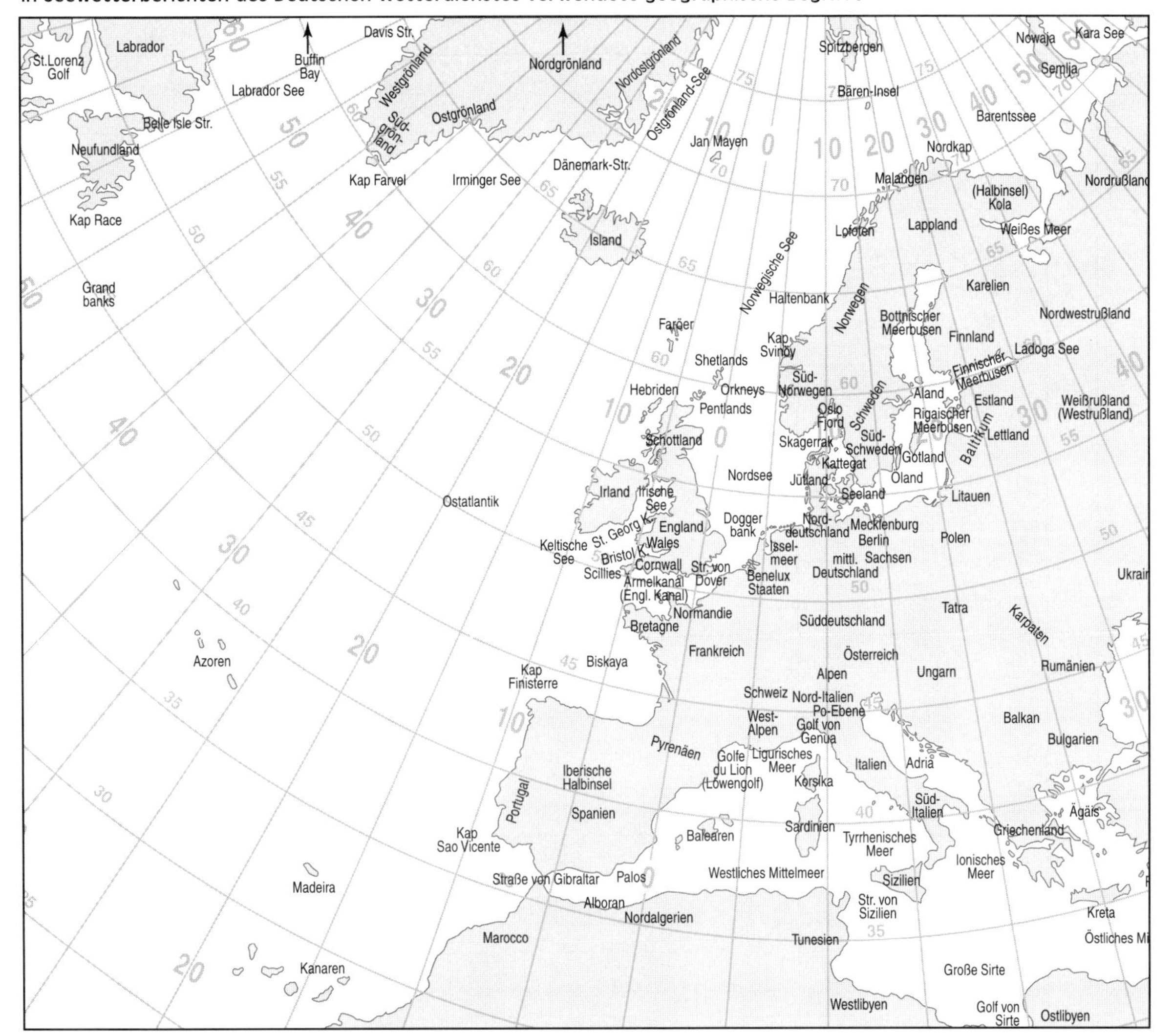

Wetterlage vom .... UTC/GZ .... Station

....

....

....

....

....

Stationsmeldung von .... UTC

	Stationen					
1	Svinoy					
2	Stavanger					
3	Aberdeen					
4	Tynemouth					
5	Hemsby					
6	Den Helder					
7	Norderney					
8	Helgoland					
9	List auf Sylt					
10	Thyboroen					
11	Skagen					
12	Fornaes					
13	Kegnaes					
14	Kiel-Holtenau					
	LT Kiel					
15	Fehmarn					
16	Arkona					
17	Bornholm					
18	Visby					
19	Utoe					
20	Riga					
21	Hel					
22	Soesteberg					
23	Manston					
24	Jersey					
25	Culdrose					
26	Belmullet					
27	Stornoway					

Stationsmeldung von .... UTC

	Vorhersage bis:	Aussichten bis: ....
N10 Deutsche Bucht		
N11 Humber/Südwest		
N12 Thames/Nordsee		
N9 Fischer		
N8 Dogger		
N4 Forties		
N2 Utsira N		
N3 Utsira S		
B14 Skagerrak		
B13 Kattegat		
B12 Belte und Sund		
B11 Westliche Ostsee		
B10 Südliche Ostsee		
Boddengewässer Ost		
B9 Südöstliche Ostsee		
B8 Zentrale Ostsee		
B7 Nördliche Ostsee		
B6 Rigaischer Meerbusen		
B5 Finnischer Meerbusen		
B4 Åland-See und Åland-Inseln		
B3 Bottensee		
B2 Norra Kvarken		
B1 Bottenwiek		
A6 Engl. Kanal, Westteil		
A5 Engl. Kanal, Ostteil		
Ijsselmeer		

Stationsmeldung von .... UTC

	R + St.	Wetter	Sicht	°C/hPa		R + St.	Wetter	Sicht	°C/hPa
Brest					Brindisi				
Bordeaux					Venedig				
La Coruna					Triest				
Gibraltar					Pula				
Almeria					Split				
Alicante					Dubrovnik				
Barcelona					Ulcinj				
Palma de Mallorca					Korfu				
Marseille					Kithira				
Nizza					Athen				
Genua					Thessaloniki				
Grosetta					Limnos				
Ajaccio					Heraklion				
Ponza					Rhodos				
Cagliari					Izmir				
Tunis					Antalya				
Messina					Istanbul				
Luqa/Malta					Larnaca				
Palermo					Las Palmas				

Station: .... UTC/GZ

Vorhersage bis .... Weitere Aussichten bis ....

M12 Kanarische Inseln		
M11 Alboran Gibraltar		
M10 Palos		
M2 Balearen		
M4 Westl. Korsika/Sardinien		
M1 Golfe du Lion		
M3 Ligurisches Meer		
M5 Tyrrhenisches Meer		
M6 Adria		
M7 Ionisches Meer		
M9 Ägäis		
M8 Biskaya		

Seite: .... Fahrt: .... Reisetag: .... Seetag: .... Dat.: .... den .... 20 .... Reiseziel: ....

Beobachtungen									
Uhrzeit	Wind		See-gang	Strom		Wetter	Luftdruck	Temp.	
	Richt.	kn		Richt.	kn		hPa	W C°	L C°
						○			
						○			
						○			
						○			
						○			
						○			
						○			
						○			
						○			
						○			

Tageseereignisse

	Wasser	Treibst.	Petr.	Gas
Bestand				
verbraucht				
nachgefüllt				
Endbestand				

Lampen
2100
0000
0300

Seefunkgespräche		
Min.	Tel./Adresse	KüFu

Check	i.o.	Bemerkungen, Reparaturen, Ölwechsel, Batteriewasser etc.
Seenotausr.		
Motor		
E-Anlage		
Seeventile		
Bilge		
Rigg		
Lampen		
Sender		
Ruderanlage		
Gasanlage		

Uhrzeit	Kurs							Fahrt	Log-stand
	Komp.	Dev.	MW	Abtr.	Strom	Ges.-Ber.	Karte	sm/h	

Segelf./Betriebsstunden/ Drehzahl	Schiffsführung: Manöver, Schiffsort, Kursmarken, Peilung	Wache	Seemeilen	
			Segel	Motor

Position:

morgens: ....

mittags: ....

abends: ....

Motor-Betriebsstunden:

ges. .... h .... min

Tag: .... h .... min

x l/h = ... l Verbrauch

Heizung + ... l Verbrauch

Gas.-Verbr. l

Chronometer um ....

Stand: ....

Gang: ....

Bordzeit .... ± GMT

____

(Unterschrift)

	Segel	Motor
Tagesweg		
Vortrag		
Summe		
Gesamt		
Etmal		
Ø kn		

In Seewetterberichten des Deutschen Wetterdienstes verwendete geographische Begriffe

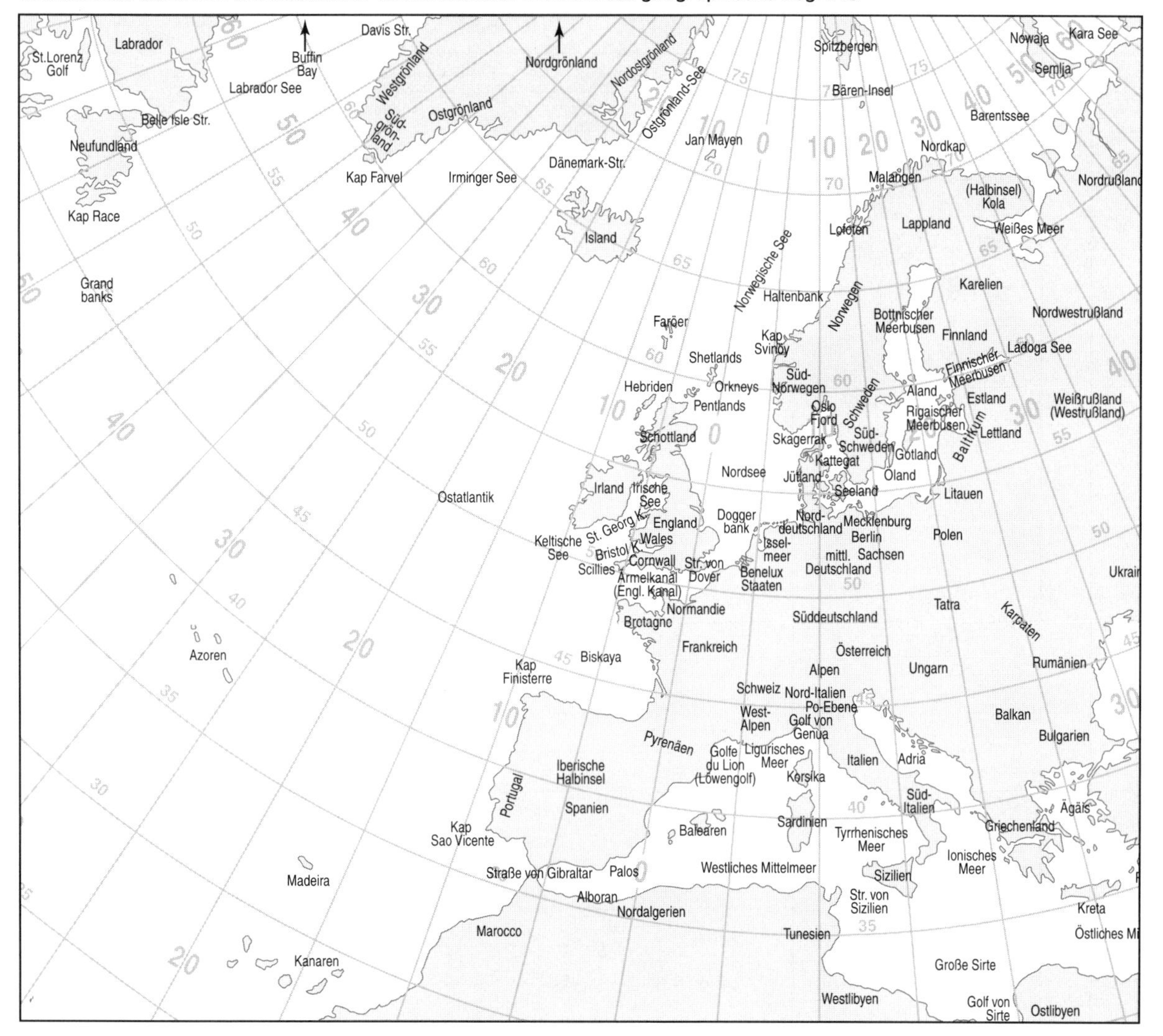

Wetterlage vom .... UTC/GZ .... Station

....

....

....

....

....

Stationsmeldung von .... UTC

	Stationen					
1	Svinoy					
2	Stavanger					
3	Aberdeen					
4	Tynemouth					
5	Hemsby					
6	Den Helder					
7	Norderney					
8	Helgoland					
9	List auf Sylt					
10	Thyboroen					
11	Skagen					
12	Fornaes					
13	Kegnaes					
14	Kiel-Holtenau					
	LT Kiel					
15	Fehmarn					
16	Arkona					
17	Bornholm					
18	Visby					
19	Utoe					
20	Riga					
21	Hel					
22	Soesteberg					
23	Manston					
24	Jersey					
25	Culdrose					
26	Belmullet					
27	Stornoway					

Stationsmeldung von .... UTC

	Vorhersage bis:	Aussichten bis: ....
N10 Deutsche Bucht		
N11 Humber/Südwest		
N12 Thames/Nordsee		
N9 Fischer		
N8 Dogger		
N4 Forties		
N2 Utsira N		
N3 Utsira S		
B14 Skagerrak		
B13 Kattegat		
B12 Belte und Sund		
B11 Westliche Ostsee		
B10 Südliche Ostsee		
Boddengewässer Ost		
B9 Südöstliche Ostsee		
B8 Zentrale Ostsee		
B7 Nördliche Ostsee		
B6 Rigaischer Meerbusen		
B5 Finnischer Meerbusen		
B4 Åland-See und Åland-Inseln		
B3 Bottensee		
B2 Norra Kvarken		
B1 Bottenwiek		
A6 Engl. Kanal, Westteil		
A5 Engl. Kanal, Ostteil		
Ijsselmeer		

Stationsmeldung von .... UTC

	R + St.	Wetter	Sicht	°C/hPa		R + St.	Wetter	Sicht	°C/hPa
Brest					Brindisi				
Bordeaux					Venedig				
La Coruna					Triest				
Gibraltar					Pula				
Almeria					Split				
Alicante					Dubrovnik				
Barcelona					Ulcinj				
Palma de Mallorca					Korfu				
Marseille					Kithira				
Nizza					Athen				
Genua					Thessaloniki				
Grosetta					Limnos				
Ajaccio					Heraklion				
Ponza					Rhodos				
Cagliari					Izmir				
Tunis					Antalya				
Messina					Istanbul				
Luqa/Malta					Larnaca				
Palermo					Las Palmas				

Station: .... UTC/GZ

Vorhersage bis .... Weitere Aussichten bis ....

M12 Kanarische Inseln		
M11 Alboran Gibraltar		
M10 Palos		
M2 Balearen		
M4 Westl. Korsika/Sardinien		
M1 Golfe du Lion		
M3 Ligurisches Meer		
M5 Tyrrhenisches Meer		
M6 Adria		
M7 Ionisches Meer		
M9 Ägäis		
M8 Biskaya		

Seite: .... Fahrt: .... Reisetag: .... Seetag: .... Dat.: .... den .... 20 .... Reiseziel: ....

Beobachtungen									
Uhrzeit	Wind		Seegang	Strom		Wetter	Luftdruck	Temp.	
	Richt.	kn		Richt.	kn		hPa	W C°	L C°

Tagesereignisse

	Wasser	Treibst.	Petr.	Gas
Bestand				
verbraucht				
nachgefüllt				
Endbestand				

Lampen
2100
0000
0300

Seefunkgespräche		
Min.	Tel./Adresse	KüFu

Check	i.o.	Bemerkungen, Reparaturen, Ölwechsel, Batteriewasser etc.
Seenotausr.		
Motor		
E-Anlage		
Seeventile		
Bilge		
Rigg		
Lampen		
Sender		
Ruderanlage		
Gasanlage		

Uhrzeit	Kurs							Fahrt	Log-stand
	Komp.	Dev.	MW	Abtr.	Strom	Ges.-Ber.	Karte	sm/h	

Segelf./Betriebsstunden/ Drehzahl	Schiffsführung: Manöver, Schiffsort, Kursmarken, Peilung	Wache	Seemeilen	
			Segel	Motor

Position:

morgens: ....

mittags: ....

abends: ....

Motor-Betriebsstunden:

ges. .... h .... min

Tag: .... h .... min

x l/h = ... l Verbrauch

Heizung + ... l Verbrauch

Gas.-Verbr. l

Chronometer um ....

Stand: ....

Gang: ....

Bordzeit .... ± GMT

(Unterschrift)

	Segel	Motor
Tagesweg		
Vortrag		
Summe		
Gesamt		
Etmal		
Ø kn		

In Seewetterberichten des Deutschen Wetterdienstes verwendete geographische Begriffe

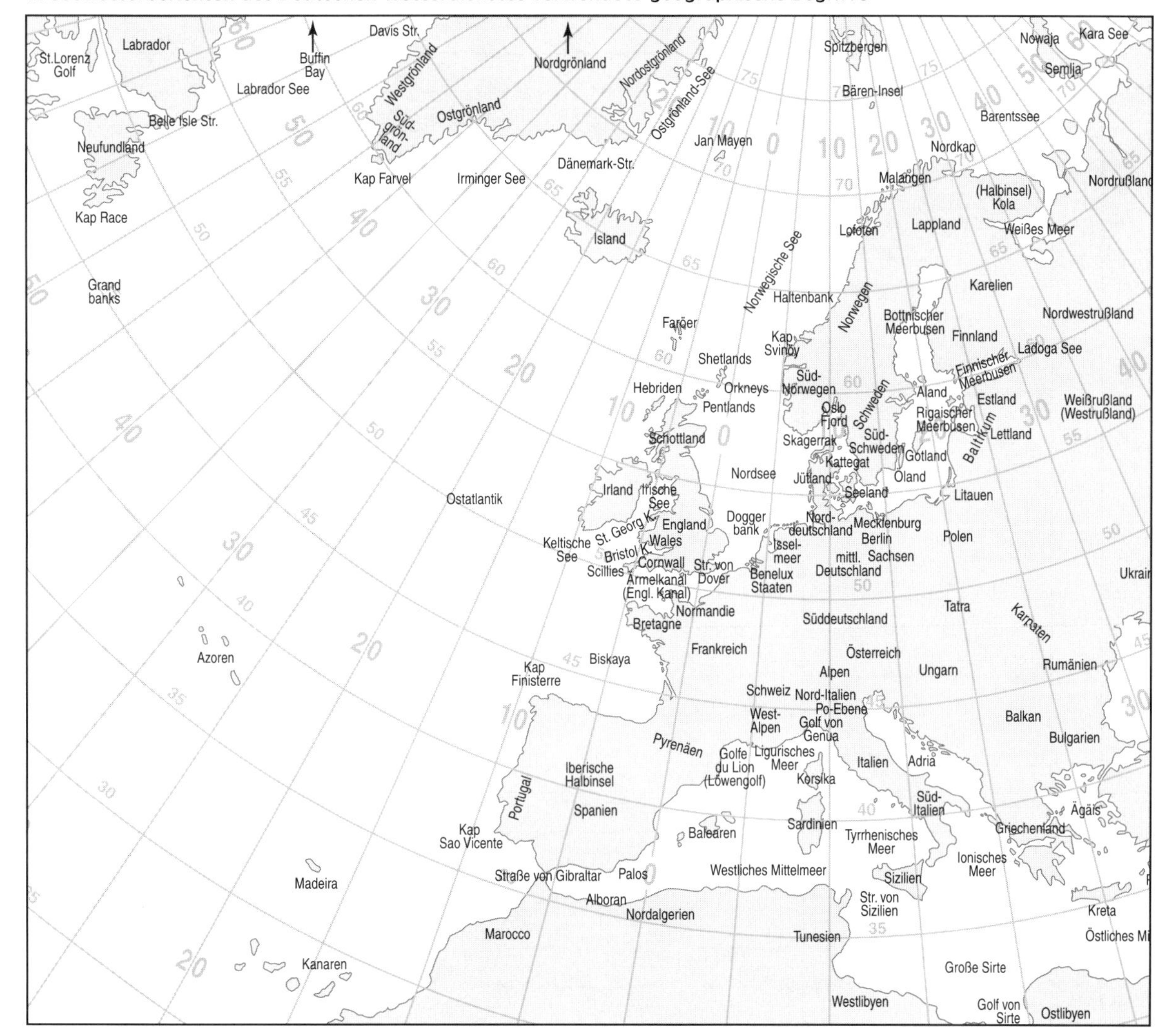

Wetterlage vom .... UTC/GZ .... Station

....

....

....

....

....

....

Stationsmeldung von .... UTC

	Stationen					
1	Svinoy					
2	Stavanger					
3	Aberdeen					
4	Tynemouth					
5	Hemsby					
6	Den Helder					
7	Norderney					
8	Helgoland					
9	List auf Sylt					
10	Thyboroen					
11	Skagen					
12	Fornaes					
13	Kegnaes					
14	Kiel-Holtenau					
	LT Kiel					
15	Fehmarn					
16	Arkona					
17	Bornholm					
18	Visby					
19	Utoe					
20	Riga					
21	Hel					
22	Soesteberg					
23	Manston					
24	Jersey					
25	Culdrose					
26	Belmullet					
27	Stornoway					

Stationsmeldung von .... UTC

	Vorhersage bis:	Aussichten bis: ....
N10 Deutsche Bucht		
N11 Humber/Südwest		
N12 Thames/Nordsee		
N9 Fischer		
N8 Dogger		
N4 Forties		
N2 Utsira N		
N3 Utsira S		
B14 Skagerrak		
B13 Kattegat		
B12 Belte und Sund		
B11 Westliche Ostsee		
B10 Südliche Ostsee		
Boddengewässer Ost		
B9 Südöstliche Ostsee		
B8 Zentrale Ostsee		
B7 Nördliche Ostsee		
B6 Rigaischer Meerbusen		
B5 Finnischer Meerbusen		
B4 Åland-See und Åland-Inseln		
B3 Bottensee		
B2 Norra Kvarken		
B1 Bottenwiek		
A6 Engl. Kanal, Westteil		
A5 Engl. Kanal, Ostteil		
Ijsselmeer		

Stationsmeldung von .... UTC

	R + St.	Wetter	Sicht	°C/hPa		R + St.	Wetter	Sicht	°C/hPa
Brest					Brindisi				
Bordeaux					Venedig				
La Coruna					Triest				
Gibraltar					Pula				
Almeria					Split				
Alicante					Dubrovnik				
Barcelona					Ulcinj				
Palma de Mallorca					Korfu				
Marseille					Kithira				
Nizza					Athen				
Genua					Thessaloniki				
Grosetta					Limnos				
Ajaccio					Heraklion				
Ponza					Rhodos				
Cagliari					Izmir				
Tunis					Antalya				
Messina					Istanbul				
Luqa/Malta					Larnaca				
Palermo					Las Palmas				

Station: .... UTC/GZ

Vorhersage bis .... Weitere Aussichten bis ....

M12 Kanarische Inseln		
M11 Alboran Gibraltar		
M10 Palos		
M2 Balearen		
M4 Westl. Korsika/Sardinien		
M1 Golfe du Lion		
M3 Ligurisches Meer		
M5 Tyrrhenisches Meer		
M6 Adria		
M7 Ionisches Meer		
M9 Ägäis		
M8 Biskaya		

Seite: .... Fahrt: .... Reisetag: .... Seetag: .... Dat.: .... den .... 20 .... Reiseziel: ....

Beobachtungen									
Uhrzeit	Wind		Seegang	Strom		Wetter	Luftdruck	Temp.	
	Richt.	kn		Richt.	kn		hPa	W C°	L C°
						○			
						○			
						○			
						○			
						○			
						○			
						○			
						○			
						○			
						○			

Tagesereignisse

	Wasser	Treibst.	Petr.	Gas
Bestand				
verbraucht				
nachgefüllt				
Endbestand				

Lampen
2100
0000
0300

Seefunkgespräche		
Min.	Tel./Adresse	KüFu

Check	i.o.	Bemerkungen, Reparaturen, Ölwechsel, Batteriewasser etc.
Seenotausr.		
Motor		
E-Anlage		
Seeventile		
Bilge		
Rigg		
Lampen		
Sender		
Ruderanlage		
Gasanlage		

Uhrzeit	Kurs							Fahrt	Log-stand
	Komp.	Dev.	MW	Abtr.	Strom	Ges.-Ber.	Karte	sm/h	

Segelf./Betriebsstunden/ Drehzahl	Schiffsführung: Manöver, Schiffsort, Kursmarken, Peilung	Wache	Seemeilen	
			Segel	Motor

Position:

morgens: ....

mittags: ....

abends: ....

Motor-Betriebsstunden:

ges. .... h .... min

Tag: .... h .... min

x l/h = ... l Verbrauch

Heizung + ... l Verbrauch

Gas.-Verbr. l

Chronometer um ....

Stand: ....

Gang: ....

Bordzeit .... ± GMT

(Unterschrift)

Tagesweg		
Vortrag		
Summe		
Gesamt		
Etmal		
Ø kn		

In Seewetterberichten des Deutschen Wetterdienstes verwendete geographische Begriffe

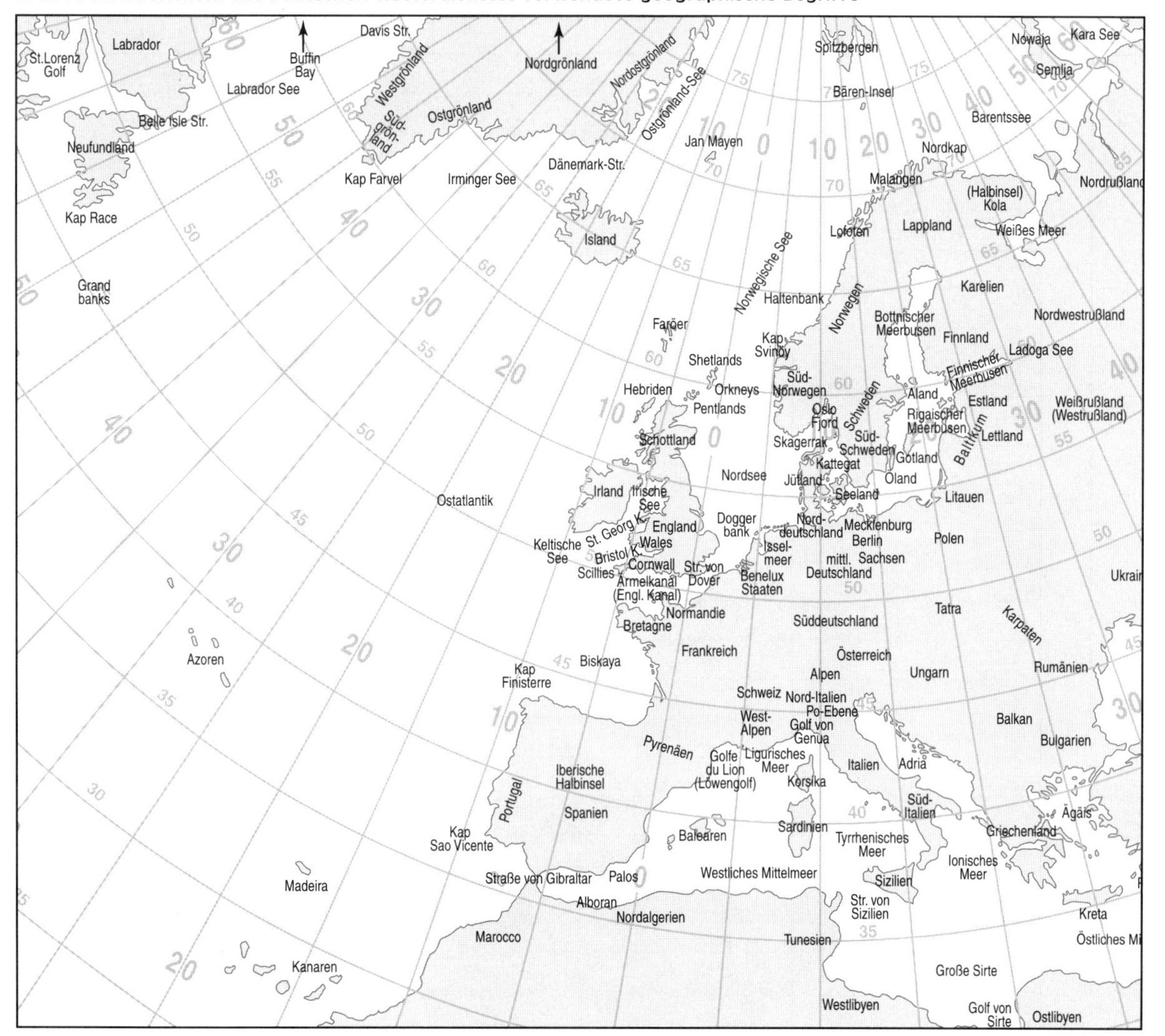

Stationsmeldung von .... UTC

	Stationen					
1	Svinoy					
2	Stavanger					
3	Aberdeen					
4	Tynemouth					
5	Hemsby					
6	Den Helder					
7	Norderney					
8	Helgoland					
9	List auf Sylt					
10	Thyboroen					
11	Skagen					
12	Fornaes					
13	Kegnaes					
14	Kiel-Holtenau					
	LT Kiel					
15	Fehmarn					
16	Arkona					
17	Bornholm					
18	Visby					
19	Utoe					
20	Riga					
21	Hel					
22	Soesteberg					
23	Manston					
24	Jersey					
25	Culdrose					
26	Belmullet					
27	Stornoway					

Wetterlage vom .... UTC/GZ .... Station

....

....

....

....

....

....

Stationsmeldung von .... UTC

	Vorhersage bis:	Aussichten bis: ....
N10 Deutsche Bucht		
N11 Humber/Südwest		
N12 Thames/Nordsee		
N9 Fischer		
N8 Dogger		
N4 Forties		
N2 Utsira N		
N3 Utsira S		
B14 Skagerrak		
B13 Kattegat		
B12 Belte und Sund		
B11 Westliche Ostsee		
B10 Südliche Ostsee		
Boddengewässer Ost		
B9 Südöstliche Ostsee		
B8 Zentrale Ostsee		
B7 Nördliche Ostsee		
B6 Rigaischer Meerbusen		
B5 Finnischer Meerbusen		
B4 Åland-See und Åland-Inseln		
B3 Bottensee		
B2 Norra Kvarken		
B1 Bottenwiek		
A6 Engl. Kanal, Westteil		
A5 Engl. Kanal, Ostteil		
Ijsselmeer		

Stationsmeldung von .... UTC

	R + St.	Wetter	Sicht	°C/hPa		R + St.	Wetter	Sicht	°C/hPa
Brest					Brindisi				
Bordeaux					Venedig				
La Coruna					Triest				
Gibraltar					Pula				
Almeria					Split				
Alicante					Dubrovnik				
Barcelona					Ulcinj				
Palma de Mallorca					Korfu				
Marseille					Kithira				
Nizza					Athen				
Genua					Thessaloniki				
Grosetta					Limnos				
Ajaccio					Heraklion				
Ponza					Rhodos				
Cagliari					Izmir				
Tunis					Antalya				
Messina					Istanbul				
Luqa/Malta					Larnaca				
Palermo					Las Palmas				

Station: .... UTC/GZ

Vorhersage bis .... Weitere Aussichten bis ....

M12 Kanarische Inseln		
M11 Alboran Gibraltar		
M10 Palos		
M2 Balearen		
M4 Westl. Korsika/Sardinien		
M1 Golfe du Lion		
M3 Ligurisches Meer		
M5 Tyrrhenisches Meer		
M6 Adria		
M7 Ionisches Meer		
M9 Ägäis		
M8 Biskaya		

Seite: .... Fahrt: .... Reisetag: .... Seetag: .... Dat.: .... den .... 20 .... Reiseziel: ....

Beobachtungen									
Uhrzeit	Wind		Seegang	Strom		Wetter	Luftdruck	Temp.	
	Richt.	kn		Richt.	kn		hPa	W C°	L C°

Tagesereignisse

	Wasser	Treibst.	Petr.	Gas
Bestand				
verbraucht				
nachgefüllt				
Endbestand				

Lampen
2100
0000
0300

Seefunkgespräche		
Min.	Tel./Adresse	KüFu

Check	i.o.	Bemerkungen, Reparaturen, Ölwechsel, Batteriewasser etc.
Seenotausr.		
Motor		
E-Anlage		
Seeventile		
Bilge		
Rigg		
Lampen		
Sender		
Ruderanlage		
Gasanlage		

Uhrzeit	Kurs							Fahrt	Log-stand
	Komp.	Dev.	MW	Abtr.	Strom	Ges.-Ber.	Karte	sm/h	

Segelf./Betriebsstunden/ Drehzahl	Schiffsführung: Manöver, Schiffsort, Kursmarken, Peilung	Wache	Seemeilen	
			Segel	Motor

	Segel	Motor
Tagesweg		
Vortrag		
Summe		
Gesamt		
Etmal		
Ø kn		

Position:

morgens: ....

mittags: ....

abends: ....

Motor-Betriebsstunden:

ges. .... h .... min

Tag: .... h .... min

x l/h = ... l Verbrauch

Heizung + ... l Verbrauch

Gas.-Verbr. l

Chronometer um ....

Stand: ....

Gang: ....

Bordzeit .... ± GMT

(Unterschrift)

In Seewetterberichten des Deutschen Wetterdienstes verwendete geographische Begriffe

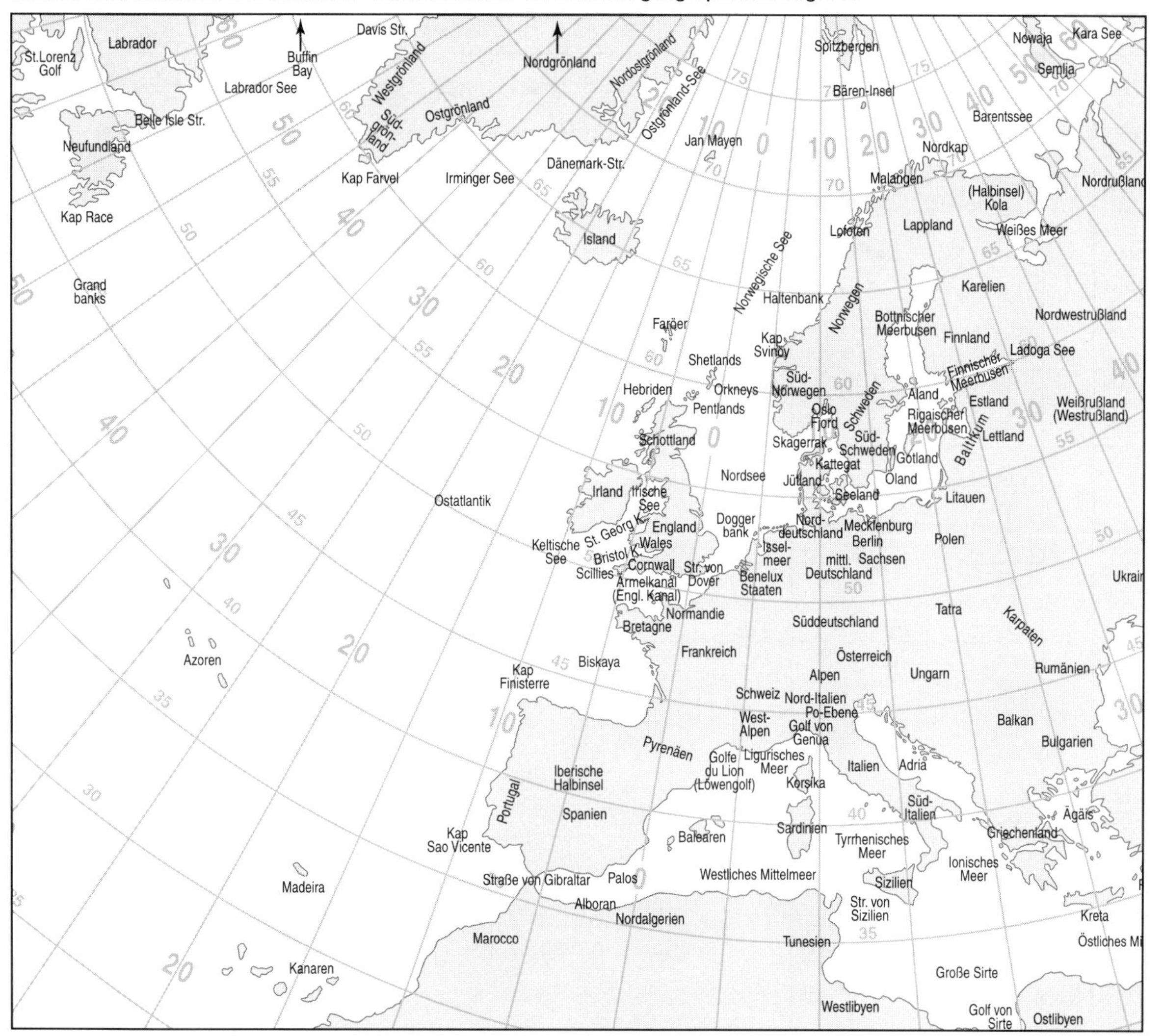

Wetterlage vom .... UTC/GZ .... Station

....

....

....

....

....

....

Stationsmeldung von .... UTC

	Stationen					
1	Svinoy					
2	Stavanger					
3	Aberdeen					
4	Tynemouth					
5	Hemsby					
6	Den Helder					
7	Norderney					
8	Helgoland					
9	List auf Sylt					
10	Thyboroen					
11	Skagen					
12	Fornaes					
13	Kegnaes					
14	Kiel-Holtenau					
	LT Kiel					
15	Fehmarn					
16	Arkona					
17	Bornholm					
18	Visby					
19	Utoe					
20	Riga					
21	Hel					
22	Soesteberg					
23	Manston					
24	Jersey					
25	Culdrose					
26	Belmullet					
27	Stornoway					

Stationsmeldung von .... UTC

	Vorhersage bis:	Aussichten bis: ....
N10 Deutsche Bucht		
N11 Humber/Südwest		
N12 Thames/Nordsee		
N9 Fischer		
N8 Dogger		
N4 Forties		
N2 Utsira N		
N3 Utsira S		
B14 Skagerrak		
B13 Kattegat		
B12 Belte und Sund		
B11 Westliche Ostsee		
B10 Südliche Ostsee		
Boddengewässer Ost		
B9 Südöstliche Ostsee		
B8 Zentrale Ostsee		
B7 Nördliche Ostsee		
B6 Rigaischer Meerbusen		
B5 Finnischer Meerbusen		
B4 Åland-See und Åland-Inseln		
B3 Bottensee		
B2 Norra Kvarken		
B1 Bottenwiek		
A6 Engl. Kanal, Westteil		
A5 Engl. Kanal, Ostteil		
Ijsselmeer		

Stationsmeldung von .... UTC

	R + St.	Wetter	Sicht	°C/hPa		R + St.	Wetter	Sicht	°C/hPa
Brest					Brindisi				
Bordeaux					Venedig				
La Coruna					Triest				
Gibraltar					Pula				
Almeria					Split				
Alicante					Dubrovnik				
Barcelona					Ulcinj				
Palma de Mallorca					Korfu				
Marseille					Kithira				
Nizza					Athen				
Genua					Thessaloniki				
Grosetta					Limnos				
Ajaccio					Heraklion				
Ponza					Rhodos				
Cagliari					Izmir				
Tunis					Antalya				
Messina					Istanbul				
Luqa/Malta					Larnaca				
Palermo					Las Palmas				

Station: .... UTC/GZ

Vorhersage bis .... Weitere Aussichten bis ....

M12 Kanarische Inseln		
M11 Alboran Gibraltar		
M10 Palos		
M2 Balearen		
M4 Westl. Korsika/Sardinien		
M1 Golfe du Lion		
M3 Ligurisches Meer		
M5 Tyrrhenisches Meer		
M6 Adria		
M7 Ionisches Meer		
M9 Ägäis		
M8 Biskaya		

Seite: .... Fahrt: .... Reisetag: .... Seetag: .... Dat.: .... den .... 20 .... Reiseziel: ....

Beobachtungen										
Uhrzeit	Wind		See-gang	Strom		Wetter	Luftdruck	Temp.	
	Richt.	kn		Richt.	kn		hPa	W C°	L C°

Tagesereignisse

	Wasser	Treibst.	Petr.	Gas
Bestand				
verbraucht				
nachgefüllt				
Endbestand				

Lampen
2100
0000
0300

Seefunkgespräche		
Min.	Tel./Adresse	KüFu

Check	i.o.	Bemerkungen, Reparaturen, Ölwechsel, Batteriewasser etc.
Seenotausr.		
Motor		
E-Anlage		
Seeventile		
Bilge		
Rigg		
Lampen		
Sender		
Ruderanlage		
Gasanlage		

Uhrzeit	Kurs							Fahrt	Log-stand
	Komp.	Dev.	MW	Abtr.	Strom	Ges.-Ber.	Karte	sm/h	

Segelf./Betriebsstunden/ Drehzahl	Schiffsführung: Manöver, Schiffsort, Kursmarken, Peilung	Wache	Seemeilen	
			Segel	Motor

Position:

morgens: ....

mittags: ....

abends: ....

Motor-Betriebsstunden:

ges. .... h .... min

Tag: .... h .... min

x l/h = ... l Verbrauch

Heizung + ... l Verbrauch

Gas.-Verbr. l

Chronometer um ....

Stand: ....

Gang: ....

Bordzeit .... ± GMT

(Unterschrift)

	Segel	Motor
Tagesweg		
Vortrag		
Summe		
Gesamt		
Etmal		
Ø kn		

In Seewetterberichten des Deutschen Wetterdienstes verwendete geographische Begriffe

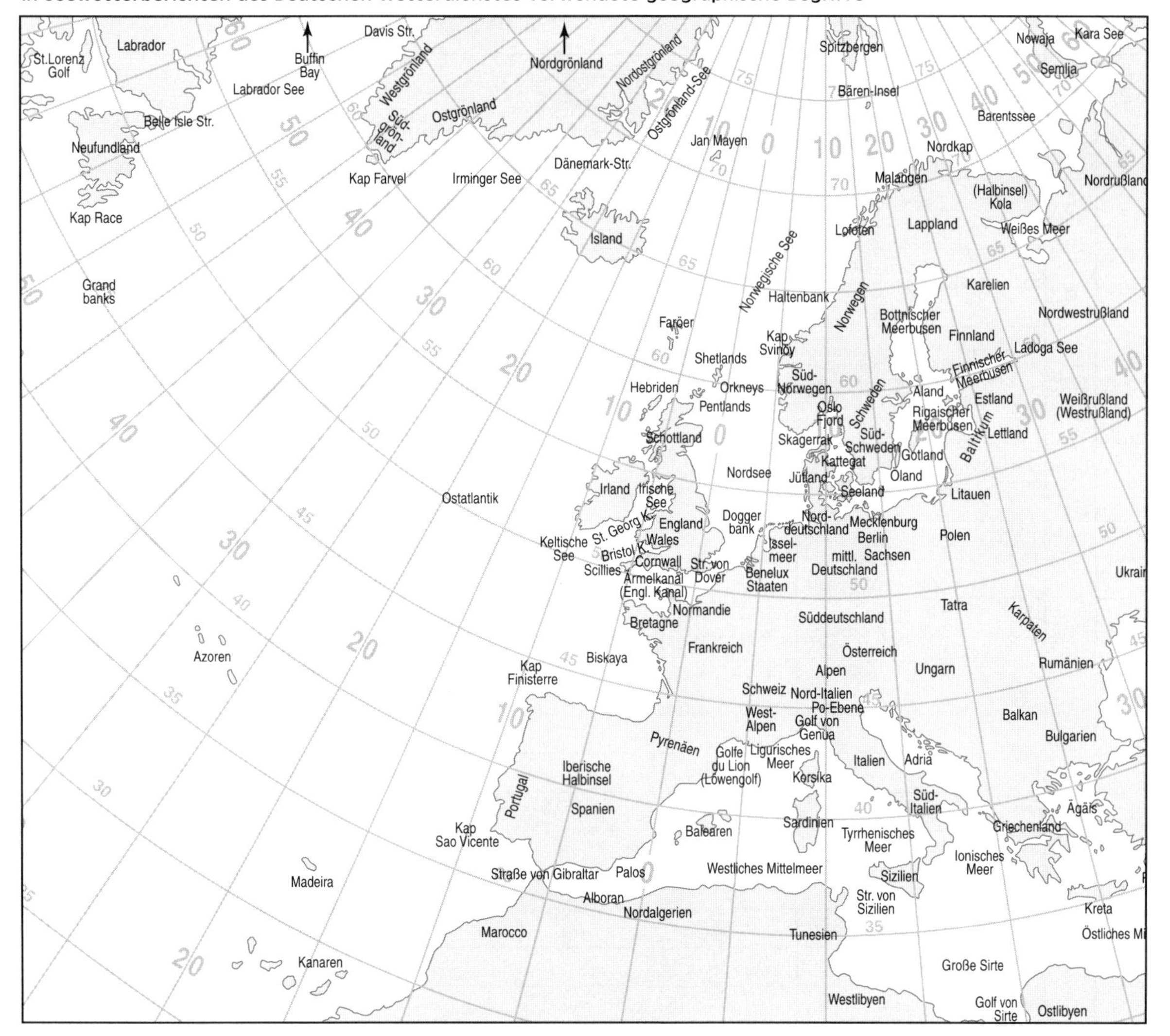

Wetterlage vom .... UTC/GZ .... Station

....

....

....

....

....

....

Stationsmeldung von .... UTC

	Stationen					
1	Svinoy					
2	Stavanger					
3	Aberdeen					
4	Tynemouth					
5	Hemsby					
6	Den Helder					
7	Norderney					
8	Helgoland					
9	List auf Sylt					
10	Thyboroen					
11	Skagen					
12	Fornaes					
13	Kegnaes					
14	Kiel-Holtenau					
	LT Kiel					
15	Fehmarn					
16	Arkona					
17	Bornholm					
18	Visby					
19	Utoe					
20	Riga					
21	Hel					
22	Soesteberg					
23	Manston					
24	Jersey					
25	Culdrose					
26	Belmullet					
27	Stornoway					

Stationsmeldung von .... **UTC**

	Vorhersage bis:	Aussichten bis: ....
N10 Deutsche Bucht		
N11 Humber/Südwest		
N12 Thames/Nordsee		
N9 Fischer		
N8 Dogger		
N4 Forties		
N2 Utsira N		
N3 Utsira S		
B14 Skagerrak		
B13 Kattegat		
B12 Belte und Sund		
B11 Westliche Ostsee		
B10 Südliche Ostsee		
Boddengewässer Ost		
B9 Südöstliche Ostsee		
B8 Zentrale Ostsee		
B7 Nördliche Ostsee		
B6 Rigaischer Meerbusen		
B5 Finnischer Meerbusen		
B4 Åland-See und Åland-Inseln		
B3 Bottensee		
B2 Norra Kvarken		
B1 Bottenwiek		
A6 Engl. Kanal, Westteil		
A5 Engl. Kanal, Ostteil		
Ijsselmeer		

Stationsmeldung von .... **UTC**

	R + St.	Wetter	Sicht	°C/hPa		R + St.	Wetter	Sicht	°C/hPa
Brest					Brindisi				
Bordeaux					Venedig				
La Coruna					Triest				
Gibraltar					Pula				
Almeria					Split				
Alicante					Dubrovnik				
Barcelona					Ulcinj				
Palma de Mallorca					Korfu				
Marseille					Kithira				
Nizza					Athen				
Genua					Thessaloniki				
Grosetta					Limnos				
Ajaccio					Heraklion				
Ponza					Rhodos				
Cagliari					Izmir				
Tunis					Antalya				
Messina					Istanbul				
Luqa/Malta					Larnaca				
Palermo					Las Palmas				

Station: .... **UTC/GZ**

Vorhersage bis .... Weitere Aussichten bis ....

M12 Kanarische Inseln		
M11 Alboran Gibraltar		
M10 Palos		
M2 Balearen		
M4 Westl. Korsika/Sardinien		
M1 Golfe du Lion		
M3 Ligurisches Meer		
M5 Tyrrhenisches Meer		
M6 Adria		
M7 Ionisches Meer		
M9 Ägäis		
M8 Biskaya		

Seite: .... Fahrt: .... Reisetag: .... Seetag: .... Dat.: .... den .... 20 .... Reiseziel: ....

Beobachtungen										
Uhrzeit	Wind		Seegang	Strom		Wetter	Luftdruck	Temp.	
	Richt.	kn		Richt.	kn		hPa	W C°	L C°
						○			
						○			
						○			
						○			
						○			
						○			
						○			
						○			
						○			
						○			

Tagesereignisse

	Wasser	Treibst.	Petr.	Gas
Bestand				
verbraucht				
nachgefüllt				
Endbestand				

Lampen
2100
0000
0300

Seefunkgespräche		
Min.	Tel./Adresse	KüFu

Check	i.o.	Bemerkungen, Reparaturen, Ölwechsel, Batteriewasser etc.
Seenotausr.		
Motor		
E-Anlage		
Seeventile		
Bilge		
Rigg		
Lampen		
Sender		
Ruderanlage		
Gasanlage		

Uhrzeit	Kurs							Fahrt	Log-stand
	Komp.	Dev.	MW	Abtr.	Strom	Ges.-Ber.	Karte	sm/h	

Segelf./Betriebsstunden/ Drehzahl	Schiffsführung: Manöver, Schiffsort, Kursmarken, Peilung	Wache	Seemeilen	
			Segel	Motor

Position:

morgens: ....

mittags: ....

abends: ....

Motor-Betriebsstunden:

ges. .... h .... min

Tag: .... h .... min

x l/h = ... l Verbrauch

Heizung + ... l Verbrauch

Gas.-Verbr. l

Chronometer um ....

Stand: ....

Gang: ....

Bordzeit .... ± GMT

(Unterschrift)

	Segel	Motor
Tagesweg		
Vortrag		
Summe		
Gesamt		
Etmal		
Ø kn		

In Seewetterberichten des Deutschen Wetterdienstes verwendete geographische Begriffe

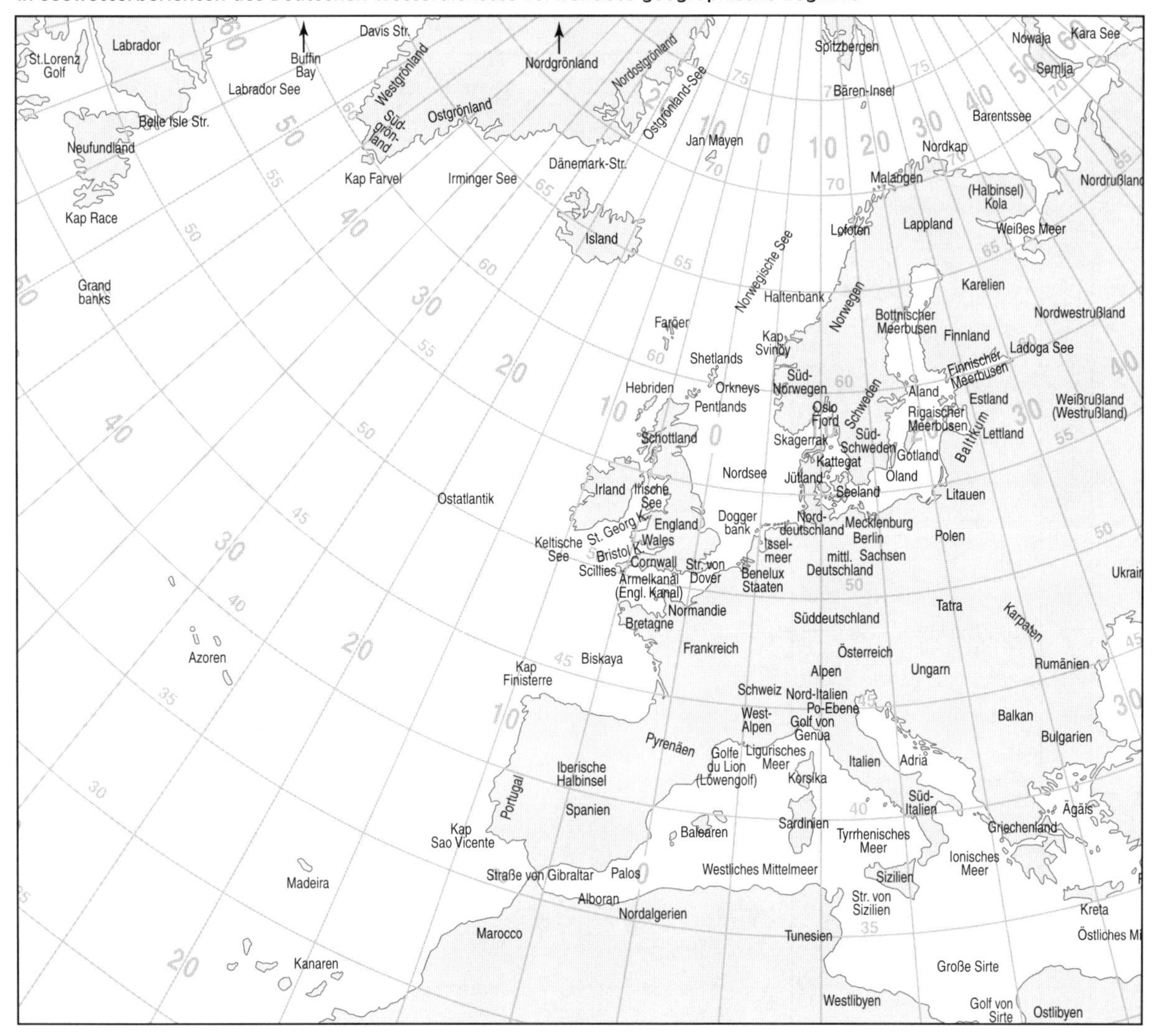

Wetterlage vom .... UTC/GZ .... Station

....

....

....

....

....

....

Stationsmeldung von .... UTC

	Stationen					
1	Svinoy					
2	Stavanger					
3	Aberdeen					
4	Tynemouth					
5	Hemsby					
6	Den Helder					
7	Norderney					
8	Helgoland					
9	List auf Sylt					
10	Thyboroen					
11	Skagen					
12	Fornaes					
13	Kegnaes					
14	Kiel-Holtenau					
	LT Kiel					
15	Fehmarn					
16	Arkona					
17	Bornholm					
18	Visby					
19	Utoe					
20	Riga					
21	Hel					
22	Soesteberg					
23	Manston					
24	Jersey					
25	Culdrose					
26	Belmullet					
27	Stornoway					

Stationsmeldung von .... UTC

	Vorhersage bis:	Aussichten bis: ....
N10 Deutsche Bucht		
N11 Humber/Südwest		
N12 Thames/Nordsee		
N9 Fischer		
N8 Dogger		
N4 Forties		
N2 Utsira N		
N3 Utsira S		
B14 Skagerrak		
B13 Kattegat		
B12 Belte und Sund		
B11 Westliche Ostsee		
B10 Südliche Ostsee		
Boddengewässer Ost		
B9 Südöstliche Ostsee		
B8 Zentrale Ostsee		
B7 Nördliche Ostsee		
B6 Rigaischer Meerbusen		
B5 Finnischer Meerbusen		
B4 Åland-See und Åland-Inseln		
B3 Bottensee		
B2 Norra Kvarken		
B1 Bottenwiek		
A6 Engl. Kanal, Westteil		
A5 Engl. Kanal, Ostteil		
Ijsselmeer		

Stationsmeldung von .... UTC

	R + St.	Wetter	Sicht	°C/hPa		R + St.	Wetter	Sicht	°C/hPa
Brest					Brindisi				
Bordeaux					Venedig				
La Coruna					Triest				
Gibraltar					Pula				
Almeria					Split				
Alicante					Dubrovnik				
Barcelona					Ulcinj				
Palma de Mallorca					Korfu				
Marseille					Kithira				
Nizza					Athen				
Genua					Thessaloniki				
Grosetta					Limnos				
Ajaccio					Heraklion				
Ponza					Rhodos				
Cagliari					Izmir				
Tunis					Antalya				
Messina					Istanbul				
Luqa/Malta					Larnaca				
Palermo					Las Palmas				

Station: .... UTC/GZ

Vorhersage bis .... Weitere Aussichten bis ....

M12 Kanarische Inseln		
M11 Alboran Gibraltar		
M10 Palos		
M2 Balearen		
M4 Westl. Korsika/Sardinien		
M1 Golfe du Lion		
M3 Ligurisches Meer		
M5 Tyrrhenisches Meer		
M6 Adria		
M7 Ionisches Meer		
M9 Ägäis		
M8 Biskaya		

Seite: .... Fahrt: .... Reisetag: .... Seetag: .... Dat.: .... den .... 20 .... Reiseziel: ....

Beobachtungen									
Uhrzeit	Wind		See-gang	Strom		Wetter	Luftdruck	Temp.	
	Richt.	kn		Richt.	kn		hPa	W C°	L C°
						○			
						○			
						○			
						○			
						○			
						○			
						○			
						○			
						○			
						○			

Tagesereignisse

	Wasser	Treibst.	Petr.	Gas
Bestand				
verbraucht				
nachgefüllt				
Endbestand				

Lampen
2100
0000
0300

Seefunkgespräche		
Min.	Tel./Adresse	KüFu

Check	i.o.	Bemerkungen, Reparaturen, Ölwechsel, Batteriewasser etc.
Seenotausr.		
Motor		
E-Anlage		
Seeventile		
Bilge		
Rigg		
Lampen		
Sender		
Ruderanlage		
Gasanlage		

Uhrzeit	Kurs							Fahrt	Log-stand
	Komp.	Dev.	MW	Abtr.	Strom	Ges.-Ber.	Karte	sm/h	

Segelf./Betriebsstunden/ Drehzahl	Schiffsführung: Manöver, Schiffsort, Kursmarken, Peilung	Wache	Seemeilen	
			Segel	Motor

Position:

morgens: ....

mittags: ....

abends: ....

Motor-Betriebsstunden:

ges. .... h .... min

Tag: .... h .... min

x l/h = ... l Verbrauch

Heizung + ... l Verbrauch

Gas.-Verbr. l

Chronometer um ....

Stand: ....

Gang: ....

Bordzeit .... ± GMT

(Unterschrift)

Tagesweg		
Vortrag		
Summe		
Gesamt		
Etmal		
Ø kn		

In Seewetterberichten des Deutschen Wetterdienstes verwendete geographische Begriffe

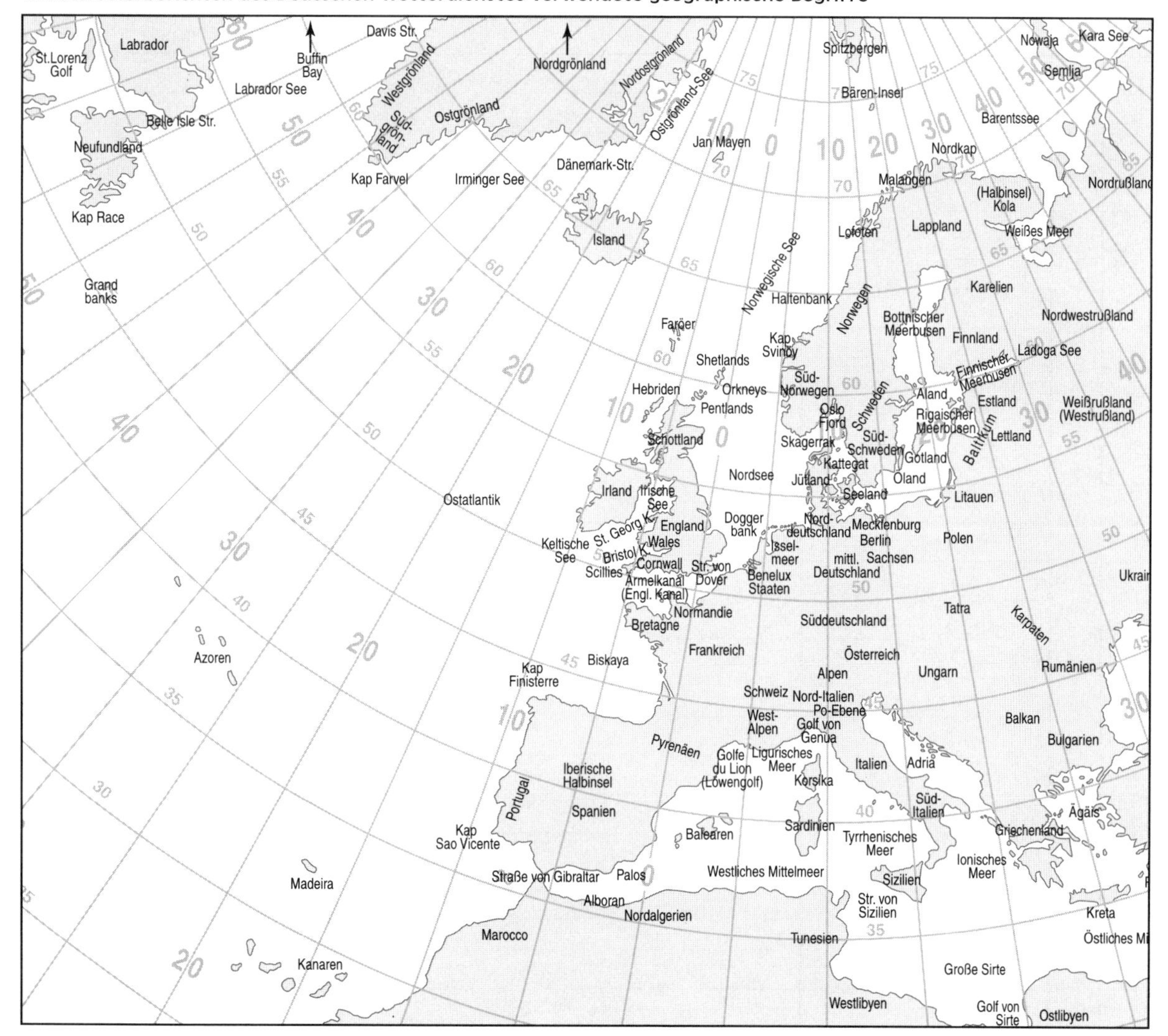

Wetterlage vom .... UTC/GZ .... Station

....

....

....

....

....

Stationsmeldung von .... UTC

	Stationen					
1	Svinoy					
2	Stavanger					
3	Aberdeen					
4	Tynemouth					
5	Hemsby					
6	Den Helder					
7	Norderney					
8	Helgoland					
9	List auf Sylt					
10	Thyboroen					
11	Skagen					
12	Fornaes					
13	Kegnaes					
14	Kiel-Holtenau					
	LT Kiel					
15	Fehmarn					
16	Arkona					
17	Bornholm					
18	Visby					
19	Utoe					
20	Riga					
21	Hel					
22	Soesteberg					
23	Manston					
24	Jersey					
25	Culdrose					
26	Belmullet					
27	Stornoway					

Stationsmeldung von .... UTC

	Vorhersage bis:	Aussichten bis: ....
N10 Deutsche Bucht		
N11 Humber/Südwest		
N12 Thames/Nordsee		
N9 Fischer		
N8 Dogger		
N4 Forties		
N2 Utsira N		
N3 Utsira S		
B14 Skagerrak		
B13 Kattegat		
B12 Belte und Sund		
B11 Westliche Ostsee		
B10 Südliche Ostsee		
Boddengewässer Ost		
B9 Südöstliche Ostsee		
B8 Zentrale Ostsee		
B7 Nördliche Ostsee		
B6 Rigaischer Meerbusen		
B5 Finnischer Meerbusen		
B4 Åland-See und Åland-Inseln		
B3 Bottensee		
B2 Norra Kvarken		
B1 Bottenwiek		
A6 Engl. Kanal, Westteil		
A5 Engl. Kanal, Ostteil		
Ijsselmeer		

Stationsmeldung von .... UTC

	R + St.	Wetter	Sicht	°C/hPa		R + St.	Wetter	Sicht	°C/hPa
Brest					Brindisi				
Bordeaux					Venedig				
La Coruna					Triest				
Gibraltar					Pula				
Almeria					Split				
Alicante					Dubrovnik				
Barcelona					Ulcinj				
Palma de Mallorca					Korfu				
Marseille					Kithira				
Nizza					Athen				
Genua					Thessaloniki				
Grosetta					Limnos				
Ajaccio					Heraklion				
Ponza					Rhodos				
Cagliari					Izmir				
Tunis					Antalya				
Messina					Istanbul				
Luqa/Malta					Larnaca				
Palermo					Las Palmas				

Station: .... UTC/GZ

Vorhersage bis .... Weitere Aussichten bis ....

M12 Kanarische Inseln		
M11 Alboran Gibraltar		
M10 Palos		
M2 Balearen		
M4 Westl. Korsika/Sardinien		
M1 Golfe du Lion		
M3 Ligurisches Meer		
M5 Tyrrhenisches Meer		
M6 Adria		
M7 Ionisches Meer		
M9 Ägäis		
M8 Biskaya		

Seite: .... Fahrt: .... Reisetag: .... Seetag: .... Dat.: .... den .... 20 .... Reiseziel: ....

Beobachtungen									
Uhrzeit	Wind		Seegang	Strom		Wetter	Luftdruck	Temp.	
	Richt.	kn		Richt.	kn		hPa	W C°	L C°
						○			
						○			
						○			
						○			
						○			
						○			
						○			
						○			
						○			
						○			

Tagesereignisse

	Wasser	Treibst.	Petr.	Gas
Bestand				
verbraucht				
nachgefüllt				
Endbestand				

Lampen
2100
0000
0300

Seefunkgespräche		
Min.	Tel./Adresse	KüFu

Check	i.o.	Bemerkungen, Reparaturen, Ölwechsel, Batteriewasser etc.
Seenotausr.		
Motor		
E-Anlage		
Seeventile		
Bilge		
Rigg		
Lampen		
Sender		
Ruderanlage		
Gasanlage		

Uhrzeit	Kurs							Fahrt	Log-stand
	Komp.	Dev.	MW	Abtr.	Strom	Ges.-Ber.	Karte	sm/h	

Segelf./Betriebsstunden/ Drehzahl	Schiffsführung: Manöver, Schiffsort, Kursmarken, Peilung	Wache	Seemeilen	
			Segel	Motor

	Segel	Motor
Tagesweg		
Vortrag		
Summe		
Gesamt		
Etmal		
Ø kn		

Position:

morgens: ....

mittags: ....

abends: ....

Motor-Betriebsstunden:

ges. .... h .... min

Tag: .... h .... min

x l/h = ... l Verbrauch

Heizung + ... l Verbrauch

Gas.-Verbr. l

Chronometer um ....

Stand: ....

Gang: ....

Bordzeit .... ± GMT

____
(Unterschrift)

In Seewetterberichten des Deutschen Wetterdienstes verwendete geographische Begriffe

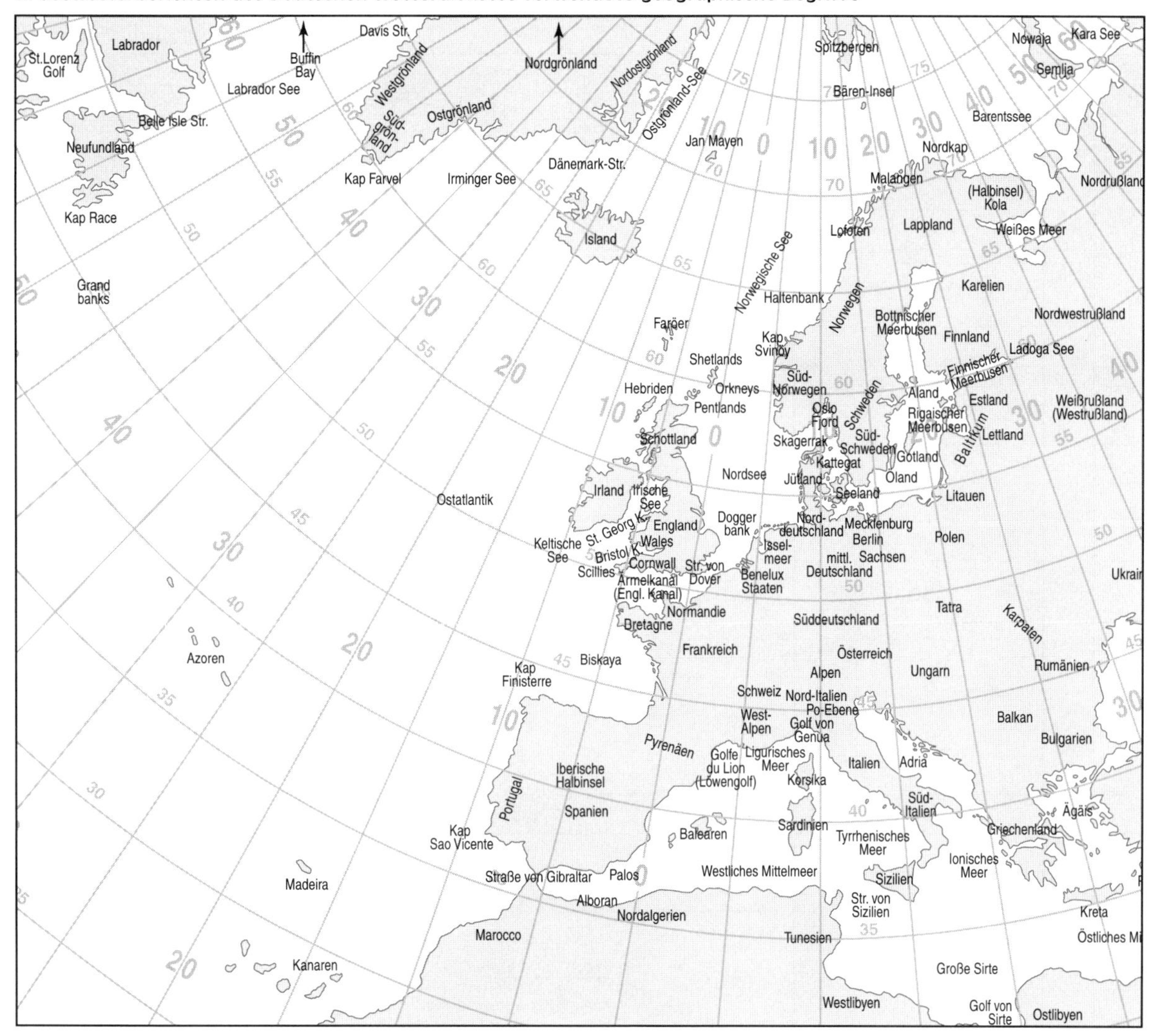

Wetterlage vom .... UTC/GZ .... Station

....

....

....

....

....

....

Stationsmeldung von .... UTC

	Stationen					
1	Svinoy					
2	Stavanger					
3	Aberdeen					
4	Tynemouth					
5	Hemsby					
6	Den Helder					
7	Norderney					
8	Helgoland					
9	List auf Sylt					
10	Thyboroen					
11	Skagen					
12	Fornaes					
13	Kegnaes					
14	Kiel-Holtenau					
	LT Kiel					
15	Fehmarn					
16	Arkona					
17	Bornholm					
18	Visby					
19	Utoe					
20	Riga					
21	Hel					
22	Soesteberg					
23	Manston					
24	Jersey					
25	Culdrose					
26	Belmullet					
27	Stornoway					

Stationsmeldung von .... UTC

	Vorhersage bis:	Aussichten bis: ....
N10 Deutsche Bucht		
N11 Humber/Südwest		
N12 Thames/Nordsee		
N9 Fischer		
N8 Dogger		
N4 Forties		
N2 Utsira N		
N3 Utsira S		
B14 Skagerrak		
B13 Kattegat		
B12 Belte und Sund		
B11 Westliche Ostsee		
B10 Südliche Ostsee		
Boddengewässer Ost		
B9 Südöstliche Ostsee		
B8 Zentrale Ostsee		
B7 Nördliche Ostsee		
B6 Rigaischer Meerbusen		
B5 Finnischer Meerbusen		
B4 Åland-See und Åland-Inseln		
B3 Bottensee		
B2 Norra Kvarken		
B1 Bottenwiek		
A6 Engl. Kanal, Westteil		
A5 Engl. Kanal, Ostteil		
Ijsselmeer		

Stationsmeldung von .... UTC

	R + St.	Wetter	Sicht	°C/hPa		R + St.	Wetter	Sicht	°C/hPa
Brest					Brindisi				
Bordeaux					Venedig				
La Coruna					Triest				
Gibraltar					Pula				
Almeria					Split				
Alicante					Dubrovnik				
Barcelona					Ulcinj				
Palma de Mallorca					Korfu				
Marseille					Kithira				
Nizza					Athen				
Genua					Thessaloniki				
Grosetta					Limnos				
Ajaccio					Heraklion				
Ponza					Rhodos				
Cagliari					Izmir				
Tunis					Antalya				
Messina					Istanbul				
Luqa/Malta					Larnaca				
Palermo					Las Palmas				

Station: .... UTC/GZ

Vorhersage bis .... Weitere Aussichten bis ....

M12 Kanarische Inseln		
M11 Alboran Gibraltar		
M10 Palos		
M2 Balearen		
M4 Westl. Korsika/Sardinien		
M1 Golfe du Lion		
M3 Ligurisches Meer		
M5 Tyrrhenisches Meer		
M6 Adria		
M7 Ionisches Meer		
M9 Ägäis		
M8 Biskaya		

Seite: .... Fahrt: .... Reisetag: .... Seetag: .... Dat.: .... den .... 20 .... Reiseziel: ....

Beobachtungen									
Uhrzeit	Wind		Seegang	Strom		Wetter	Luftdruck	Temp.	
	Richt.	kn		Richt.	kn		hPa	W C°	L C°
						○			
						○			
						○			
						○			
						○			
						○			
						○			
						○			
						○			
						○			

Tagesereignisse

	Wasser	Treibst.	Petr.	Gas
Bestand				
verbraucht				
nachgefüllt				
Endbestand				

Lampen
2100
0000
0300

Seefunkgespräche		
Min.	Tel./Adresse	KüFu

Check	i.o.	Bemerkungen, Reparaturen, Ölwechsel, Batteriewasser etc.
Seenotausr.		
Motor		
E-Anlage		
Seeventile		
Bilge		
Rigg		
Lampen		
Sender		
Ruderanlage		
Gasanlage		

Uhrzeit	Kurs							Fahrt	Log-stand
	Komp.	Dev.	MW	Abtr.	Strom	Ges.-Ber.	Karte	sm/h	

Segelf./Betriebsstunden/ Drehzahl	Schiffsführung: Manöver, Schiffsort, Kursmarken, Peilung	Wache	Seemeilen	
			Segel	Motor

Position:

morgens: ....

mittags: ....

abends: ....

Motor-Betriebsstunden:

ges. .... h .... min

Tag: .... h .... min

x l/h = ... l Verbrauch

Heizung + ... l Verbrauch

Gas.-Verbr. l

Chronometer um ....

Stand: ....

Gang: ....

Bordzeit .... ± GMT

(Unterschrift)

Tagesweg		
Vortrag		
Summe		
Gesamt		
Etmal		
Ø kn		

In Seewetterberichten des Deutschen Wetterdienstes verwendete geographische Begriffe

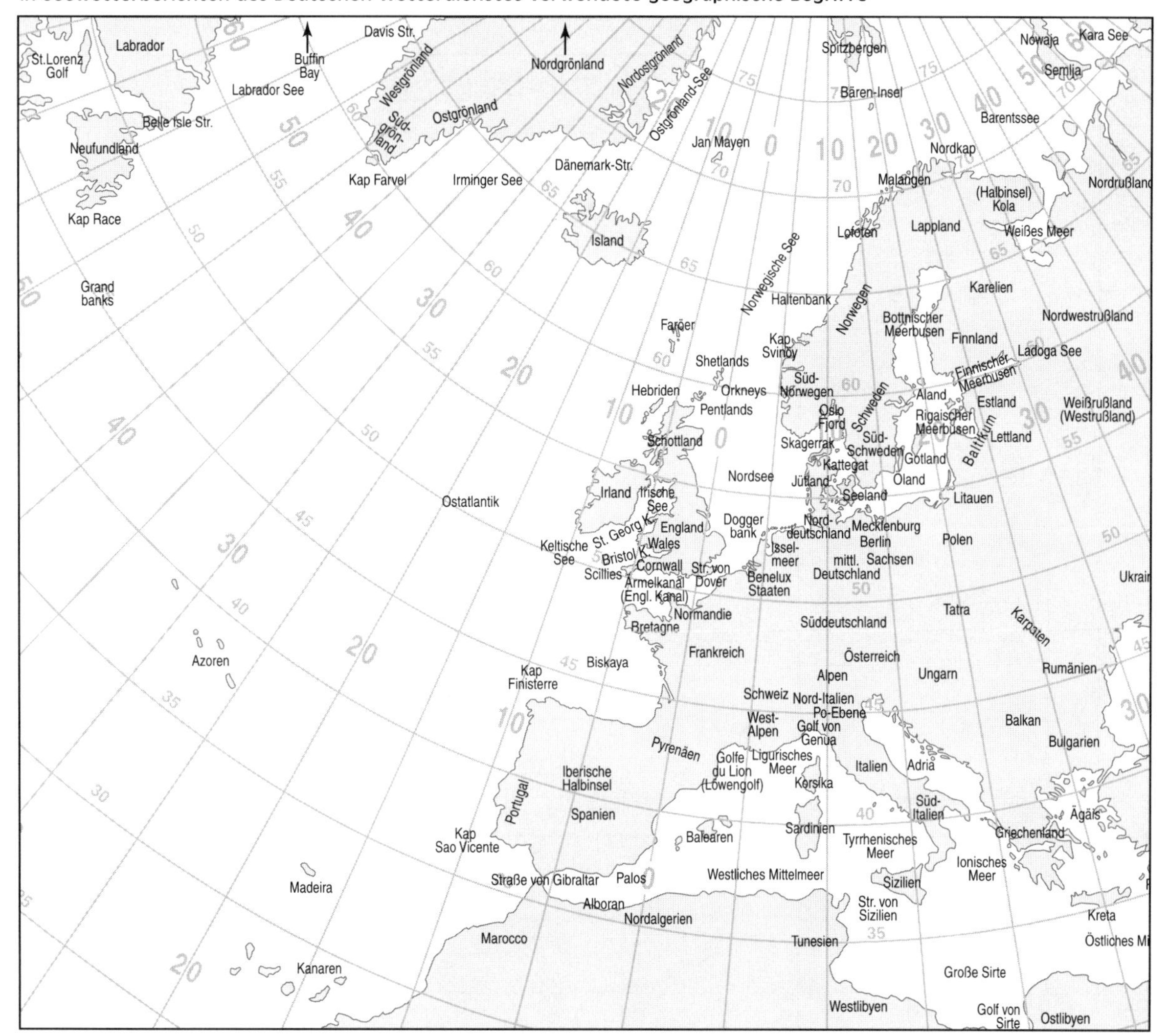

Stationsmeldung von .... UTC

	Stationen					
1	Svinoy					
2	Stavanger					
3	Aberdeen					
4	Tynemouth					
5	Hemsby					
6	Den Helder					
7	Norderney					
8	Helgoland					
9	List auf Sylt					
10	Thyboroen					
11	Skagen					
12	Fornaes					
13	Kegnaes					
14	Kiel-Holtenau					
	LT Kiel					
15	Fehmarn					
16	Arkona					
17	Bornholm					
18	Visby					
19	Utoe					
20	Riga					
21	Hel					
22	Soesteberg					
23	Manston					
24	Jersey					
25	Culdrose					
26	Belmullet					
27	Stornoway					

Wetterlage vom .... UTC/GZ .... Station

....

....

....

....

....

Stationsmeldung von .... **UTC**

	Vorhersage bis:	Aussichten bis: ....
N10 Deutsche Bucht		
N11 Humber/Südwest		
N12 Thames/Nordsee		
N9 Fischer		
N8 Dogger		
N4 Forties		
N2 Utsira N		
N3 Utsira S		
B14 Skagerrak		
B13 Kattegat		
B12 Belte und Sund		
B11 Westliche Ostsee		
B10 Südliche Ostsee		
Boddengewässer Ost		
B9 Südöstliche Ostsee		
B8 Zentrale Ostsee		
B7 Nördliche Ostsee		
B6 Rigaischer Meerbusen		
B5 Finnischer Meerbusen		
B4 Åland-See und Åland-Inseln		
B3 Bottensee		
B2 Norra Kvarken		
B1 Bottenwiek		
A6 Engl. Kanal, Westteil		
A5 Engl. Kanal, Ostteil		
Ijsselmeer		

Stationsmeldung von .... **UTC**

	R + St.	Wetter	Sicht	°C/hPa		R + St.	Wetter	Sicht	°C/hPa
Brest					Brindisi				
Bordeaux					Venedig				
La Coruna					Triest				
Gibraltar					Pula				
Almeria					Split				
Alicante					Dubrovnik				
Barcelona					Ulcinj				
Palma de Mallorca					Korfu				
Marseille					Kithira				
Nizza					Athen				
Genua					Thessaloniki				
Grosetta					Limnos				
Ajaccio					Heraklion				
Ponza					Rhodos				
Cagliari					Izmir				
Tunis					Antalya				
Messina					Istanbul				
Luqa/Malta					Larnaca				
Palermo					Las Palmas				

Station: .... **UTC/GZ**

Vorhersage bis .... Weitere Aussichten bis ....

M12 Kanarische Inseln		
M11 Alboran Gibraltar		
M10 Palos		
M2 Balearen		
M4 Westl. Korsika/Sardinien		
M1 Golfe du Lion		
M3 Ligurisches Meer		
M5 Tyrrhenisches Meer		
M6 Adria		
M7 Ionisches Meer		
M9 Ägäis		
M8 Biskaya		

Seite: .... Fahrt: .... Reisetag: .... Seetag: .... Dat.: .... den .... 20 .... Reiseziel: ....

Beobachtungen									
Uhrzeit	Wind		Seegang	Strom		Wetter	Luftdruck	Temp.	
	Richt.	kn		Richt.	kn		hPa	W C°	L C°
						○			
						○			
						○			
						○			
						○			
						○			
						○			
						○			
						○			
						○			

	Wasser	Treibst.	Petr.	Gas
Bestand				
verbraucht				
nachgefüllt				
Endbestand				

Lampen
2100
0000
0300

Seefunkgespräche		
Min.	Tel./Adresse	KüFu

Tagesereignisse

Check	i.o.	Bemerkungen, Reparaturen, Ölwechsel, Batteriewasser etc.
Seenotausr.		
Motor		
E-Anlage		
Seeventile		
Bilge		
Rigg		
Lampen		
Sender		
Ruderanlage		
Gasanlage		

Uhrzeit	Kurs							Fahrt	Log-stand
	Komp.	Dev.	MW	Abtr.	Strom	Ges.-Ber.	Karte	sm/h	

Segelf./Betriebsstunden/ Drehzahl	Schiffsführung: Manöver, Schiffsort, Kursmarken, Peilung	Wache	Seemeilen	
			Segel	Motor

Position:

morgens: ....

mittags: ....

abends: ....

Motor-Betriebsstunden:

ges. .... h .... min

Tag: .... h .... min

x l/h = ... l Verbrauch

Heizung + ... l Verbrauch

Gas.-Verbr. l

Chronometer um ....

Stand: ....

Gang: ....

Bordzeit .... ± GMT

(Unterschrift)

Tagesweg		
Vortrag		
Summe		
Gesamt		
Etmal		
Ø kn		

In Seewetterberichten des Deutschen Wetterdienstes verwendete geographische Begriffe

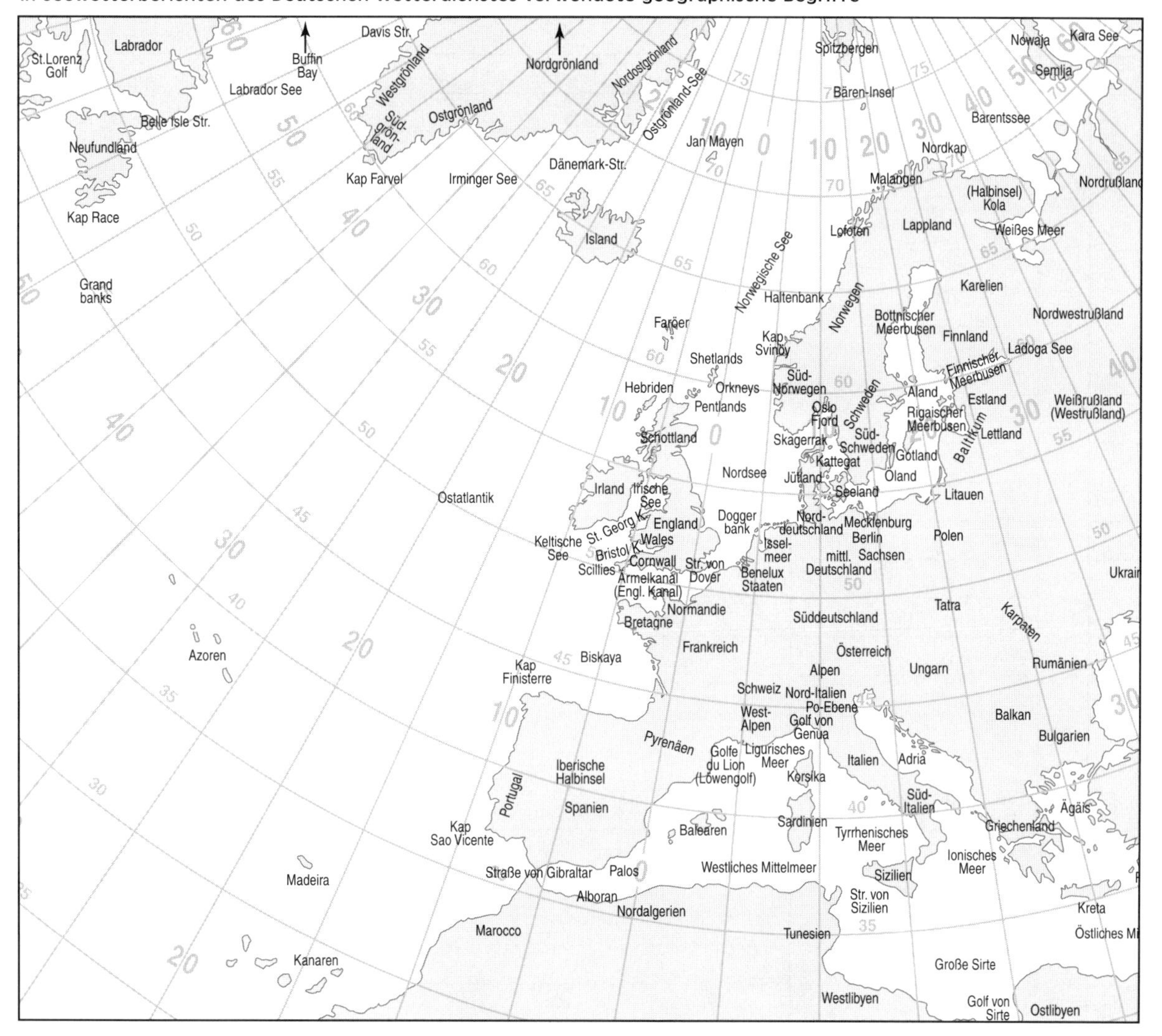

Wetterlage vom .... UTC/GZ .... Station

....

....

....

....

....

....

Stationsmeldung von .... UTC

	Stationen					
1	Svinoy					
2	Stavanger					
3	Aberdeen					
4	Tynemouth					
5	Hemsby					
6	Den Helder					
7	Norderney					
8	Helgoland					
9	List auf Sylt					
10	Thyboroen					
11	Skagen					
12	Fornaes					
13	Kegnaes					
14	Kiel-Holtenau					
	LT Kiel					
15	Fehmarn					
16	Arkona					
17	Bornholm					
18	Visby					
19	Utoe					
20	Riga					
21	Hel					
22	Soesteberg					
23	Manston					
24	Jersey					
25	Culdrose					
26	Belmullet					
27	Stornoway					

Stationsmeldung von .... UTC

	Vorhersage bis:	Aussichten bis: ....
N10 Deutsche Bucht		
N11 Humber/Südwest		
N12 Thames/Nordsee		
N9 Fischer		
N8 Dogger		
N4 Forties		
N2 Utsira N		
N3 Utsira S		
B14 Skagerrak		
B13 Kattegat		
B12 Belte und Sund		
B11 Westliche Ostsee		
B10 Südliche Ostsee		
Boddengewässer Ost		
B9 Südöstliche Ostsee		
B8 Zentrale Ostsee		
B7 Nördliche Ostsee		
B6 Rigaischer Meerbusen		
B5 Finnischer Meerbusen		
B4 Åland-See und Åland-Inseln		
B3 Bottensee		
B2 Norra Kvarken		
B1 Bottenwiek		
A6 Engl. Kanal, Westteil		
A5 Engl. Kanal, Ostteil		
Ijsselmeer		

Stationsmeldung von .... UTC

	R + St.	Wetter	Sicht	°C/hPa		R + St.	Wetter	Sicht	°C/hPa
Brest					Brindisi				
Bordeaux					Venedig				
La Coruna					Triest				
Gibraltar					Pula				
Almeria					Split				
Alicante					Dubrovnik				
Barcelona					Ulcinj				
Palma de Mallorca					Korfu				
Marseille					Kithira				
Nizza					Athen				
Genua					Thessaloniki				
Grosetta					Limnos				
Ajaccio					Heraklion				
Ponza					Rhodos				
Cagliari					Izmir				
Tunis					Antalya				
Messina					Istanbul				
Luqa/Malta					Larnaca				
Palermo					Las Palmas				

Station: .... UTC/GZ

Vorhersage bis .... Weitere Aussichten bis ....

M12 Kanarische Inseln		
M11 Alboran Gibraltar		
M10 Palos		
M2 Balearen		
M4 Westl. Korsika/Sardinien		
M1 Golfe du Lion		
M3 Ligurisches Meer		
M5 Tyrrhenisches Meer		
M6 Adria		
M7 Ionisches Meer		
M9 Ägäis		
M8 Biskaya		

Seite: .... Fahrt: .... Reisetag: .... Seetag: .... Dat.: .... den .... 20 .... Reiseziel: ....

Beobachtungen										
Uhrzeit	Wind		Seegang	Strom		Wetter	Luftdruck	Temp.	
	Richt.	kn		Richt.	kn		hPa	W C°	L C°
						○			
						○			
						○			
						○			
						○			
						○			
						○			
						○			
						○			
						○			

Tagesereignisse

	Wasser	Treibst.	Petr.	Gas
Bestand				
verbraucht				
nachgefüllt				
Endbestand				

Lampen
2100
0000
0300

Check	i.o.	Bemerkungen, Reparaturen, Ölwechsel, Batteriewasser etc.
Seenotausr.		
Motor		
E-Anlage		
Seeventile		
Bilge		
Rigg		
Lampen		
Sender		
Ruderanlage		
Gasanlage		

Seefunkgespräche		
Min.	Tel./Adresse	KüFu

Uhrzeit	Kurs							Fahrt	Log-stand
	Komp.	Dev.	MW	Abtr.	Strom	Ges.-Ber.	Karte	sm/h	

Segelf./Betriebsstunden/ Drehzahl	Schiffsführung: Manöver, Schiffsort, Kursmarken, Peilung	Wache	Seemeilen	
			Segel	Motor

Position:

morgens: ....

mittags: ....

abends: ....

Motor-Betriebsstunden:

ges. .... h .... min

Tag: .... h .... min

x l/h = ... l Verbrauch

Heizung + ... l Verbrauch

Gas.-Verbr. l

Chronometer um ....

Stand: ....

Gang: ....

Bordzeit .... ± GMT

(Unterschrift)

	Segel	Motor
Tagesweg		
Vortrag		
Summe		
Gesamt		
Etmal		
Ø kn		

In Seewetterberichten des Deutschen Wetterdienstes verwendete geographische Begriffe

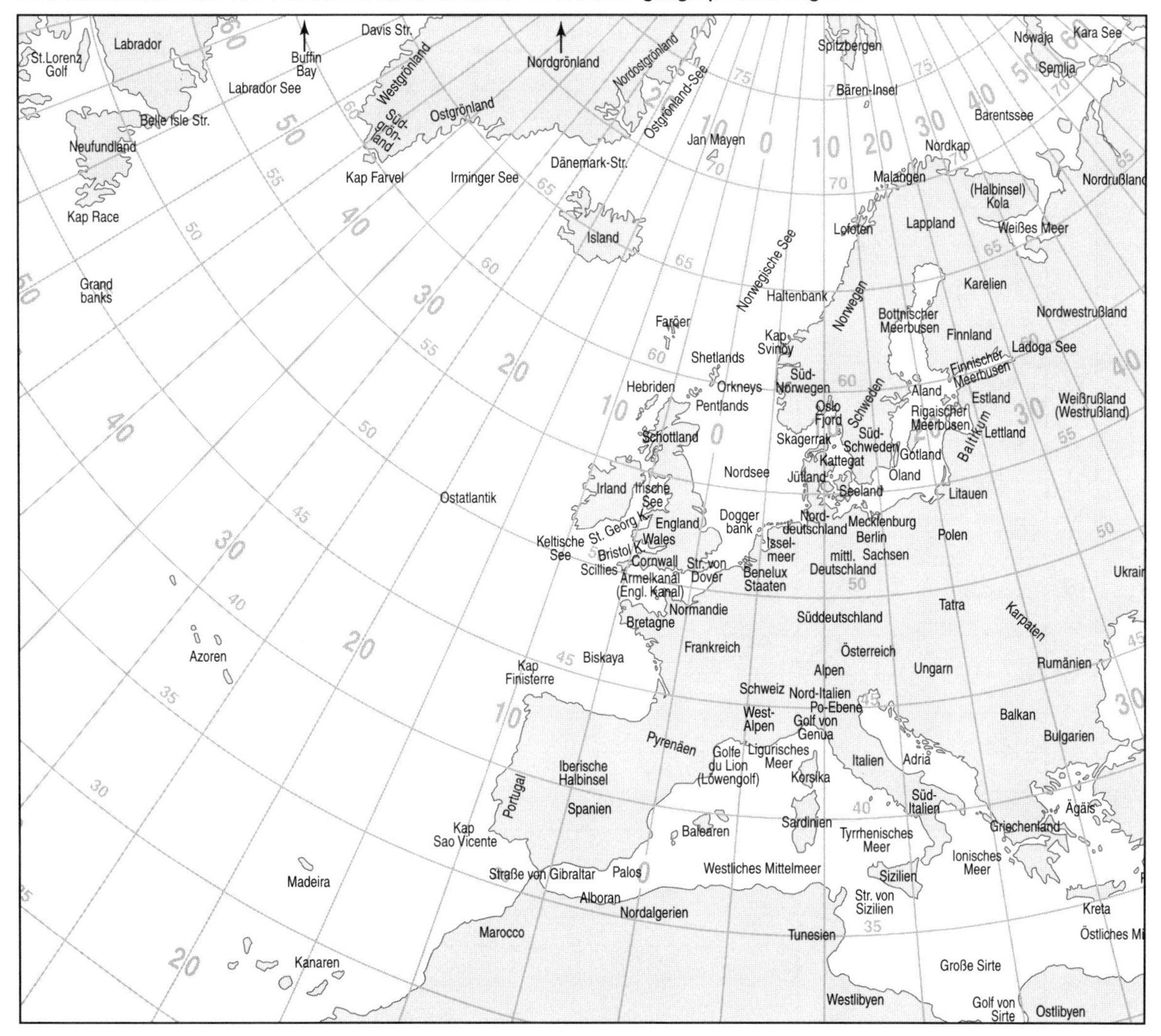

Wetterlage vom .... **UTC/GZ** .... **Station**

....

....

....

....

....

....

Stationsmeldung von .... **UTC**

	Stationen					
1	Svinoy					
2	Stavanger					
3	Aberdeen					
4	Tynemouth					
5	Hemsby					
6	Den Helder					
7	Norderney					
8	Helgoland					
9	List auf Sylt					
10	Thyboroen					
11	Skagen					
12	Fornaes					
13	Kegnaes					
14	Kiel-Holtenau					
	LT Kiel					
15	Fehmarn					
16	Arkona					
17	Bornholm					
18	Visby					
19	Utoe					
20	Riga					
21	Hel					
22	Soesteberg					
23	Manston					
24	Jersey					
25	Culdrose					
26	Belmullet					
27	Stornoway					

Stationsmeldung von .... UTC

	Vorhersage bis:	Aussichten bis: ....
N10 Deutsche Bucht		
N11 Humber/Südwest		
N12 Thames/Nordsee		
N9 Fischer		
N8 Dogger		
N4 Forties		
N2 Utsira N		
N3 Utsira S		
B14 Skagerrak		
B13 Kattegat		
B12 Belte und Sund		
B11 Westliche Ostsee		
B10 Südliche Ostsee		
Boddengewässer Ost		
B9 Südöstliche Ostsee		
B8 Zentrale Ostsee		
B7 Nördliche Ostsee		
B6 Rigaischer Meerbusen		
B5 Finnischer Meerbusen		
B4 Åland-See und Åland-Inseln		
B3 Bottensee		
B2 Norra Kvarken		
B1 Bottenwiek		
A6 Engl. Kanal, Westteil		
A5 Engl. Kanal, Ostteil		
Ijsselmeer		

Stationsmeldung von .... UTC

	R + St.	Wetter	Sicht	°C/hPa		R + St.	Wetter	Sicht	°C/hPa
Brest					Brindisi				
Bordeaux					Venedig				
La Coruna					Triest				
Gibraltar					Pula				
Almeria					Split				
Alicante					Dubrovnik				
Barcelona					Ulcinj				
Palma de Mallorca					Korfu				
Marseille					Kithira				
Nizza					Athen				
Genua					Thessaloniki				
Grosetta					Limnos				
Ajaccio					Heraklion				
Ponza					Rhodos				
Cagliari					Izmir				
Tunis					Antalya				
Messina					Istanbul				
Luqa/Malta					Larnaca				
Palermo					Las Palmas				

Station: .... UTC/GZ

Vorhersage bis .... Weitere Aussichten bis ....

M12 Kanarische Inseln		
M11 Alboran Gibraltar		
M10 Palos		
M2 Balearen		
M4 Westl. Korsika/Sardinien		
M1 Golfe du Lion		
M3 Ligurisches Meer		
M5 Tyrrhenisches Meer		
M6 Adria		
M7 Ionisches Meer		
M9 Ägäis		
M8 Biskaya		

Seite: .... Fahrt: .... Reisetag: .... Seetag: .... Dat.: .... den .... 20 .... Reiseziel: ....

Beobachtungen										
Uhrzeit	Wind		Seegang	Strom		Wetter	Luftdruck	Temp.	
	Richt.	kn		Richt.	kn		hPa	W C°	L C°
						○			
						○			
						○			
						○			
						○			
						○			
						○			
						○			
						○			
						○			

Tagesereignisse

	Wasser	Treibst.	Petr.	Gas
Bestand				
verbraucht				
nachgefüllt				
Endbestand				

Lampen
2100
0000
0300

Check	i.o.	Bemerkungen, Reparaturen, Ölwechsel, Batteriewasser etc.
Seenotausr.		
Motor		
E-Anlage		
Seeventile		
Bilge		
Rigg		
Lampen		
Sender		
Ruderanlage		
Gasanlage		

Seefunkgespräche		
Min.	Tel./Adresse	KüFu

Uhrzeit	Kurs							Fahrt	Log-stand
	Komp.	Dev.	MW	Abtr.	Strom	Ges.-Ber.	Karte	sm/h	

Segelf./Betriebsstunden/ Drehzahl	Schiffsführung: Manöver, Schiffsort, Kursmarken, Peilung	Wache	Seemeilen	
			Segel	Motor

Position:

morgens: ....

mittags: ....

abends: ....

Motor-Betriebsstunden:

ges. .... h .... min

Tag: .... h .... min

x l/h = ... l Verbrauch

Heizung + ... l Verbrauch

Gas.-Verbr. l

Chronometer um ....

Stand: ....

Gang: ....

Bordzeit .... ± GMT

(Unterschrift)

	Segel	Motor
Tagesweg		
Vortrag		
Summe		
Gesamt		
Etmal		
Ø kn		

In Seewetterberichten des Deutschen Wetterdienstes verwendete geographische Begriffe

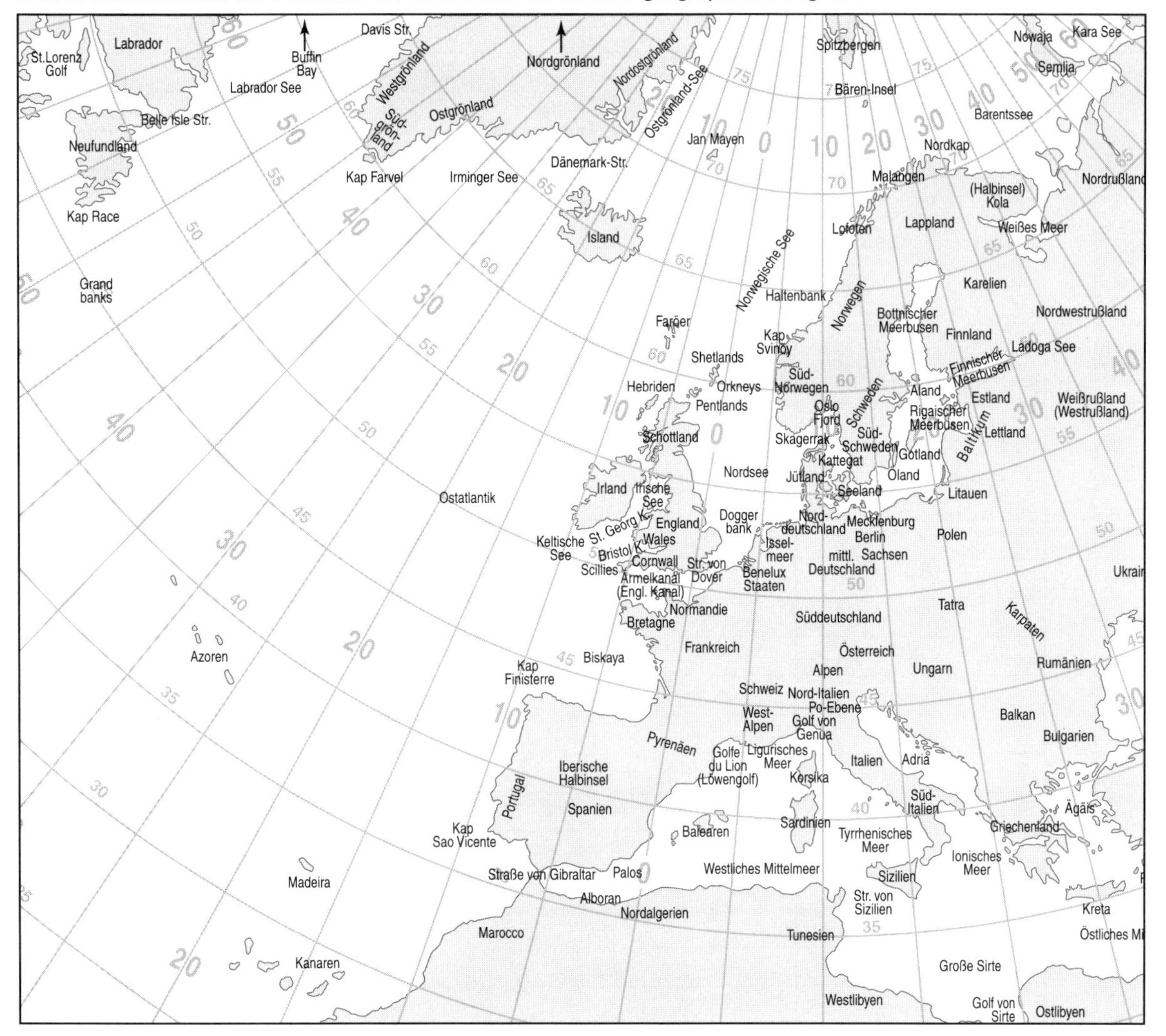

Wetterlage vom .... UTC/GZ .... Station

....

....

....

....

....

....

Stationsmeldung von .... UTC

	Stationen					
1	Svinoy					
2	Stavanger					
3	Aberdeen					
4	Tynemouth					
5	Hemsby					
6	Den Helder					
7	Norderney					
8	Helgoland					
9	List auf Sylt					
10	Thyboroen					
11	Skagen					
12	Fornaes					
13	Kegnaes					
14	Kiel-Holtenau					
	LT Kiel					
15	Fehmarn					
16	Arkona					
17	Bornholm					
18	Visby					
19	Utoe					
20	Riga					
21	Hel					
22	Soesteberg					
23	Manston					
24	Jersey					
25	Culdrose					
26	Belmullet					
27	Stornoway					

Stationsmeldung von .... UTC

	Vorhersage bis:	Aussichten bis: ....
N10 Deutsche Bucht		
N11 Humber/Südwest		
N12 Thames/Nordsee		
N9 Fischer		
N8 Dogger		
N4 Forties		
N2 Utsira N		
N3 Utsira S		
B14 Skagerrak		
B13 Kattegat		
B12 Belte und Sund		
B11 Westliche Ostsee		
B10 Südliche Ostsee		
Boddengewässer Ost		
B9 Südöstliche Ostsee		
B8 Zentrale Ostsee		
B7 Nördliche Ostsee		
B6 Rigaischer Meerbusen		
B5 Finnischer Meerbusen		
B4 Åland-See und Åland-Inseln		
B3 Bottensee		
B2 Norra Kvarken		
B1 Bottenwiek		
A6 Engl. Kanal, Westteil		
A5 Engl. Kanal, Ostteil		
Ijsselmeer		

Stationsmeldung von .... UTC

	R + St.	Wetter	Sicht	°C/hPa		R + St.	Wetter	Sicht	°C/hPa
Brest					Brindisi				
Bordeaux					Venedig				
La Coruna					Triest				
Gibraltar					Pula				
Almeria					Split				
Alicante					Dubrovnik				
Barcelona					Ulcinj				
Palma de Mallorca					Korfu				
Marseille					Kithira				
Nizza					Athen				
Genua					Thessaloniki				
Grosetta					Limnos				
Ajaccio					Heraklion				
Ponza					Rhodos				
Cagliari					Izmir				
Tunis					Antalya				
Messina					Istanbul				
Luqa/Malta					Larnaca				
Palermo					Las Palmas				

Station: .... UTC/GZ

Vorhersage bis .... Weitere Aussichten bis ....

M12 Kanarische Inseln		
M11 Alboran Gibraltar		
M10 Palos		
M2 Balearen		
M4 Westl. Korsika/Sardinien		
M1 Golfe du Lion		
M3 Ligurisches Meer		
M5 Tyrrhenisches Meer		
M6 Adria		
M7 Ionisches Meer		
M9 Ägäis		
M8 Biskaya		

Seite: .... Fahrt: .... Reisetag: .... Seetag: .... Dat.: .... den .... 20 .... Reiseziel: ....

Beobachtungen									
Uhrzeit	Wind		Seegang	Strom		Wetter	Luftdruck	Temp.	
	Richt.	kn		Richt.	kn		hPa	W C°	L C°

Tagesereignisse

	Wasser	Treibst.	Petr.	Gas
Bestand				
verbraucht				
nachgefüllt				
Endbestand				

Lampen
2100
0000
0300

Seefunkgespräche		
Min.	Tel./Adresse	KüFu

Check	i.o.	Bemerkungen, Reparaturen, Ölwechsel, Batteriewasser etc.
Seenotausr.		
Motor		
E-Anlage		
Seeventile		
Bilge		
Rigg		
Lampen		
Sender		
Ruderanlage		
Gasanlage		

Uhrzeit	Kurs							Fahrt	Log-stand
	Komp.	Dev.	MW	Abtr.	Strom	Ges.-Ber.	Karte	sm/h	

Segelf./Betriebsstunden/ Drehzahl	Schiffsführung: Manöver, Schiffsort, Kursmarken, Peilung	Wache	Seemeilen	
			Segel	Motor

Position:

morgens: ....

mittags: ....

abends: ....

Motor-Betriebsstunden:

ges. .... h .... min

Tag: .... h .... min

x l/h = ... l Verbrauch

Heizung + ... l Verbrauch

Gas.-Verbr. l

Chronometer um ....

Stand: ....

Gang: ....

Bordzeit .... ± GMT

(Unterschrift)

	Segel	Motor
Tagesweg		
Vortrag		
Summe		
Gesamt		
Etmal		
Ø kn		

In Seewetterberichten des Deutschen Wetterdienstes verwendete geographische Begriffe

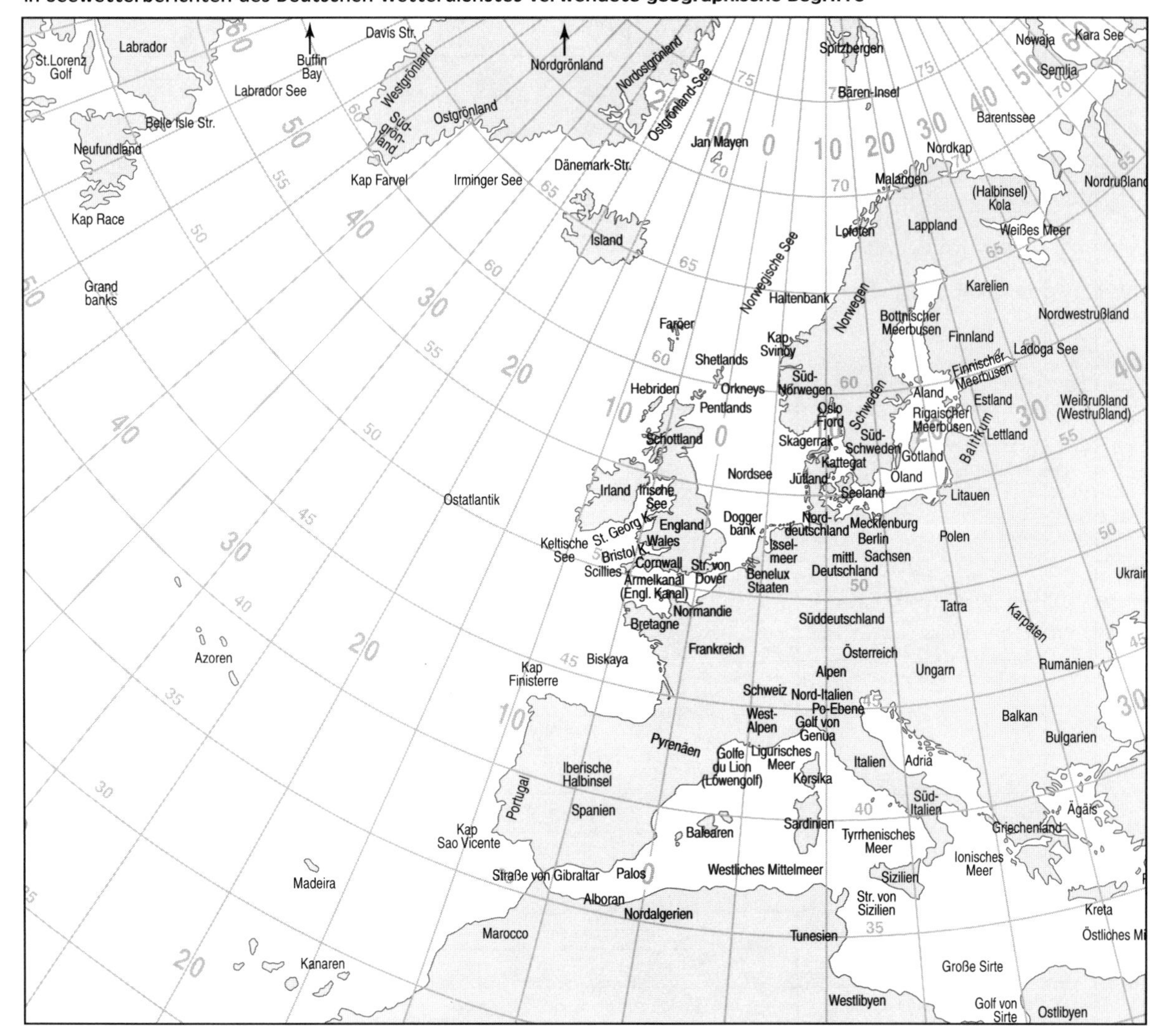

Wetterlage vom .... UTC/GZ .... Station

....

....

....

....

....

....

Stationsmeldung von .... UTC

	Stationen					
1	Svinoy					
2	Stavanger					
3	Aberdeen					
4	Tynemouth					
5	Hemsby					
6	Den Helder					
7	Norderney					
8	Helgoland					
9	List auf Sylt					
10	Thyboroen					
11	Skagen					
12	Fornaes					
13	Kegnaes					
14	Kiel-Holtenau					
	LT Kiel					
15	Fehmarn					
16	Arkona					
17	Bornholm					
18	Visby					
19	Utoe					
20	Riga					
21	Hel					
22	Soesteberg					
23	Manston					
24	Jersey					
25	Culdrose					
26	Belmullet					
27	Stornoway					

Stationsmeldung von .... **UTC**

	Vorhersage bis:	Aussichten bis: ....
N10 Deutsche Bucht		
N11 Humber/Südwest		
N12 Thames/Nordsee		
N9 Fischer		
N8 Dogger		
N4 Forties		
N2 Utsira N		
N3 Utsira S		
B14 Skagerrak		
B13 Kattegat		
B12 Belte und Sund		
B11 Westliche Ostsee		
B10 Südliche Ostsee		
Boddengewässer Ost		
B9 Südöstliche Ostsee		
B8 Zentrale Ostsee		
B7 Nördliche Ostsee		
B6 Rigaischer Meerbusen		
B5 Finnischer Meerbusen		
B4 Åland-See und Åland-Inseln		
B3 Bottensee		
B2 Norra Kvarken		
B1 Bottenwiek		
A6 Engl. Kanal, Westteil		
A5 Engl. Kanal, Ostteil		
Ijsselmeer		

Stationsmeldung von .... **UTC**

	R + St.	Wetter	Sicht	°C/hPa		R + St.	Wetter	Sicht	°C/hPa
Brest					Brindisi				
Bordeaux					Venedig				
La Coruna					Triest				
Gibraltar					Pula				
Almeria					Split				
Alicante					Dubrovnik				
Barcelona					Ulcinj				
Palma de Mallorca					Korfu				
Marseille					Kithira				
Nizza					Athen				
Genua					Thessaloniki				
Grosetta					Limnos				
Ajaccio					Heraklion				
Ponza					Rhodos				
Cagliari					Izmir				
Tunis					Antalya				
Messina					Istanbul				
Luqa/Malta					Larnaca				
Palermo					Las Palmas				

Station: .... **UTC/GZ**

Vorhersage bis .... Weitere Aussichten bis ....

M12 Kanarische Inseln		
M11 Alboran Gibraltar		
M10 Palos		
M2 Balearen		
M4 Westl. Korsika/Sardinien		
M1 Golfe du Lion		
M3 Ligurisches Meer		
M5 Tyrrhenisches Meer		
M6 Adria		
M7 Ionisches Meer		
M9 Ägäis		
M8 Biskaya		

Seite: .... Fahrt: .... Reisetag: .... Seetag: .... Dat.: .... den .... 20 .... Reiseziel: ....

Beobachtungen									
Uhrzeit	Wind		See-gang	Strom		Wetter	Luftdruck	Temp.	
	Richt.	kn		Richt.	kn		hPa	W C°	L C°
						◯			
						◯			
						◯			
						◯			
						◯			
						◯			
						◯			
						◯			
						◯			
						◯			

Tagesereignisse

	Wasser	**Treibst.**	**Petr.**	**Gas**
Bestand				
verbraucht				
nachgefüllt				
Endbestand				

Lampen
2100
0000
0300

Seefunkgespräche		
Min.	Tel./Adresse	KüFu

Check	**i.o.**	Bemerkungen, Reparaturen, Ölwechsel, Batteriewasser etc.
Seenotausr.		
Motor		
E-Anlage		
Seeventile		
Bilge		
Rigg		
Lampen		
Sender		
Ruderanlage		
Gasanlage		

Uhrzeit	Kurs							Fahrt	Log-stand
	Komp.	Dev.	MW	Abtr.	Strom	Ges.-Ber.	Karte	sm/h	

Segelf./Betriebsstunden/ Drehzahl	Schiffsführung: Manöver, Schiffsort, Kursmarken, Peilung	Wache	Seemeilen	
			Segel	Motor

Position:

morgens: ....

mittags: ....

abends: ....

Motor-Betriebsstunden:

ges. .... h .... min

Tag: .... h .... min

x l/h = ... l Verbrauch

Heizung + ... l Verbrauch

Gas.-Verbr. l

Chronometer um ....

Stand: ....

Gang: ....

Bordzeit .... ± GMT

(Unterschrift)

Tagesweg		
Vortrag		
Summe		
Gesamt		
Etmal		
Ø kn		

In Seewetterberichten des Deutschen Wetterdienstes verwendete geographische Begriffe

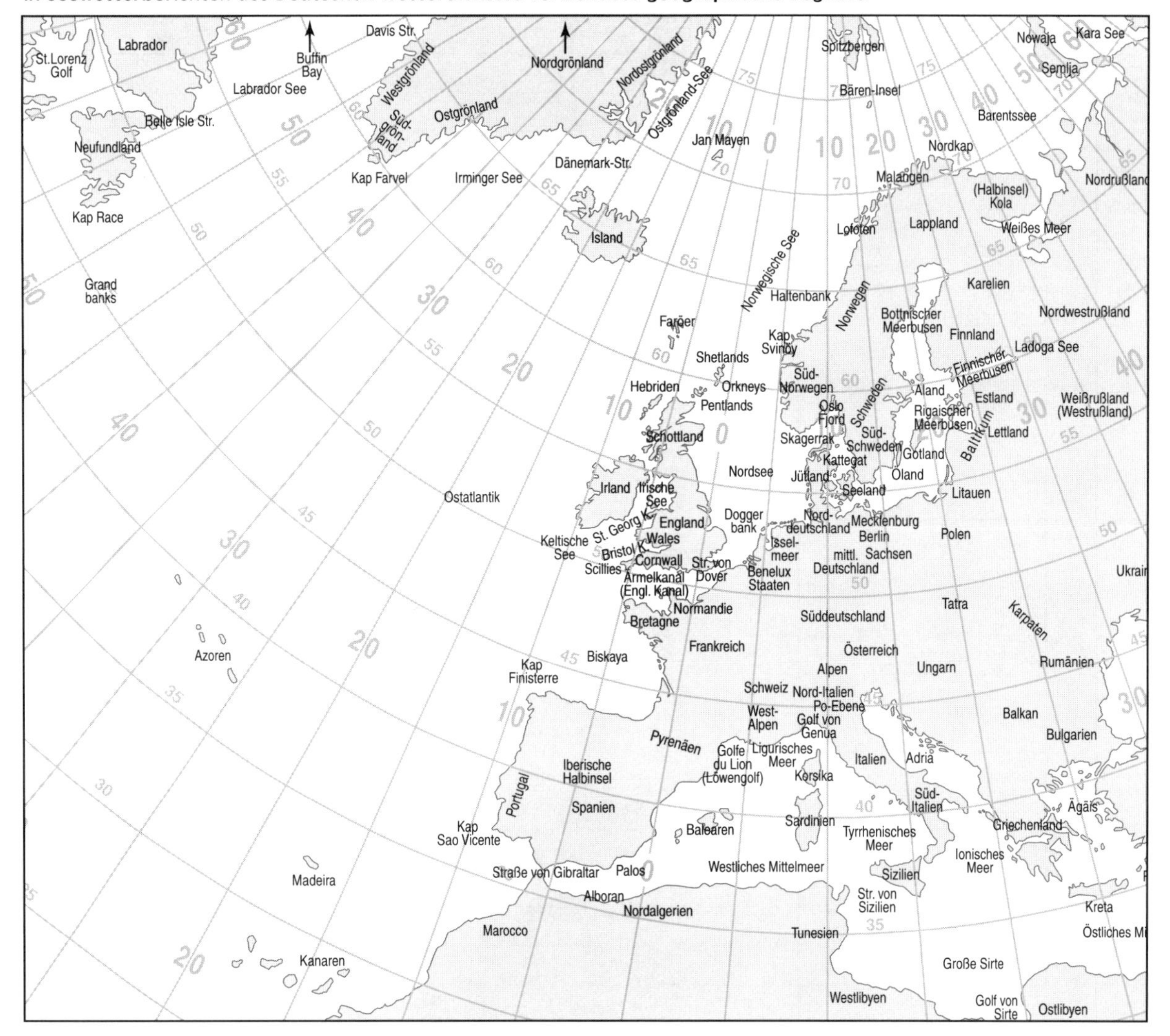

Wetterlage vom .... UTC/GZ .... Station

....

....

....

....

....

Stationsmeldung von .... UTC

	Stationen					
1	Svinoy					
2	Stavanger					
3	Aberdeen					
4	Tynemouth					
5	Hemsby					
6	Den Helder					
7	Norderney					
8	Helgoland					
9	List auf Sylt					
10	Thyboroen					
11	Skagen					
12	Fornaes					
13	Kegnaes					
14	Kiel-Holtenau					
	LT Kiel					
15	Fehmarn					
16	Arkona					
17	Bornholm					
18	Visby					
19	Utoe					
20	Riga					
21	Hel					
22	Soesteberg					
23	Manston					
24	Jersey					
25	Culdrose					
26	Belmullet					
27	Stornoway					

Stationsmeldung von .... **UTC**

	Vorhersage bis:	Aussichten bis: ....
N10 Deutsche Bucht		
N11 Humber/Südwest		
N12 Thames/Nordsee		
N9 Fischer		
N8 Dogger		
N4 Forties		
N2 Utsira N		
N3 Utsira S		
B14 Skagerrak		
B13 Kattegat		
B12 Belte und Sund		
B11 Westliche Ostsee		
B10 Südliche Ostsee		
Boddengewässer Ost		
B9 Südöstliche Ostsee		
B8 Zentrale Ostsee		
B7 Nördliche Ostsee		
B6 Rigaischer Meerbusen		
B5 Finnischer Meerbusen		
B4 Åland-See und Åland-Inseln		
B3 Bottensee		
B2 Norra Kvarken		
B1 Bottenwiek		
A6 Engl. Kanal, Westteil		
A5 Engl. Kanal, Ostteil		
Ijsselmeer		

Stationsmeldung von .... **UTC**

	R + St.	Wetter	Sicht	°C/hPa		R + St.	Wetter	Sicht	°C/hPa
Brest					Brindisi				
Bordeaux					Venedig				
La Coruna					Triest				
Gibraltar					Pula				
Almeria					Split				
Alicante					Dubrovnik				
Barcelona					Ulcinj				
Palma de Mallorca					Korfu				
Marseille					Kithira				
Nizza					Athen				
Genua					Thessaloniki				
Grosetta					Limnos				
Ajaccio					Heraklion				
Ponza					Rhodos				
Cagliari					Izmir				
Tunis					Antalya				
Messina					Istanbul				
Luqa/Malta					Larnaca				
Palermo					Las Palmas				

Station: .... **UTC/GZ**

Vorhersage bis .... Weitere Aussichten bis ....

M12 Kanarische Inseln		
M11 Alboran Gibraltar		
M10 Palos		
M2 Balearen		
M4 Westl. Korsika/Sardinien		
M1 Golfe du Lion		
M3 Ligurisches Meer		
M5 Tyrrhenisches Meer		
M6 Adria		
M7 Ionisches Meer		
M9 Ägäis		
M8 Biskaya		

Seite: .... Fahrt: .... Reisetag: .... Seetag: .... Dat.: .... den .... 20 .... Reiseziel: ....

Beobachtungen										
Uhrzeit	Wind		See-gang	Strom		Wetter	Luftdruck	Temp.	
	Richt.	kn		Richt.	kn		hPa	W C°	L C°
						◯			
						◯			
						◯			
						◯			
						◯			
						◯			
						◯			
						◯			
						◯			
						◯			

Tagesereignisse

	Wasser	Treibst.	Petr.	Gas
Bestand				
verbraucht				
nachgefüllt				
Endbestand				

Lampen
2100
0000
0300

Seefunkgespräche		
Min.	Tel./Adresse	KüFu

Check	i.o.	Bemerkungen, Reparaturen, Ölwechsel, Batteriewasser etc.
Seenotausr.		
Motor		
E-Anlage		
Seeventile		
Bilge		
Rigg		
Lampen		
Sender		
Ruderanlage		
Gasanlage		

Uhrzeit	Kurs							Fahrt	Log-stand
	Komp.	Dev.	MW	Abtr.	Strom	Ges.-Ber.	Karte	sm/h	

Segelf./Betriebsstunden/ Drehzahl	Schiffsführung: Manöver, Schiffsort, Kursmarken, Peilung	Wache	Seemeilen	
			Segel	Motor

Position:

morgens: ....

mittags: ....

abends: ....

Motor-Betriebsstunden:

ges. .... h .... min

Tag: .... h .... min

x l/h = ... l Verbrauch

Heizung + ... l Verbrauch

Gas.-Verbr. l

Chronometer um ....

Stand: ....

Gang: ....

Bordzeit .... ± GMT

(Unterschrift)

Tagesweg		
Vortrag		
Summe		
Gesamt		
Etmal		
Ø kn		

In Seewetterberichten des Deutschen Wetterdienstes verwendete geographische Begriffe

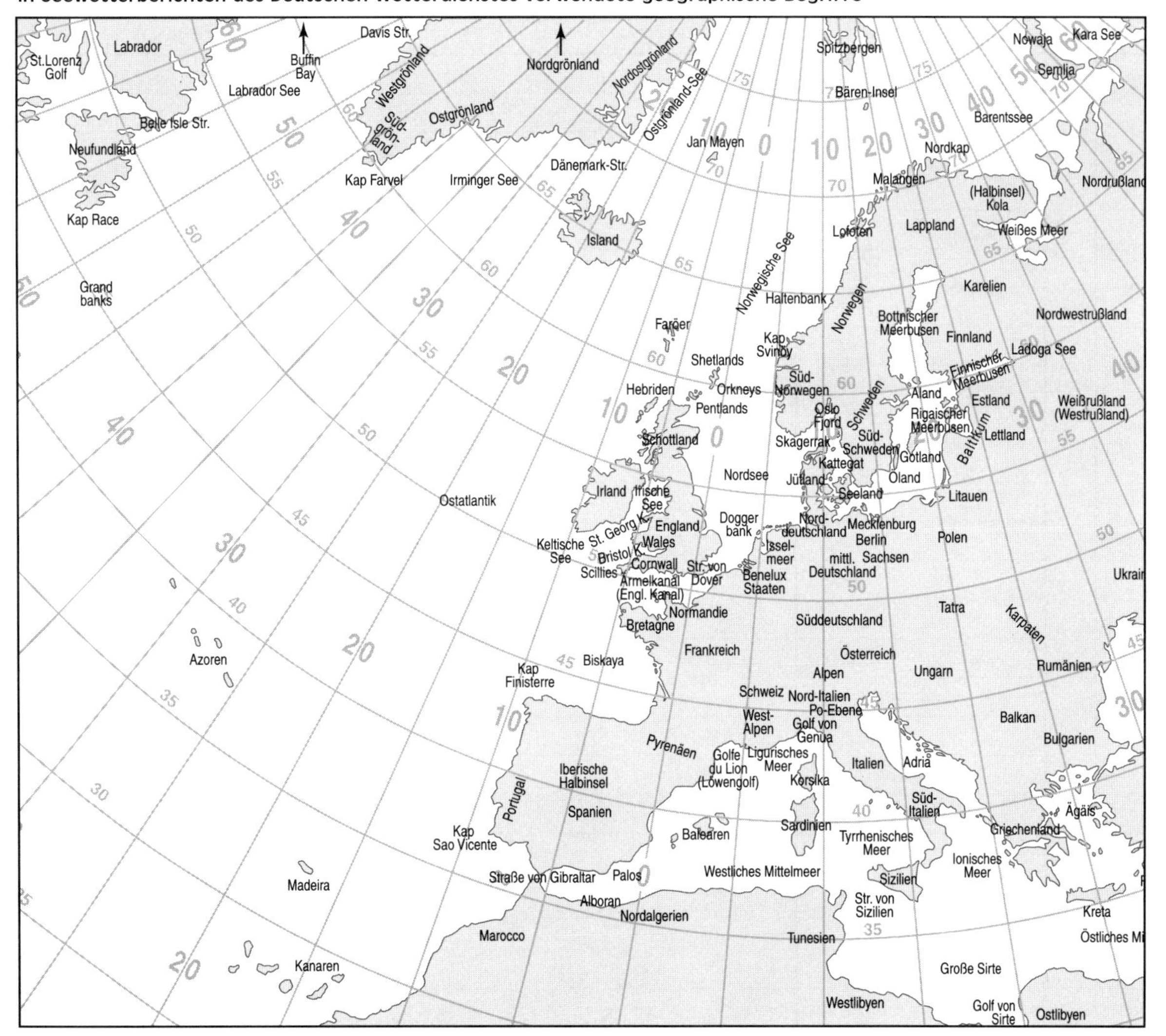

Wetterlage vom .... UTC/GZ .... Station

....

....

....

....

....

....

Stationsmeldung von .... UTC

	Stationen					
1	Svinoy					
2	Stavanger					
3	Aberdeen					
4	Tynemouth					
5	Hemsby					
6	Den Helder					
7	Norderney					
8	Helgoland					
9	List auf Sylt					
10	Thyboroen					
11	Skagen					
12	Fornaes					
13	Kegnaes					
14	Kiel-Holtenau					
	LT Kiel					
15	Fehmarn					
16	Arkona					
17	Bornholm					
18	Visby					
19	Utoe					
20	Riga					
21	Hel					
22	Soesteberg					
23	Manston					
24	Jersey					
25	Culdrose					
26	Belmullet					
27	Stornoway					

Stationsmeldung von .... **UTC**

	Vorhersage bis:	Aussichten bis: ....
N10 Deutsche Bucht		
N11 Humber/Südwest		
N12 Thames/Nordsee		
N9 Fischer		
N8 Dogger		
N4 Forties		
N2 Utsira N		
N3 Utsira S		
B14 Skagerrak		
B13 Kattegat		
B12 Belte und Sund		
B11 Westliche Ostsee		
B10 Südliche Ostsee		
Boddengewässer Ost		
B9 Südöstliche Ostsee		
B8 Zentrale Ostsee		
B7 Nördliche Ostsee		
B6 Rigaischer Meerbusen		
B5 Finnischer Meerbusen		
B4 Åland-See und Åland-Inseln		
B3 Bottensee		
B2 Norra Kvarken		
B1 Bottenwiek		
A6 Engl. Kanal, Westteil		
A5 Engl. Kanal, Ostteil		
Ijsselmeer		

Stationsmeldung von .... **UTC**

	R + St.	Wetter	Sicht	°C/hPa		R + St.	Wetter	Sicht	°C/hPa
Brest					Brindisi				
Bordeaux					Venedig				
La Coruna					Triest				
Gibraltar					Pula				
Almeria					Split				
Alicante					Dubrovnik				
Barcelona					Ulcinj				
Palma de Mallorca					Korfu				
Marseille					Kithira				
Nizza					Athen				
Genua					Thessaloniki				
Grosetta					Limnos				
Ajaccio					Heraklion				
Ponza					Rhodos				
Cagliari					Izmir				
Tunis					Antalya				
Messina					Istanbul				
Luqa/Malta					Larnaca				
Palermo					Las Palmas				

Station: .... **UTC/GZ**

Vorhersage bis .... Weitere Aussichten bis ....

M12 Kanarische Inseln		
M11 Alboran Gibraltar		
M10 Palos		
M2 Balearen		
M4 Westl. Korsika/Sardinien		
M1 Golfe du Lion		
M3 Ligurisches Meer		
M5 Tyrrhenisches Meer		
M6 Adria		
M7 Ionisches Meer		
M9 Ägäis		
M8 Biskaya		

Seite: .... Fahrt: .... Reisetag: .... Seetag: .... Dat.: .... den .... 20 .... Reiseziel: ....

Beobachtungen									
Uhrzeit	Wind		See-gang	Strom		Wetter	Luftdruck	Temp.	
	Richt.	kn		Richt.	kn		hPa	W C°	L C°
						◯			
						◯			
						◯			
						◯			
						◯			
						◯			
						◯			
						◯			
						◯			
						◯			

Tagesereignisse

	Wasser	Treibst.	Petr.	Gas
Bestand				
verbraucht				
nachgefüllt				
Endbestand				

Lampen
2100
0000
0300

Seefunkgespräche		
Min.	Tel./Adresse	KüFu

Check	i.o.	Bemerkungen, Reparaturen, Ölwechsel, Batteriewasser etc.
Seenotausr.		
Motor		
E-Anlage		
Seeventile		
Bilge		
Rigg		
Lampen		
Sender		
Ruderanlage		
Gasanlage		

Uhrzeit	Kurs							Fahrt	Log-stand
	Komp.	Dev.	MW	Abtr.	Strom	Ges.-Ber.	Karte	sm/h	

Segelf./Betriebsstunden/ Drehzahl	Schiffsführung: Manöver, Schiffsort, Kursmarken, Peilung	Wache	Seemeilen	
			Segel	Motor

	Segel	Motor
Tagesweg		
Vortrag		
Summe		
Gesamt		
Etmal		
Ø kn		

Position:

morgens: ....

mittags: ....

abends: ....

Motor-Betriebsstunden:

ges. .... h .... min

Tag: .... h .... min

x l/h = ... l Verbrauch

Heizung + ... l Verbrauch

Gas.-Verbr. l

Chronometer um ....

Stand: ....

Gang: ....

Bordzeit .... ± GMT

(Unterschrift)

In Seewetterberichten des Deutschen Wetterdienstes verwendete geographische Begriffe

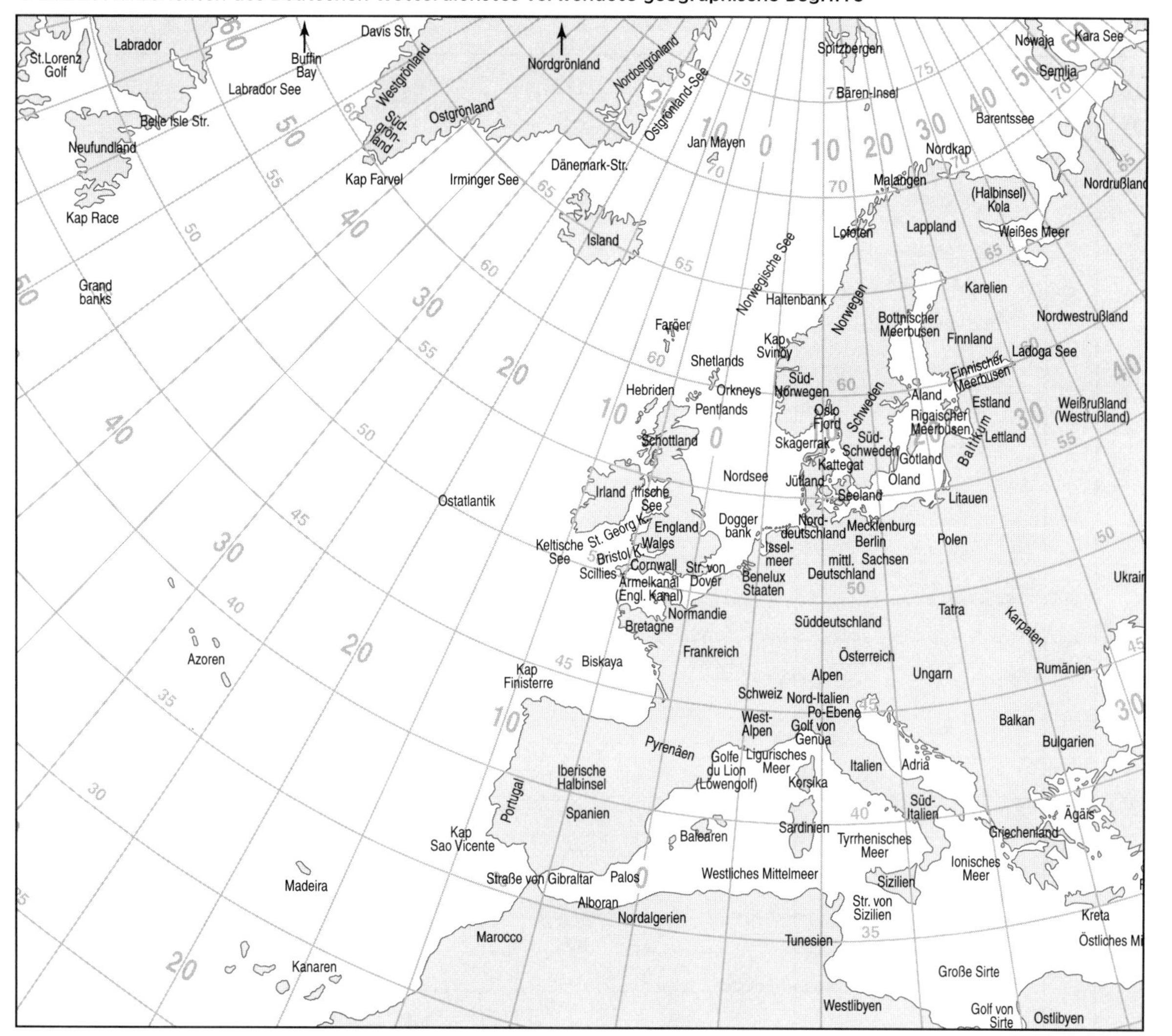

Wetterlage vom .... UTC/GZ .... Station

....

....

....

....

....

Stationsmeldung von .... UTC

	Stationen					
1	Svinoy					
2	Stavanger					
3	Aberdeen					
4	Tynemouth					
5	Hemsby					
6	Den Helder					
7	Norderney					
8	Helgoland					
9	List auf Sylt					
10	Thyboroen					
11	Skagen					
12	Fornaes					
13	Kegnaes					
14	Kiel-Holtenau					
	LT Kiel					
15	Fehmarn					
16	Arkona					
17	Bornholm					
18	Visby					
19	Utoe					
20	Riga					
21	Hel					
22	Soesteberg					
23	Manston					
24	Jersey					
25	Culdrose					
26	Belmullet					
27	Stornoway					

Stationsmeldung von .... UTC

	Vorhersage bis:	Aussichten bis: ....
N10 Deutsche Bucht		
N11 Humber/Südwest		
N12 Thames/Nordsee		
N9 Fischer		
N8 Dogger		
N4 Forties		
N2 Utsira N		
N3 Utsira S		
B14 Skagerrak		
B13 Kattegat		
B12 Belte und Sund		
B11 Westliche Ostsee		
B10 Südliche Ostsee		
Boddengewässer Ost		
B9 Südöstliche Ostsee		
B8 Zentrale Ostsee		
B7 Nördliche Ostsee		
B6 Rigaischer Meerbusen		
B5 Finnischer Meerbusen		
B4 Åland-See und Åland-Inseln		
B3 Bottensee		
B2 Norra Kvarken		
B1 Bottenwiek		
A6 Engl. Kanal, Westteil		
A5 Engl. Kanal, Ostteil		
Ijsselmeer		

Stationsmeldung von .... UTC

	R + St.	Wetter	Sicht	°C/hPa		R + St.	Wetter	Sicht	°C/hPa
Brest					Brindisi				
Bordeaux					Venedig				
La Coruna					Triest				
Gibraltar					Pula				
Almeria					Split				
Alicante					Dubrovnik				
Barcelona					Ulcinj				
Palma de Mallorca					Korfu				
Marseille					Kithira				
Nizza					Athen				
Genua					Thessaloniki				
Grosetta					Limnos				
Ajaccio					Heraklion				
Ponza					Rhodos				
Cagliari					Izmir				
Tunis					Antalya				
Messina					Istanbul				
Luqa/Malta					Larnaca				
Palermo					Las Palmas				

Station: .... UTC/GZ

Vorhersage bis .... Weitere Aussichten bis ....

M12 Kanarische Inseln		
M11 Alboran Gibraltar		
M10 Palos		
M2 Balearen		
M4 Westl. Korsika/Sardinien		
M1 Golfe du Lion		
M3 Ligurisches Meer		
M5 Tyrrhenisches Meer		
M6 Adria		
M7 Ionisches Meer		
M9 Ägäis		
M8 Biskaya		

Seite: .... Fahrt: .... Reisetag: .... Seetag: .... Dat.: .... den .... 20 .... Reiseziel: ....

Beobachtungen									
Uhrzeit	Wind		Seegang	Strom		Wetter	Luftdruck	Temp.	
	Richt.	kn		Richt.	kn		hPa	W C°	L C°

Tagesereignisse

	Wasser	Treibst.	Petr.	Gas
Bestand				
verbraucht				
nachgefüllt				
Endbestand				

Lampen
2100
0000
0300

Seefunkgespräche		
Min.	Tel./Adresse	KüFu

Check	i.o.	Bemerkungen, Reparaturen, Ölwechsel, Batteriewasser etc.
Seenotausr.		
Motor		
E-Anlage		
Seeventile		
Bilge		
Rigg		
Lampen		
Sender		
Ruderanlage		
Gasanlage		

Uhrzeit	Kurs							Fahrt	Log-stand
	Komp.	Dev.	MW	Abtr.	Strom	Ges.-Ber.	Karte	sm/h	

Segelf./Betriebsstunden/ Drehzahl	Schiffsführung: Manöver, Schiffsort, Kursmarken, Peilung	Wache	Seemeilen	
			Segel	Motor

Position:

morgens: ....

mittags: ....

abends: ....

Motor-Betriebsstunden:

ges. .... h .... min

Tag: .... h .... min

x l/h = ... l Verbrauch

Heizung + ... l Verbrauch

Gas.-Verbr. l

Chronometer um ....

Stand: ....

Gang: ....

Bordzeit .... ± GMT

(Unterschrift)

Tagesweg		
Vortrag		
Summe		
Gesamt		
Etmal		
Ø kn		

In Seewetterberichten des Deutschen Wetterdienstes verwendete geographische Begriffe

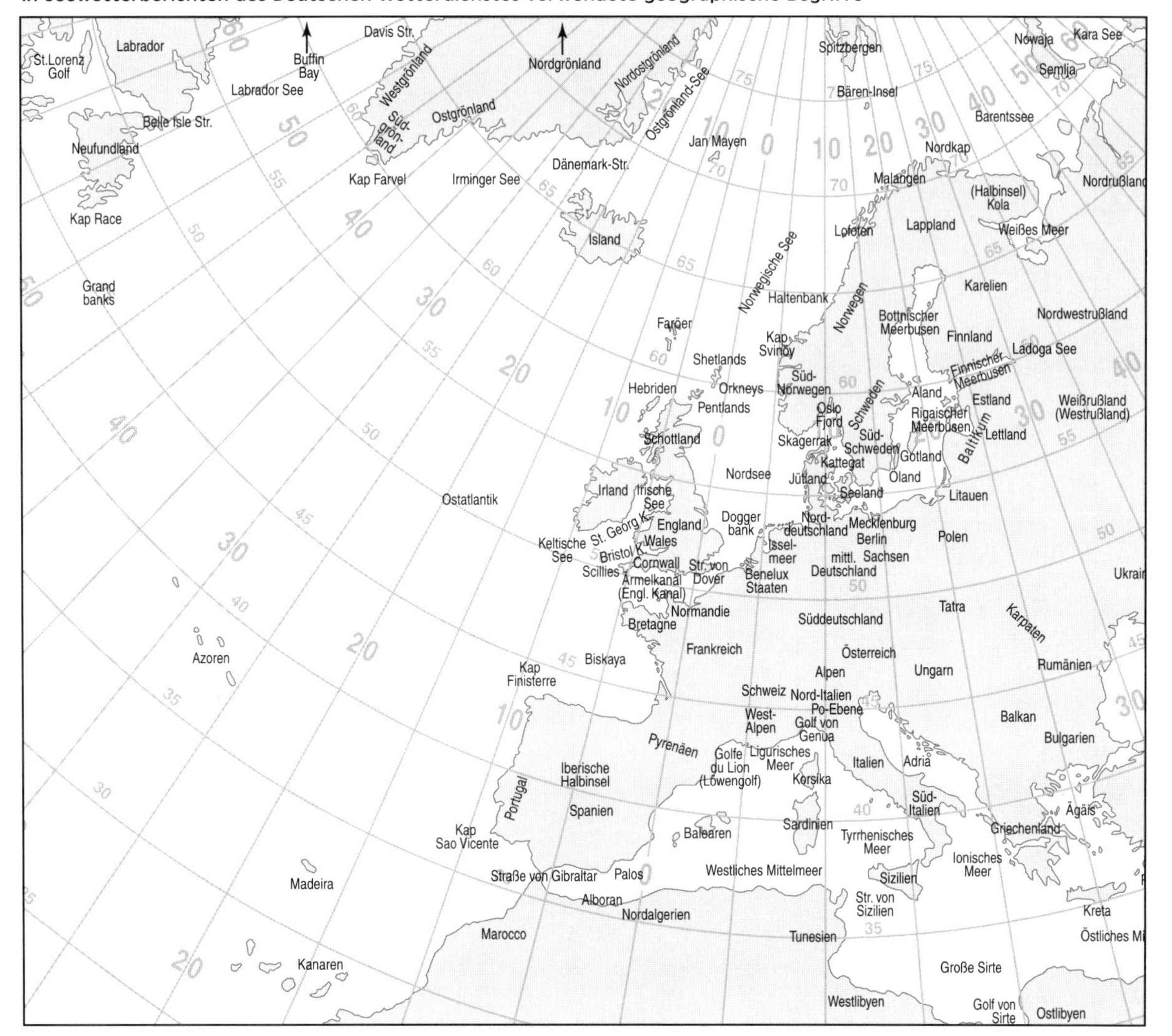

Wetterlage vom .... UTC/GZ .... Station

....

....

....

....

....

Stationsmeldung von .... UTC

	Stationen					
1	Svinoy					
2	Stavanger					
3	Aberdeen					
4	Tynemouth					
5	Hemsby					
6	Den Helder					
7	Norderney					
8	Helgoland					
9	List auf Sylt					
10	Thyboroen					
11	Skagen					
12	Fornaes					
13	Kegnaes					
14	Kiel-Holtenau					
	LT Kiel					
15	Fehmarn					
16	Arkona					
17	Bornholm					
18	Visby					
19	Utoe					
20	Riga					
21	Hel					
22	Soesteberg					
23	Manston					
24	Jersey					
25	Culdrose					
26	Belmullet					
27	Stornoway					

Stationsmeldung von .... UTC

	Vorhersage bis:	Aussichten bis: ....
N10 Deutsche Bucht		
N11 Humber/Südwest		
N12 Thames/Nordsee		
N9 Fischer		
N8 Dogger		
N4 Forties		
N2 Utsira N		
N3 Utsira S		
B14 Skagerrak		
B13 Kattegat		
B12 Belte und Sund		
B11 Westliche Ostsee		
B10 Südliche Ostsee		
Boddengewässer Ost		
B9 Südöstliche Ostsee		
B8 Zentrale Ostsee		
B7 Nördliche Ostsee		
B6 Rigaischer Meerbusen		
B5 Finnischer Meerbusen		
B4 Åland-See und Åland-Inseln		
B3 Bottensee		
B2 Norra Kvarken		
B1 Bottenwiek		
A6 Engl. Kanal, Westteil		
A5 Engl. Kanal, Ostteil		
Ijsselmeer		

Stationsmeldung von .... UTC

	R + St.	Wetter	Sicht	°C/hPa		R + St.	Wetter	Sicht	°C/hPa
Brest					Brindisi				
Bordeaux					Venedig				
La Coruna					Triest				
Gibraltar					Pula				
Almeria					Split				
Alicante					Dubrovnik				
Barcelona					Ulcinj				
Palma de Mallorca					Korfu				
Marseille					Kithira				
Nizza					Athen				
Genua					Thessaloniki				
Grosetta					Limnos				
Ajaccio					Heraklion				
Ponza					Rhodos				
Cagliari					Izmir				
Tunis					Antalya				
Messina					Istanbul				
Luqa/Malta					Larnaca				
Palermo					Las Palmas				

Station: .... **UTC/GZ**

Vorhersage bis .... Weitere Aussichten bis ....

M12 Kanarische Inseln		
M11 Alboran Gibraltar		
M10 Palos		
M2 Balearen		
M4 Westl. Korsika/Sardinien		
M1 Golfe du Lion		
M3 Ligurisches Meer		
M5 Tyrrhenisches Meer		
M6 Adria		
M7 Ionisches Meer		
M9 Ägäis		
M8 Biskaya		

Seite: .... Fahrt: .... Reisetag: .... Seetag: .... Dat.: .... den .... 20 .... Reiseziel: ....

Beobachtungen									
Uhrzeit	Wind		Seegang	Strom		Wetter	Luftdruck	Temp.	
	Richt.	kn		Richt.	kn		hPa	W C°	L C°
						○			
						○			
						○			
						○			
						○			
						○			
						○			
						○			
						○			
						○			

Tagesereignisse

	Wasser	**Treibst.**	**Petr.**	**Gas**
Bestand				
verbraucht				
nachgefüllt				
Endbestand				

Lampen
2100
0000
0300

Seefunkgespräche		
Min.	Tel./Adresse	KüFu

Check	**i.o.**	Bemerkungen, Reparaturen, Ölwechsel, Batteriewasser etc.
Seenotausr.		
Motor		
E-Anlage		
Seeventile		
Bilge		
Rigg		
Lampen		
Sender		
Ruderanlage		
Gasanlage		

Uhrzeit	Kurs							Fahrt	Log-stand
	Komp.	Dev.	MW	Abtr.	Strom	Ges.-Ber.	Karte	sm/h	

Segelf./Betriebsstunden/ Drehzahl	Schiffsführung: Manöver, Schiffsort, Kursmarken, Peilung	Wache	Seemeilen	
			Segel	Motor

Position:

morgens: ....

mittags: ....

abends: ....

Motor-Betriebsstunden:

ges. .... h .... min

Tag: .... h .... min

x l/h = ... l Verbrauch

Heizung + ... l Verbrauch

Gas.-Verbr. l

Chronometer um ....

Stand: ....

Gang: ....

Bordzeit .... ± GMT

(Unterschrift)

Tagesweg		
Vortrag		
Summe		
Gesamt		
Etmal		
Ø kn		

In Seewetterberichten des Deutschen Wetterdienstes verwendete geographische Begriffe

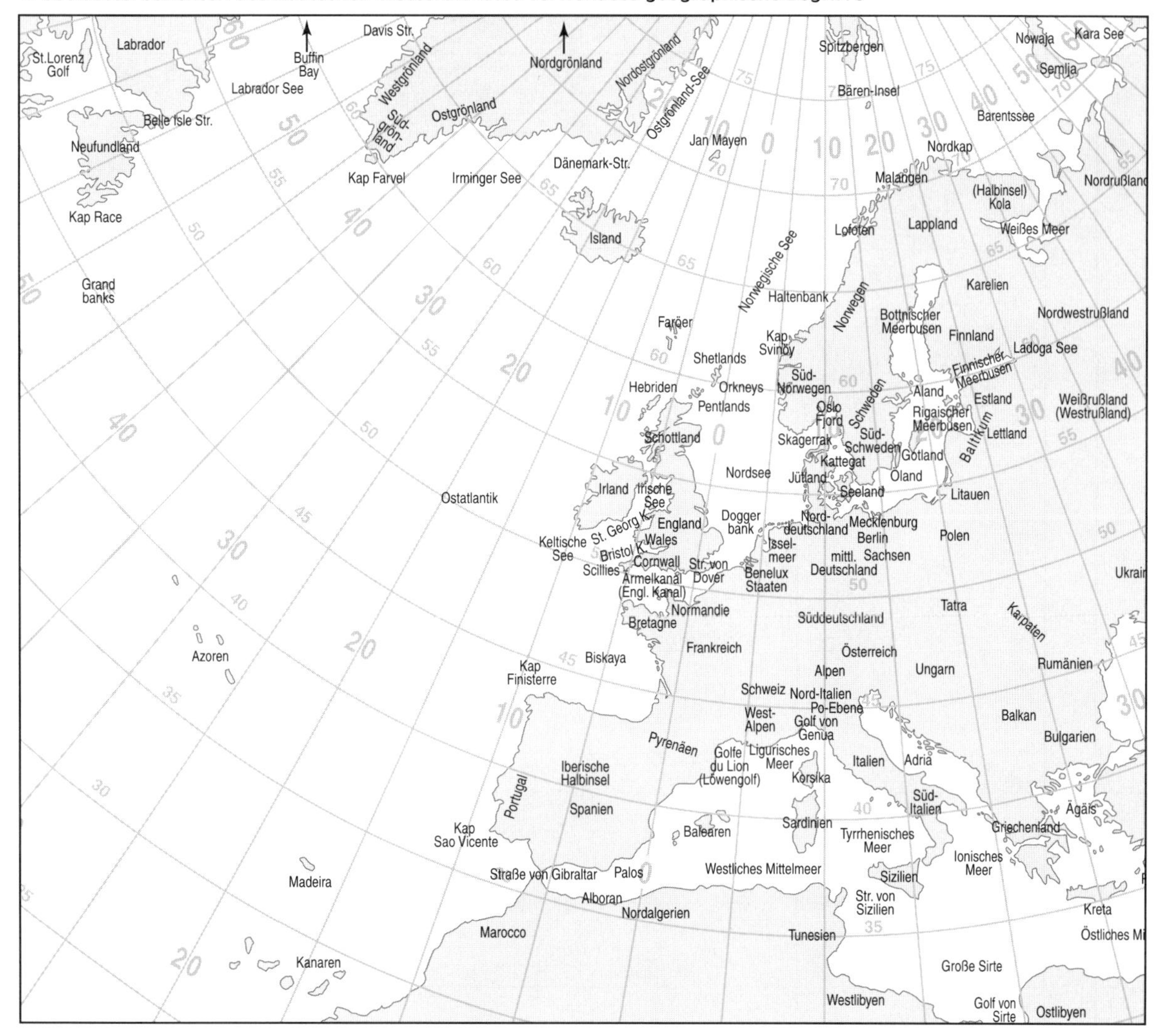

Wetterlage vom .... UTC/GZ .... Station

....

....

....

....

....

....

Stationsmeldung von .... UTC

	Stationen					
1	Svinoy					
2	Stavanger					
3	Aberdeen					
4	Tynemouth					
5	Hemsby					
6	Den Helder					
7	Norderney					
8	Helgoland					
9	List auf Sylt					
10	Thyboroen					
11	Skagen					
12	Fornaes					
13	Kegnaes					
14	Kiel-Holtenau					
	LT Kiel					
15	Fehmarn					
16	Arkona					
17	Bornholm					
18	Visby					
19	Utoe					
20	Riga					
21	Hel					
22	Soesteberg					
23	Manston					
24	Jersey					
25	Culdrose					
26	Belmullet					
27	Stornoway					

Stationsmeldung von .... UTC

	Vorhersage bis:	Aussichten bis: ....
N10 Deutsche Bucht		
N11 Humber/Südwest		
N12 Thames/Nordsee		
N9 Fischer		
N8 Dogger		
N4 Forties		
N2 Utsira N		
N3 Utsira S		
B14 Skagerrak		
B13 Kattegat		
B12 Belte und Sund		
B11 Westliche Ostsee		
B10 Südliche Ostsee		
Boddengewässer Ost		
B9 Südöstliche Ostsee		
B8 Zentrale Ostsee		
B7 Nördliche Ostsee		
B6 Rigaischer Meerbusen		
B5 Finnischer Meerbusen		
B4 Åland-See und Åland-Inseln		
B3 Bottensee		
B2 Norra Kvarken		
B1 Bottenwiek		
A6 Engl. Kanal, Westteil		
A5 Engl. Kanal, Ostteil		
Ijsselmeer		

Stationsmeldung von .... UTC

	R + St.	Wetter	Sicht	°C/hPa		R + St.	Wetter	Sicht	°C/hPa
Brest					Brindisi				
Bordeaux					Venedig				
La Coruna					Triest				
Gibraltar					Pula				
Almeria					Split				
Alicante					Dubrovnik				
Barcelona					Ulcinj				
Palma de Mallorca					Korfu				
Marseille					Kithira				
Nizza					Athen				
Genua					Thessaloniki				
Grosetta					Limnos				
Ajaccio					Heraklion				
Ponza					Rhodos				
Cagliari					Izmir				
Tunis					Antalya				
Messina					Istanbul				
Luqa/Malta					Larnaca				
Palermo					Las Palmas				

Station: .... UTC/GZ

Vorhersage bis .... Weitere Aussichten bis ....

M12 Kanarische Inseln		
M11 Alboran Gibraltar		
M10 Palos		
M2 Balearen		
M4 Westl. Korsika/Sardinien		
M1 Golfe du Lion		
M3 Ligurisches Meer		
M5 Tyrrhenisches Meer		
M6 Adria		
M7 Ionisches Meer		
M9 Ägäis		
M8 Biskaya		

Seite: .... Fahrt: .... Reisetag: .... Seetag: .... Dat.: .... den .... 20 .... Reiseziel: ....

Beobachtungen									
Uhrzeit	Wind		Seegang	Strom		Wetter	Luftdruck	Temp.	
	Richt.	kn		Richt.	kn		hPa	W C°	L C°
						○			
						○			
						○			
						○			
						○			
						○			
						○			
						○			
						○			
						○			

Tagesereignisse

	Wasser	Treibst.	Petr.	Gas
Bestand				
verbraucht				
nachgefüllt				
Endbestand				

Lampen
2100
0000
0300

Check	i.o.	Bemerkungen, Reparaturen, Ölwechsel, Batteriewasser etc.
Seenotausr.		
Motor		
E-Anlage		
Seeventile		
Bilge		
Rigg		
Lampen		
Sender		
Ruderanlage		
Gasanlage		

Seefunkgespräche		
Min.	Tel./Adresse	KüFu

Uhrzeit	Kurs							Fahrt	Log-stand
	Komp.	Dev.	MW	Abtr.	Strom	Ges.-Ber.	Karte	sm/h	

Segelf./Betriebsstunden/ Drehzahl	Schiffsführung: Manöver, Schiffsort, Kursmarken, Peilung	Wache	Seemeilen	
			Segel	Motor
		Tagesweg		
		Vortrag		
		Summe		
		Gesamt		
		Etmal		
		Ø kn		

Position:

morgens: ....

mittags: ....

abends: ....

Motor-Betriebsstunden:

ges. .... h .... min

Tag: .... h .... min

x l/h = ... l Verbrauch

Heizung + ... l Verbrauch

Gas.-Verbr. l

Chronometer um ....

Stand: ....

Gang: ....

Bordzeit .... ± GMT

(Unterschrift)

In Seewetterberichten des Deutschen Wetterdienstes verwendete geographische Begriffe

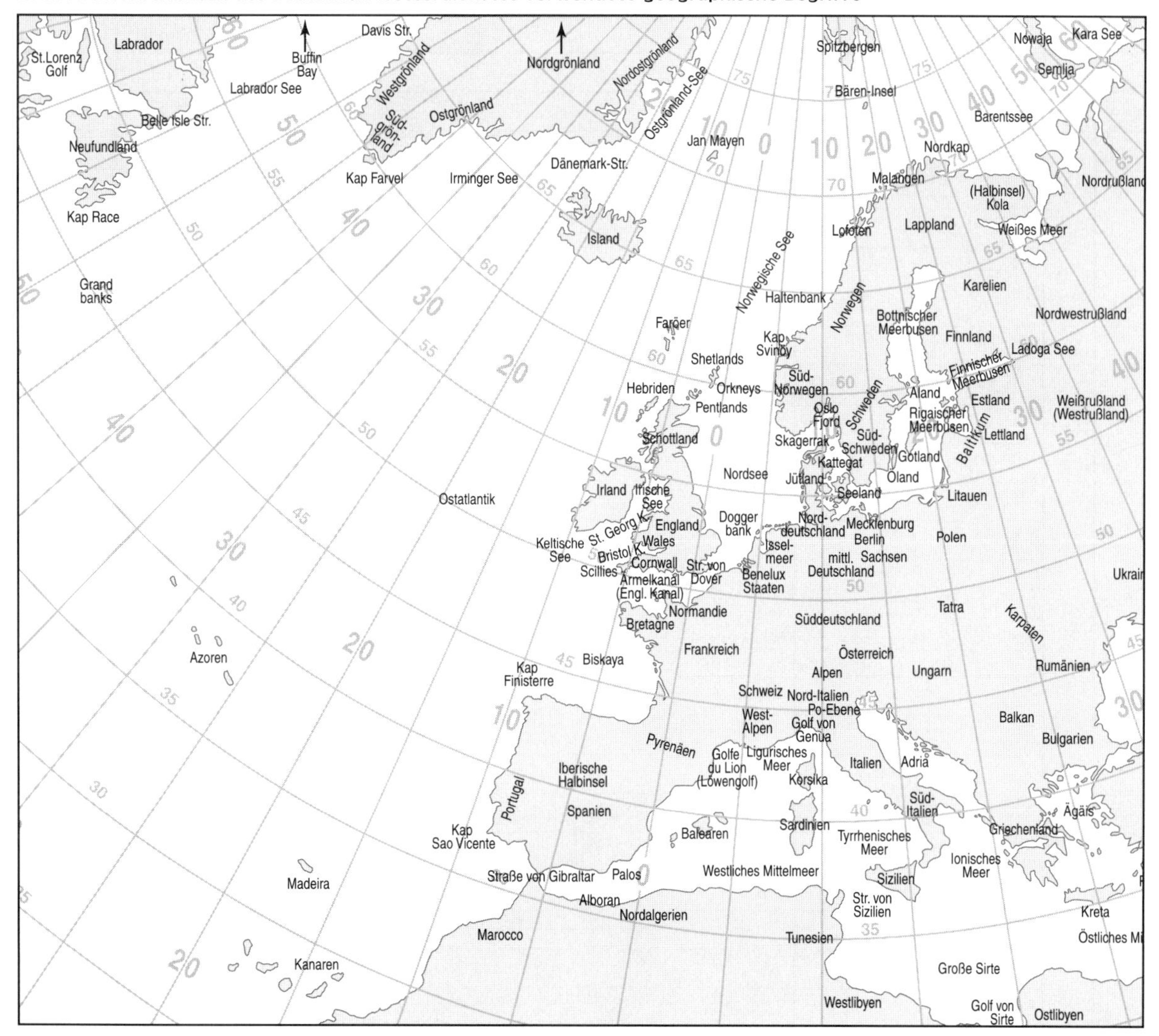

Wetterlage vom .... UTC/GZ .... Station

....

....

....

....

....

Stationsmeldung von .... UTC

	Stationen					
1	Svinoy					
2	Stavanger					
3	Aberdeen					
4	Tynemouth					
5	Hemsby					
6	Den Helder					
7	Norderney					
8	Helgoland					
9	List auf Sylt					
10	Thyboroen					
11	Skagen					
12	Fornaes					
13	Kegnaes					
14	Kiel-Holtenau					
	LT Kiel					
15	Fehmarn					
16	Arkona					
17	Bornholm					
18	Visby					
19	Utoe					
20	Riga					
21	Hel					
22	Soesteberg					
23	Manston					
24	Jersey					
25	Culdrose					
26	Belmullet					
27	Stornoway					

Stationsmeldung von .... UTC

	Vorhersage bis:	Aussichten bis: ....
N10 Deutsche Bucht		
N11 Humber/Südwest		
N12 Thames/Nordsee		
N9 Fischer		
N8 Dogger		
N4 Forties		
N2 Utsira N		
N3 Utsira S		
B14 Skagerrak		
B13 Kattegat		
B12 Belte und Sund		
B11 Westliche Ostsee		
B10 Südliche Ostsee		
Boddengewässer Ost		
B9 Südöstliche Ostsee		
B8 Zentrale Ostsee		
B7 Nördliche Ostsee		
B6 Rigaischer Meerbusen		
B5 Finnischer Meerbusen		
B4 Åland-See und Åland-Inseln		
B3 Bottensee		
B2 Norra Kvarken		
B1 Bottenwiek		
A6 Engl. Kanal, Westteil		
A5 Engl. Kanal, Ostteil		
Ijsselmeer		

Stationsmeldung von .... UTC

	R + St.	Wetter	Sicht	°C/hPa		R + St.	Wetter	Sicht	°C/hPa
Brest					Brindisi				
Bordeaux					Venedig				
La Coruna					Triest				
Gibraltar					Pula				
Almeria					Split				
Alicante					Dubrovnik				
Barcelona					Ulcinj				
Palma de Mallorca					Korfu				
Marseille					Kithira				
Nizza					Athen				
Genua					Thessaloniki				
Grosetta					Limnos				
Ajaccio					Heraklion				
Ponza					Rhodos				
Cagliari					Izmir				
Tunis					Antalya				
Messina					Istanbul				
Luqa/Malta					Larnaca				
Palermo					Las Palmas				

Station: .... UTC/GZ

Vorhersage bis .... Weitere Aussichten bis ....

M12 Kanarische Inseln		
M11 Alboran Gibraltar		
M10 Palos		
M2 Balearen		
M4 Westl. Korsika/Sardinien		
M1 Golfe du Lion		
M3 Ligurisches Meer		
M5 Tyrrhenisches Meer		
M6 Adria		
M7 Ionisches Meer		
M9 Ägäis		
M8 Biskaya		

Seite: .... Fahrt: .... Reisetag: .... Seetag: .... Dat.: .... den .... 20 .... Reiseziel: ....

Beobachtungen									
Uhrzeit	Wind		Seegang	Strom		Wetter	Luftdruck	Temp.	
	Richt.	kn		Richt.	kn		hPa	W C°	L C°
						◯			
						◯			
						◯			
						◯			
						◯			
						◯			
						◯			
						◯			
						◯			
						◯			

Tagesereignisse

	Wasser	Treibst.	Petr.	Gas
Bestand				
verbraucht				
nachgefüllt				
Endbestand				

Lampen
2100
0000
0300

Seefunkgespräche		
Min.	Tel./Adresse	KüFu

Check	i.o.	Bemerkungen, Reparaturen, Ölwechsel, Batteriewasser etc.
Seenotausr.		
Motor		
E-Anlage		
Seeventile		
Bilge		
Rigg		
Lampen		
Sender		
Ruderanlage		
Gasanlage		

Uhrzeit	Kurs							Fahrt	Log-stand
	Komp.	Dev.	MW	Abtr.	Strom	Ges.-Ber.	Karte	sm/h	

Segelf./Betriebsstunden/ Drehzahl	Schiffsführung: Manöver, Schiffsort, Kursmarken, Peilung	Wache	Seemeilen	
			Segel	Motor

Position:

morgens: ....

mittags: ....

abends: ....

Motor-Betriebsstunden:

ges. .... h .... min

Tag: .... h .... min

x l/h = ... l Verbrauch

Heizung + ... l Verbrauch

Gas.-Verbr. l

Chronometer um ....

Stand: ....

Gang: ....

Bordzeit .... ± GMT

(Unterschrift)

Tagesweg		
Vortrag		
Summe		
Gesamt		
Etmal		
Ø kn		

In Seewetterberichten des Deutschen Wetterdienstes verwendete geographische Begriffe

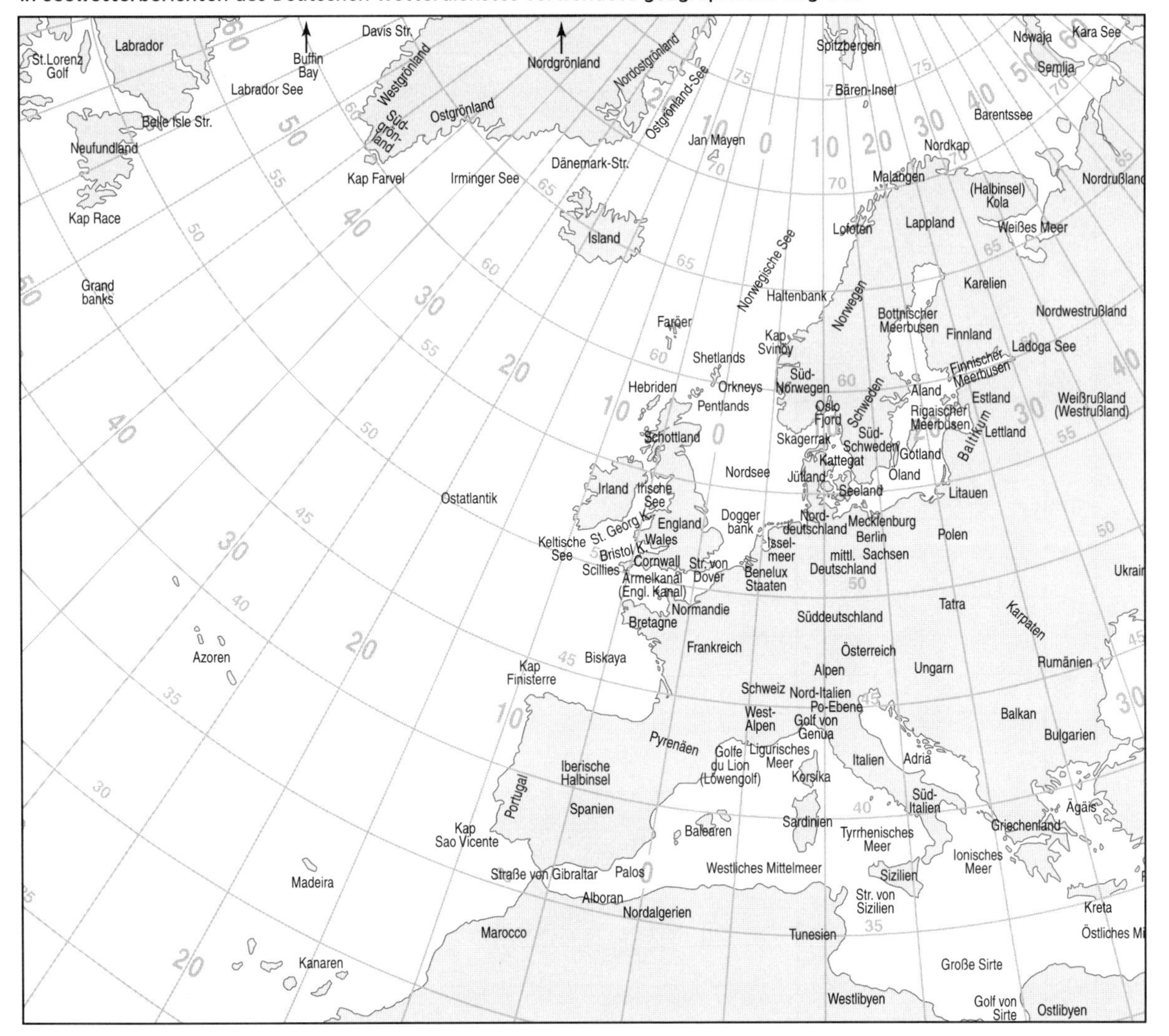

Wetterlage vom .... UTC/GZ .... Station

....

....

....

....

....

Stationsmeldung von .... UTC

	Stationen					
1	Svinoy					
2	Stavanger					
3	Aberdeen					
4	Tynemouth					
5	Hemsby					
6	Den Helder					
7	Norderney					
8	Helgoland					
9	List auf Sylt					
10	Thyboroen					
11	Skagen					
12	Fornaes					
13	Kegnaes					
14	Kiel-Holtenau					
	LT Kiel					
15	Fehmarn					
16	Arkona					
17	Bornholm					
18	Visby					
19	Utoe					
20	Riga					
21	Hel					
22	Soesteberg					
23	Manston					
24	Jersey					
25	Culdrose					
26	Belmullet					
27	Stornoway					

Stationsmeldung von .... UTC

	Vorhersage bis:	Aussichten bis: ....
N10 Deutsche Bucht		
N11 Humber/Südwest		
N12 Thames/Nordsee		
N9 Fischer		
N8 Dogger		
N4 Forties		
N2 Utsira N		
N3 Utsira S		
B14 Skagerrak		
B13 Kattegat		
B12 Belte und Sund		
B11 Westliche Ostsee		
B10 Südliche Ostsee		
Boddengewässer Ost		
B9 Südöstliche Ostsee		
B8 Zentrale Ostsee		
B7 Nördliche Ostsee		
B6 Rigaischer Meerbusen		
B5 Finnischer Meerbusen		
B4 Åland-See und Åland-Inseln		
B3 Bottensee		
B2 Norra Kvarken		
B1 Bottenwiek		
A6 Engl. Kanal, Westteil		
A5 Engl. Kanal, Ostteil		
Ijsselmeer		

Stationsmeldung von .... UTC

	R + St.	Wetter	Sicht	°C/hPa		R + St.	Wetter	Sicht	°C/hPa
Brest					Brindisi				
Bordeaux					Venedig				
La Coruna					Triest				
Gibraltar					Pula				
Almeria					Split				
Alicante					Dubrovnik				
Barcelona					Ulcinj				
Palma de Mallorca					Korfu				
Marseille					Kithira				
Nizza					Athen				
Genua					Thessaloniki				
Grosetta					Limnos				
Ajaccio					Heraklion				
Ponza					Rhodos				
Cagliari					Izmir				
Tunis					Antalya				
Messina					Istanbul				
Luqa/Malta					Larnaca				
Palermo					Las Palmas				

Station: .... UTC/GZ

Vorhersage bis .... Weitere Aussichten bis ....

M12 Kanarische Inseln		
M11 Alboran Gibraltar		
M10 Palos		
M2 Balearen		
M4 Westl. Korsika/Sardinien		
M1 Golfe du Lion		
M3 Ligurisches Meer		
M5 Tyrrhenisches Meer		
M6 Adria		
M7 Ionisches Meer		
M9 Ägäis		
M8 Biskaya		

Seite: .... Fahrt: .... Reisetag: .... Seetag: .... Dat.: .... den .... 20 .... Reiseziel: ....

Beobachtungen									
Uhrzeit	Wind		Seegang	Strom		Wetter	Luftdruck	Temp.	
	Richt.	kn		Richt.	kn		hPa	W C°	L C°
						○			
						○			
						○			
						○			
						○			
						○			
						○			
						○			
						○			
						○			

Tagesereignisse

	Wasser	Treibst.	Petr.	Gas
Bestand				
verbraucht				
nachgefüllt				
Endbestand				

Lampen
2100
0000
0300

Check	i.o.	Bemerkungen, Reparaturen, Ölwechsel, Batteriewasser etc.
Seenotausr.		
Motor		
E-Anlage		
Seeventile		
Bilge		
Rigg		
Lampen		
Sender		
Ruderanlage		
Gasanlage		

Seefunkgespräche		
Min.	Tel./Adresse	KüFu

Uhrzeit	Kurs							Fahrt	Log-stand
	Komp.	Dev.	MW	Abtr.	Strom	Ges.-Ber.	Karte	sm/h	

Segelf./Betriebsstunden/ Drehzahl	Schiffsführung: Manöver, Schiffsort, Kursmarken, Peilung	Wache	Seemeilen	
			Segel	Motor

Position:

morgens: ....

mittags: ....

abends: ....

Motor-Betriebsstunden:

ges. .... h .... min

Tag: .... h .... min

x l/h = ... l Verbrauch

Heizung + ... l Verbrauch

Gas.-Verbr. l

Chronometer um ....

Stand: ....

Gang: ....

Bordzeit .... ± GMT

(Unterschrift)

	Segel	Motor
Tagesweg		
Vortrag		
Summe		
Gesamt		
Etmal		
Ø kn		

In Seewetterberichten des Deutschen Wetterdienstes verwendete geographische Begriffe

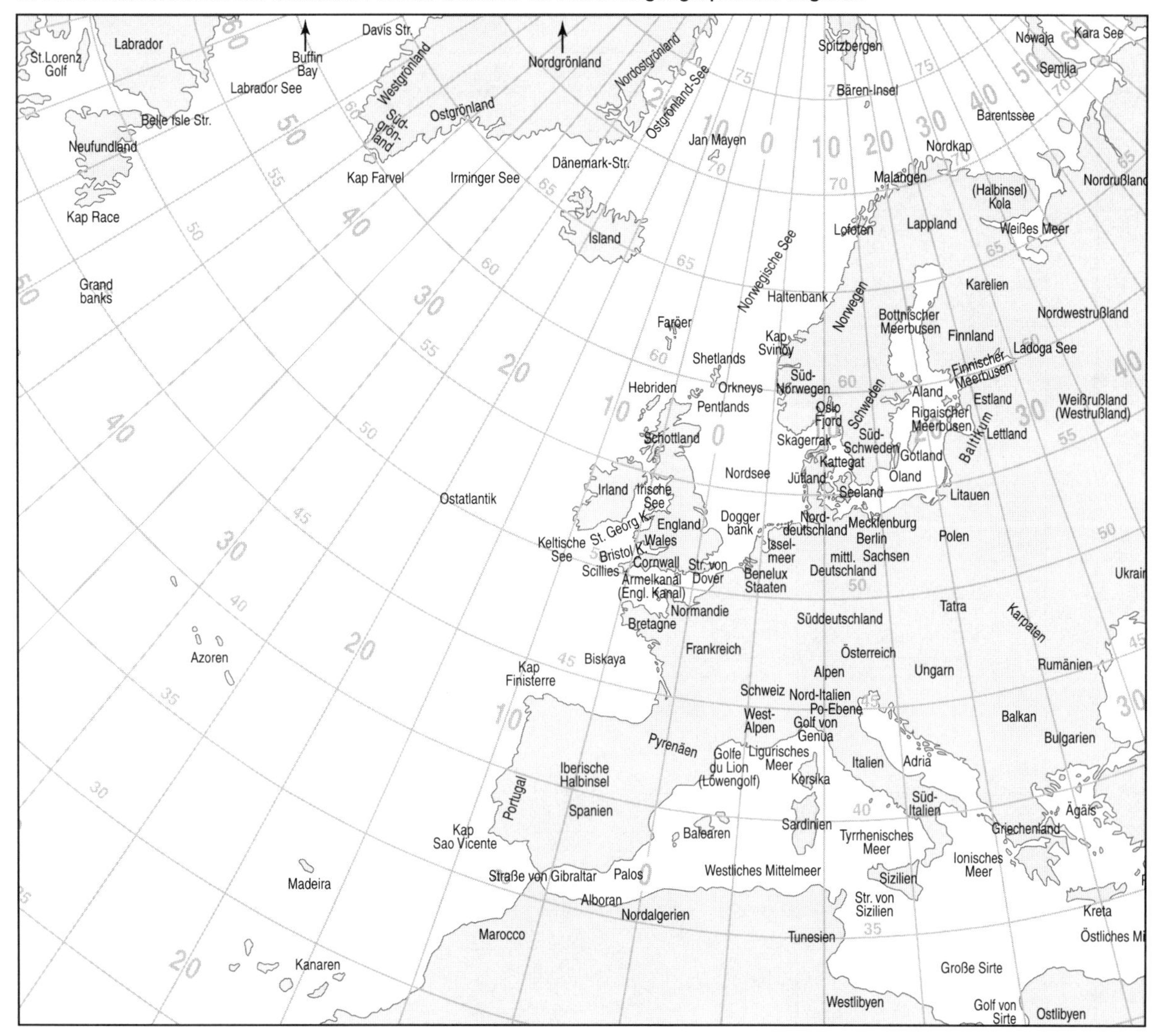

Wetterlage vom .... UTC/GZ .... Station

....

....

....

....

....

....

Stationsmeldung von .... UTC

	Stationen					
1	Svinoy					
2	Stavanger					
3	Aberdeen					
4	Tynemouth					
5	Hemsby					
6	Den Helder					
7	Norderney					
8	Helgoland					
9	List auf Sylt					
10	Thyboroen					
11	Skagen					
12	Fornaes					
13	Kegnaes					
14	Kiel-Holtenau					
	LT Kiel					
15	Fehmarn					
16	Arkona					
17	Bornholm					
18	Visby					
19	Utoe					
20	Riga					
21	Hel					
22	Soesteberg					
23	Manston					
24	Jersey					
25	Culdrose					
26	Belmullet					
27	Stornoway					

Stationsmeldung von .... UTC

	Vorhersage bis:	Aussichten bis: ....
N10 Deutsche Bucht		
N11 Humber/Südwest		
N12 Thames/Nordsee		
N9 Fischer		
N8 Dogger		
N4 Forties		
N2 Utsira N		
N3 Utsira S		
B14 Skagerrak		
B13 Kattegat		
B12 Belte und Sund		
B11 Westliche Ostsee		
B10 Südliche Ostsee		
Boddengewässer Ost		
B9 Südöstliche Ostsee		
B8 Zentrale Ostsee		
B7 Nördliche Ostsee		
B6 Rigaischer Meerbusen		
B5 Finnischer Meerbusen		
B4 Åland-See und Åland-Inseln		
B3 Bottensee		
B2 Norra Kvarken		
B1 Bottenwiek		
A6 Engl. Kanal, Westteil		
A5 Engl. Kanal, Ostteil		
Ijsselmeer		

Stationsmeldung von .... UTC

	R + St.	Wetter	Sicht	°C/hPa		R + St.	Wetter	Sicht	°C/hPa
Brest					Brindisi				
Bordeaux					Venedig				
La Coruna					Triest				
Gibraltar					Pula				
Almeria					Split				
Alicante					Dubrovnik				
Barcelona					Ulcinj				
Palma de Mallorca					Korfu				
Marseille					Kithira				
Nizza					Athen				
Genua					Thessaloniki				
Grosetta					Limnos				
Ajaccio					Heraklion				
Ponza					Rhodos				
Cagliari					Izmir				
Tunis					Antalya				
Messina					Istanbul				
Luqa/Malta					Larnaca				
Palermo					Las Palmas				

Station: .... UTC/GZ

Vorhersage bis .... Weitere Aussichten bis ....

M12 Kanarische Inseln		
M11 Alboran Gibraltar		
M10 Palos		
M2 Balearen		
M4 Westl. Korsika/Sardinien		
M1 Golfe du Lion		
M3 Ligurisches Meer		
M5 Tyrrhenisches Meer		
M6 Adria		
M7 Ionisches Meer		
M9 Ägäis		
M8 Biskaya		

Seite: .... Fahrt: .... Reisetag: .... Seetag: .... Dat.: .... den .... 20 .... Reiseziel: ....

Beobachtungen									
Uhrzeit	Wind		Seegang	Strom		Wetter	Luftdruck	Temp.	
	Richt.	kn		Richt.	kn		hPa	W C°	L C°
						○			
						○			
						○			
						○			
						○			
						○			
						○			
						○			
						○			
						○			

Tagesereignisse

	Wasser	Treibst.	Petr.	Gas
Bestand				
verbraucht				
nachgefüllt				
Endbestand				

Lampen
2100
0000
0300

Seefunkgespräche		
Min.	Tel./Adresse	KüFu

Check	i.o.	Bemerkungen, Reparaturen, Ölwechsel, Batteriewasser etc.
Seenotausr.		
Motor		
E-Anlage		
Seeventile		
Bilge		
Rigg		
Lampen		
Sender		
Ruderanlage		
Gasanlage		

Uhrzeit	Kurs							Fahrt	Log-stand
	Komp.	Dev.	MW	Abtr.	Strom	Ges.-Ber.	Karte	sm/h	

Segelf./Betriebsstunden/Drehzahl	Schiffsführung: Manöver, Schiffsort, Kursmarken, Peilung	Wache	Seemeilen	
			Segel	Motor

Position:

morgens: ....

mittags: ....

abends: ....

Motor-Betriebsstunden:

ges. .... h .... min

Tag: .... h .... min

x l/h = ... l Verbrauch

Heizung + ... l Verbrauch

Gas.-Verbr. l

Chronometer um ....

Stand: ....

Gang: ....

Bordzeit .... ± GMT

____

(Unterschrift)

	Segel	Motor
Tagesweg		
Vortrag		
Summe		
Gesamt		
Etmal		
Ø kn		

In Seewetterberichten des Deutschen Wetterdienstes verwendete geographische Begriffe

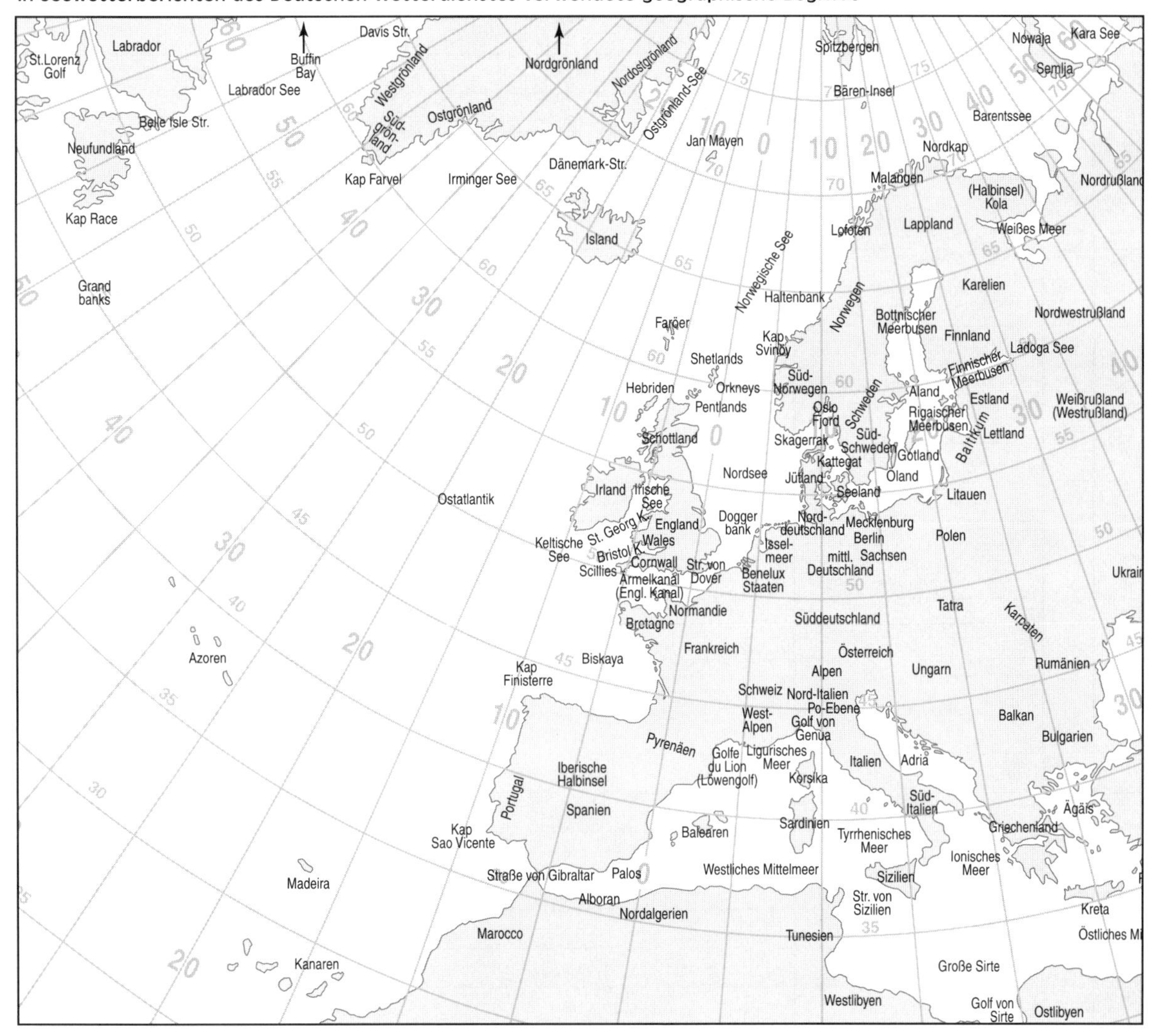

Wetterlage vom .... UTC/GZ .... Station

....

....

....

....

....

Stationsmeldung von .... UTC

	Stationen					
1	Svinoy					
2	Stavanger					
3	Aberdeen					
4	Tynemouth					
5	Hemsby					
6	Den Helder					
7	Norderney					
8	Helgoland					
9	List auf Sylt					
10	Thyboroen					
11	Skagen					
12	Fornaes					
13	Kegnaes					
14	Kiel-Holtenau					
	LT Kiel					
15	Fehmarn					
16	Arkona					
17	Bornholm					
18	Visby					
19	Utoe					
20	Riga					
21	Hel					
22	Soesteberg					
23	Manston					
24	Jersey					
25	Culdrose					
26	Belmullet					
27	Stornoway					

Stationsmeldung von .... UTC

	Vorhersage bis:	Aussichten bis: ....
N10 Deutsche Bucht		
N11 Humber/Südwest		
N12 Thames/Nordsee		
N9 Fischer		
N8 Dogger		
N4 Forties		
N2 Utsira N		
N3 Utsira S		
B14 Skagerrak		
B13 Kattegat		
B12 Belte und Sund		
B11 Westliche Ostsee		
B10 Südliche Ostsee		
Boddengewässer Ost		
B9 Südöstliche Ostsee		
B8 Zentrale Ostsee		
B7 Nördliche Ostsee		
B6 Rigaischer Meerbusen		
B5 Finnischer Meerbusen		
B4 Åland-See und Åland-Inseln		
B3 Bottensee		
B2 Norra Kvarken		
B1 Bottenwiek		
A6 Engl. Kanal, Westteil		
A5 Engl. Kanal, Ostteil		
Ijsselmeer		

Stationsmeldung von .... UTC

	R + St.	Wetter	Sicht	°C/hPa		R + St.	Wetter	Sicht	°C/hPa
Brest					Brindisi				
Bordeaux					Venedig				
La Coruna					Triest				
Gibraltar					Pula				
Almeria					Split				
Alicante					Dubrovnik				
Barcelona					Ulcinj				
Palma de Mallorca					Korfu				
Marseille					Kithira				
Nizza					Athen				
Genua					Thessaloniki				
Grosetta					Limnos				
Ajaccio					Heraklion				
Ponza					Rhodos				
Cagliari					Izmir				
Tunis					Antalya				
Messina					Istanbul				
Luqa/Malta					Larnaca				
Palermo					Las Palmas				

Station: .... **UTC/GZ**

Vorhersage bis .... Weitere Aussichten bis ....

M12 Kanarische Inseln		
M11 Alboran Gibraltar		
M10 Palos		
M2 Balearen		
M4 Westl. Korsika/Sardinien		
M1 Golfe du Lion		
M3 Ligurisches Meer		
M5 Tyrrhenisches Meer		
M6 Adria		
M7 Ionisches Meer		
M9 Ägäis		
M8 Biskaya		

Seite: .... Fahrt: .... Reisetag: .... Seetag: .... Dat.: .... den .... 20 .... Reiseziel: ....

Beobachtungen									
Uhrzeit	Wind		Seegang	Strom		Wetter	Luftdruck	Temp.	
	Richt.	kn		Richt.	kn		hPa	W C°	L C°
						○			
						○			
						○			
						○			
						○			
						○			
						○			
						○			
						○			
						○			

Tagesereignisse

	Wasser	Treibst.	Petr.	Gas
Bestand				
verbraucht				
nachgefüllt				
Endbestand				

Lampen
2100
0000
0300

Seefunkgespräche		
Min.	Tel./Adresse	KüFu

Check	i.o.	Bemerkungen, Reparaturen, Ölwechsel, Batteriewasser etc.
Seenotausr.		
Motor		
E-Anlage		
Seeventile		
Bilge		
Rigg		
Lampen		
Sender		
Ruderanlage		
Gasanlage		

Uhrzeit	Kurs							Fahrt	Log-stand
	Komp.	Dev.	MW	Abtr.	Strom	Ges.-Ber.	Karte	sm/h	

Segelf./Betriebsstunden/ Drehzahl	Schiffsführung: Manöver, Schiffsort, Kursmarken, Peilung	Wache	Seemeilen	
			Segel	Motor

Position:

morgens: ....

mittags: ....

abends: ....

Motor-Betriebsstunden:

ges. .... h .... min

Tag: .... h .... min

x l/h = ... l Verbrauch

Heizung + ... l Verbrauch

Gas.-Verbr. l

Chronometer um ....

Stand: ....

Gang: ....

Bordzeit .... ± GMT

(Unterschrift)

Tagesweg		
Vortrag		
Summe		
Gesamt		
Etmal		
Ø kn		

In Seewetterberichten des Deutschen Wetterdienstes verwendete geographische Begriffe

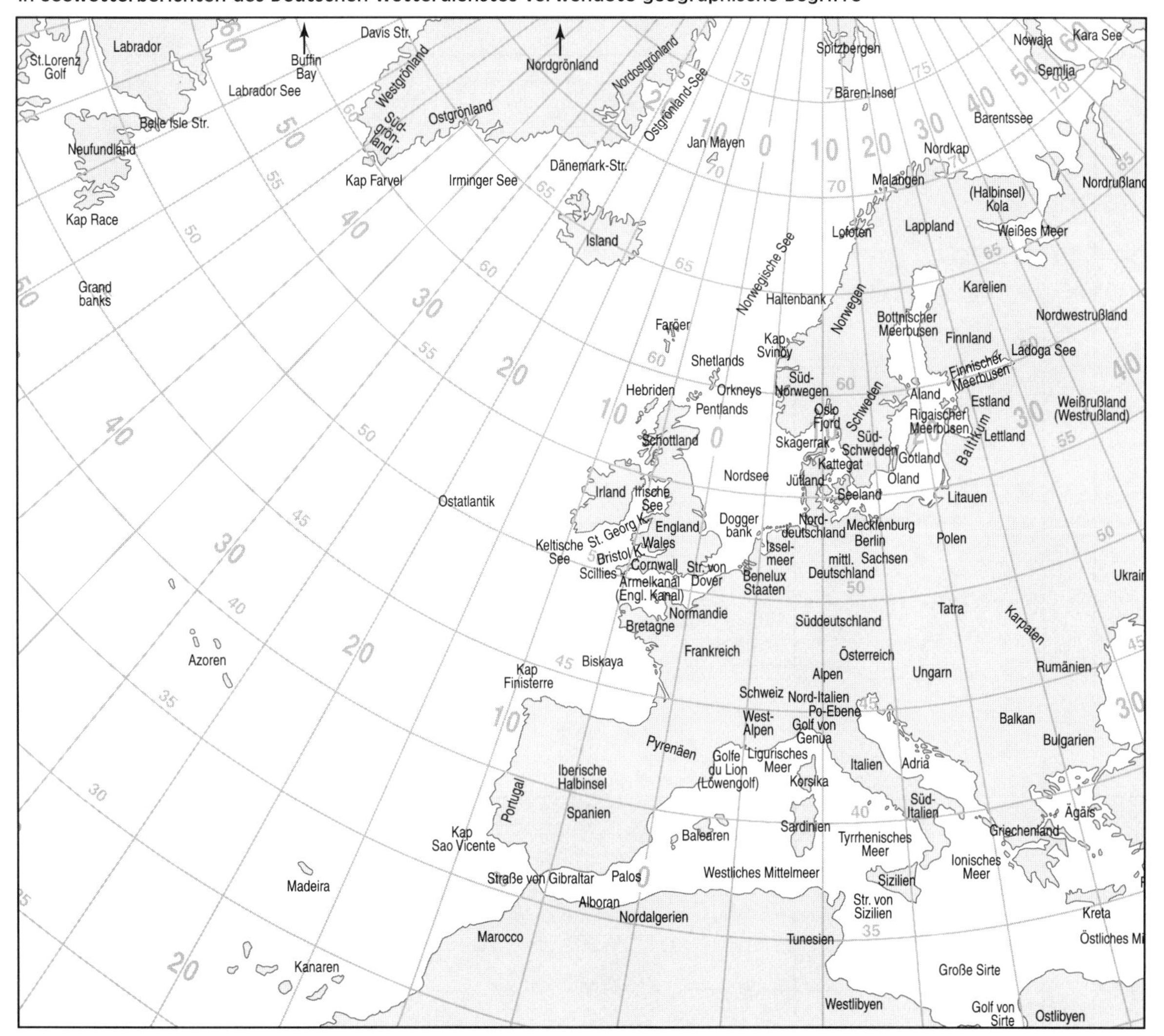

Wetterlage vom .... UTC/GZ .... Station

....

....

....

....

....

....

Stationsmeldung von .... UTC

	Stationen					
1	Svinoy					
2	Stavanger					
3	Aberdeen					
4	Tynemouth					
5	Hemsby					
6	Den Helder					
7	Norderney					
8	Helgoland					
9	List auf Sylt					
10	Thyboroen					
11	Skagen					
12	Fornaes					
13	Kegnaes					
14	Kiel-Holtenau					
	LT Kiel					
15	Fehmarn					
16	Arkona					
17	Bornholm					
18	Visby					
19	Utoe					
20	Riga					
21	Hel					
22	Soesteberg					
23	Manston					
24	Jersey					
25	Culdrose					
26	Belmullet					
27	Stornoway					

Stationsmeldung von .... UTC

	Vorhersage bis:	Aussichten bis: ....
N10 Deutsche Bucht		
N11 Humber/Südwest		
N12 Thames/Nordsee		
N9 Fischer		
N8 Dogger		
N4 Forties		
N2 Utsira N		
N3 Utsira S		
B14 Skagerrak		
B13 Kattegat		
B12 Belte und Sund		
B11 Westliche Ostsee		
B10 Südliche Ostsee		
Boddengewässer Ost		
B9 Südöstliche Ostsee		
B8 Zentrale Ostsee		
B7 Nördliche Ostsee		
B6 Rigaischer Meerbusen		
B5 Finnischer Meerbusen		
B4 Åland-See und Åland-Inseln		
B3 Bottensee		
B2 Norra Kvarken		
B1 Bottenwiek		
A6 Engl. Kanal, Westteil		
A5 Engl. Kanal, Ostteil		
Ijsselmeer		

Stationsmeldung von .... UTC

	R + St.	Wetter	Sicht	°C/hPa		R + St.	Wetter	Sicht	°C/hPa
Brest					Brindisi				
Bordeaux					Venedig				
La Coruna					Triest				
Gibraltar					Pula				
Almeria					Split				
Alicante					Dubrovnik				
Barcelona					Ulcinj				
Palma de Mallorca					Korfu				
Marseille					Kithira				
Nizza					Athen				
Genua					Thessaloniki				
Grosetta					Limnos				
Ajaccio					Heraklion				
Ponza					Rhodos				
Cagliari					Izmir				
Tunis					Antalya				
Messina					Istanbul				
Luqa/Malta					Larnaca				
Palermo					Las Palmas				

Station: .... UTC/GZ

Vorhersage bis .... Weitere Aussichten bis ....

M12 Kanarische Inseln		
M11 Alboran Gibraltar		
M10 Palos		
M2 Balearen		
M4 Westl. Korsika/Sardinien		
M1 Golfe du Lion		
M3 Ligurisches Meer		
M5 Tyrrhenisches Meer		
M6 Adria		
M7 Ionisches Meer		
M9 Ägäis		
M8 Biskaya		

Seite: .... Fahrt: .... Reisetag: .... Seetag: .... Dat.: .... den .... 20 .... Reiseziel: ....

Beobachtungen									
Uhrzeit	Wind		Seegang	Strom		Wetter	Luftdruck	Temp.	
	Richt.	kn		Richt.	kn		hPa	W C°	L C°

Tagesereignisse

	Wasser	Treibst.	Petr.	Gas
Bestand				
verbraucht				
nachgefüllt				
Endbestand				

Lampen
2100
0000
0300

Seefunkgespräche		
Min.	Tel./Adresse	KüFu

Check	i.o.	Bemerkungen, Reparaturen, Ölwechsel, Batteriewasser etc.
Seenotausr.		
Motor		
E-Anlage		
Seeventile		
Bilge		
Rigg		
Lampen		
Sender		
Ruderanlage		
Gasanlage		

Uhrzeit	Kurs							Fahrt	Log-stand
	Komp.	Dev.	MW	Abtr.	Strom	Ges.-Ber.	Karte	sm/h	

Segelf./Betriebsstunden/ Drehzahl	Schiffsführung: Manöver, Schiffsort, Kursmarken, Peilung	Wache	Seemeilen	
			Segel	Motor

Position:

morgens: ....

mittags: ....

abends: ....

Motor-Betriebsstunden:

ges. .... h .... min

Tag: .... h .... min

x l/h = ... l Verbrauch

Heizung + ... l Verbrauch

Gas.-Verbr. l

Chronometer um ....

Stand: ....

Gang: ....

Bordzeit .... ± GMT

(Unterschrift)

Tagesweg		
Vortrag		
Summe		
Gesamt		
Etmal		
Ø kn		

In Seewetterberichten des Deutschen Wetterdienstes verwendete geographische Begriffe

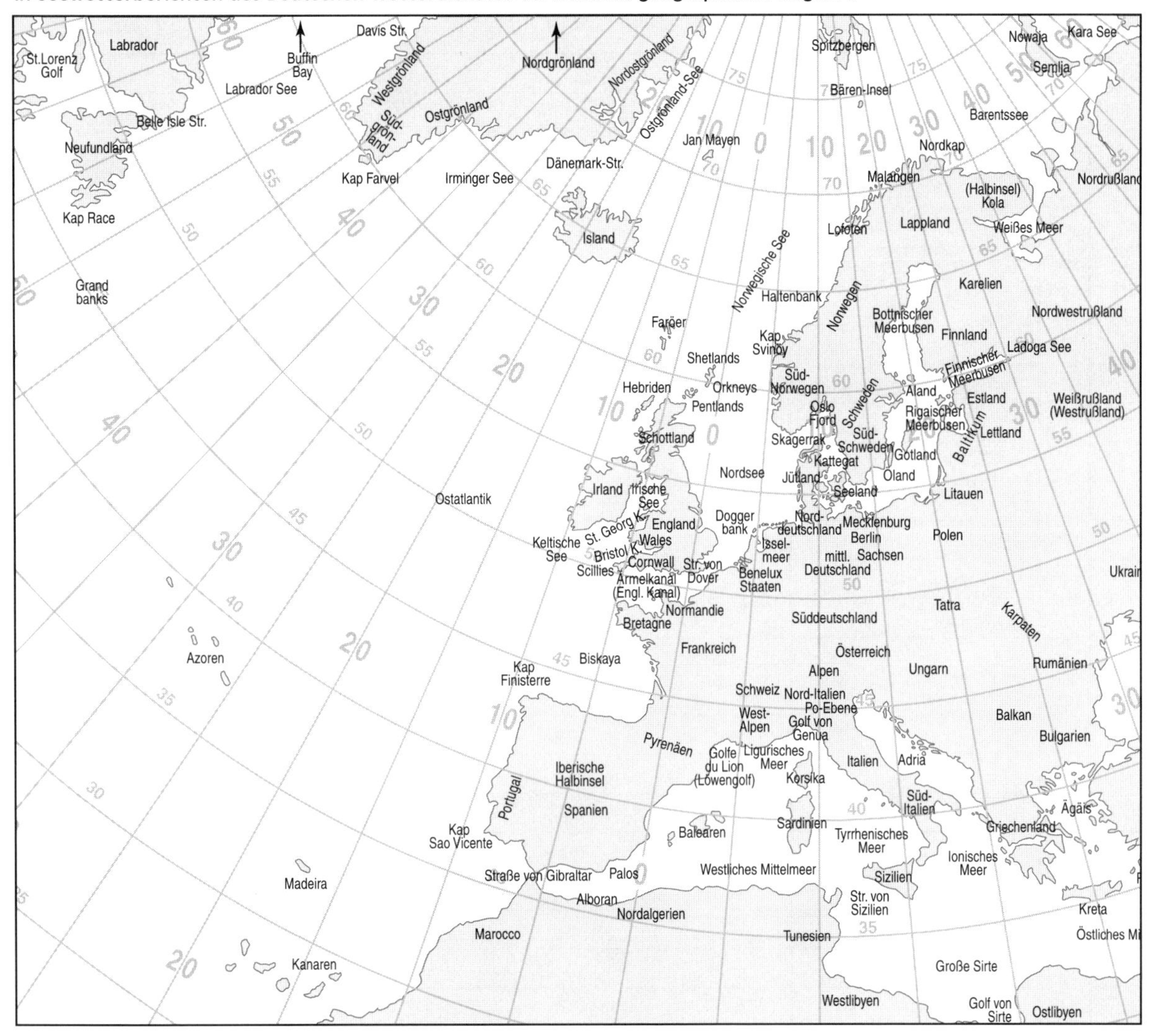

Wetterlage vom .... UTC/GZ .... Station

....

....

....

....

....

....

Stationsmeldung von .... UTC

	Stationen					
1	Svinoy					
2	Stavanger					
3	Aberdeen					
4	Tynemouth					
5	Hemsby					
6	Den Helder					
7	Norderney					
8	Helgoland					
9	List auf Sylt					
10	Thyboroen					
11	Skagen					
12	Fornaes					
13	Kegnaes					
14	Kiel-Holtenau					
	LT Kiel					
15	Fehmarn					
16	Arkona					
17	Bornholm					
18	Visby					
19	Utoe					
20	Riga					
21	Hel					
22	Soesteberg					
23	Manston					
24	Jersey					
25	Culdrose					
26	Belmullet					
27	Stornoway					

Stationsmeldung von .... **UTC**

	Vorhersage bis:	Aussichten bis: ....
N10 Deutsche Bucht		
N11 Humber/Südwest		
N12 Thames/Nordsee		
N9 Fischer		
N8 Dogger		
N4 Forties		
N2 Utsira N		
N3 Utsira S		
B14 Skagerrak		
B13 Kattegat		
B12 Belte und Sund		
B11 Westliche Ostsee		
B10 Südliche Ostsee		
Boddengewässer Ost		
B9 Südöstliche Ostsee		
B8 Zentrale Ostsee		
B7 Nördliche Ostsee		
B6 Rigaischer Meerbusen		
B5 Finnischer Meerbusen		
B4 Åland-See und Åland-Inseln		
B3 Bottensee		
B2 Norra Kvarken		
B1 Bottenwiek		
A6 Engl. Kanal, Westteil		
A5 Engl. Kanal, Ostteil		
Ijsselmeer		

Stationsmeldung von .... **UTC**

	R + St.	Wetter	Sicht	°C/hPa		R + St.	Wetter	Sicht	°C/hPa
Brest					Brindisi				
Bordeaux					Venedig				
La Coruna					Triest				
Gibraltar					Pula				
Almeria					Split				
Alicante					Dubrovnik				
Barcelona					Ulcinj				
Palma de Mallorca					Korfu				
Marseille					Kithira				
Nizza					Athen				
Genua					Thessaloniki				
Grosetta					Limnos				
Ajaccio					Heraklion				
Ponza					Rhodos				
Cagliari					Izmir				
Tunis					Antalya				
Messina					Istanbul				
Luqa/Malta					Larnaca				
Palermo					Las Palmas				

Station: .... **UTC/GZ**

Vorhersage bis .... Weitere Aussichten bis ....

M12 Kanarische Inseln		
M11 Alboran Gibraltar		
M10 Palos		
M2 Balearen		
M4 Westl. Korsika/Sardinien		
M1 Golfe du Lion		
M3 Ligurisches Meer		
M5 Tyrrhenisches Meer		
M6 Adria		
M7 Ionisches Meer		
M9 Ägäis		
M8 Biskaya		

Seite: .... Fahrt: .... Reisetag: .... Seetag: .... Dat.: .... den .... 20 .... Reiseziel: ....

Beobachtungen

Uhrzeit	Wind		Seegang	Strom		Wetter	Luftdruck	Temp.	
	Richt.	kn		Richt.	kn		hPa	W C°	L C°
						◯			
						◯			
						◯			
						◯			
						◯			
						◯			
						◯			
						◯			
						◯			
						◯			

Tagesereignisse

	Wasser	Treibst.	Petr.	Gas
Bestand				
verbraucht				
nachgefüllt				
Endbestand				

Lampen
2100
0000
0300

Seefunkgespräche		
Min.	Tel./Adresse	KüFu

Check	i.o.	Bemerkungen, Reparaturen, Ölwechsel, Batteriewasser etc.
Seenotausr.		
Motor		
E-Anlage		
Seeventile		
Bilge		
Rigg		
Lampen		
Sender		
Ruderanlage		
Gasanlage		

Uhrzeit	Kurs							Fahrt	Log-stand
	Komp.	Dev.	MW	Abtr.	Strom	Ges.-Ber.	Karte	sm/h	

Segelf./Betriebsstunden/ Drehzahl	Schiffsführung: Manöver, Schiffsort, Kursmarken, Peilung	Wache	Seemeilen	
			Segel	Motor

Position:

morgens: ....

mittags: ....

abends: ....

Motor-Betriebsstunden:

ges. .... h .... min

Tag: .... h .... min

x l/h = ... l Verbrauch

Heizung + ... l Verbrauch

Gas.-Verbr. l

Chronometer um ....

Stand: ....

Gang: ....

Bordzeit .... ± GMT

(Unterschrift)

Tagesweg		
Vortrag		
Summe		
Gesamt		
Etmal		
Ø kn		

In Seewetterberichten des Deutschen Wetterdienstes verwendete geographische Begriffe

Wetterlage vom .... **UTC/GZ** .... **Station**

....

....

....

....

....

....

Stationsmeldung von .... UTC

	Stationen					
1	Svinoy					
2	Stavanger					
3	Aberdeen					
4	Tynemouth					
5	Hemsby					
6	Den Helder					
7	Norderney					
8	Helgoland					
9	List auf Sylt					
10	Thyboroen					
11	Skagen					
12	Fornaes					
13	Kegnaes					
14	Kiel-Holtenau					
	LT Kiel					
15	Fehmarn					
16	Arkona					
17	Bornholm					
18	Visby					
19	Utoe					
20	Riga					
21	Hel					
22	Soesteberg					
23	Manston					
24	Jersey					
25	Culdrose					
26	Belmullet					
27	Stornoway					

Stationsmeldung von .... UTC

	Vorhersage bis:	Aussichten bis: ....
N10 Deutsche Bucht		
N11 Humber/Südwest		
N12 Thames/Nordsee		
N9 Fischer		
N8 Dogger		
N4 Forties		
N2 Utsira N		
N3 Utsira S		
B14 Skagerrak		
B13 Kattegat		
B12 Belte und Sund		
B11 Westliche Ostsee		
B10 Südliche Ostsee		
Boddengewässer Ost		
B9 Südöstliche Ostsee		
B8 Zentrale Ostsee		
B7 Nördliche Ostsee		
B6 Rigaischer Meerbusen		
B5 Finnischer Meerbusen		
B4 Åland-See und Åland-Inseln		
B3 Bottensee		
B2 Norra Kvarken		
B1 Bottenwiek		
A6 Engl. Kanal, Westteil		
A5 Engl. Kanal, Ostteil		
Ijsselmeer		

Stationsmeldung von .... UTC

	R + St.	Wetter	Sicht	°C/hPa		R + St.	Wetter	Sicht	°C/hPa
Brest					Brindisi				
Bordeaux					Venedig				
La Coruna					Triest				
Gibraltar					Pula				
Almeria					Split				
Alicante					Dubrovnik				
Barcelona					Ulcinj				
Palma de Mallorca					Korfu				
Marseille					Kithira				
Nizza					Athen				
Genua					Thessaloniki				
Grosetta					Limnos				
Ajaccio					Heraklion				
Ponza					Rhodos				
Cagliari					Izmir				
Tunis					Antalya				
Messina					Istanbul				
Luqa/Malta					Larnaca				
Palermo					Las Palmas				

Station: .... UTC/GZ

Vorhersage bis .... Weitere Aussichten bis ....

M12 Kanarische Inseln		
M11 Alboran Gibraltar		
M10 Palos		
M2 Balearen		
M4 Westl. Korsika/Sardinien		
M1 Golfe du Lion		
M3 Ligurisches Meer		
M5 Tyrrhenisches Meer		
M6 Adria		
M7 Ionisches Meer		
M9 Ägäis		
M8 Biskaya		

Seite: .... Fahrt: .... Reisetag: .... Seetag: .... Dat.: .... den .... 20 .... Reiseziel: ....

Beobachtungen									
Uhrzeit	Wind		Seegang	Strom		Wetter	Luftdruck	Temp.	
	Richt.	kn		Richt.	kn		hPa	W C°	L C°
						○			
						○			
						○			
						○			
						○			
						○			
						○			
						○			
						○			
						○			

Tagesereignisse

	Wasser	Treibst.	Petr.	Gas
Bestand				
verbraucht				
nachgefüllt				
Endbestand				

Lampen
2100
0000
0300

Seefunkgespräche		
Min.	Tel./Adresse	KüFu

Check	i.o.	Bemerkungen, Reparaturen, Ölwechsel, Batteriewasser etc.
Seenotausr.		
Motor		
E-Anlage		
Seeventile		
Bilge		
Rigg		
Lampen		
Sender		
Ruderanlage		
Gasanlage		

Uhrzeit	Kurs							Fahrt	Log-stand
	Komp.	Dev.	MW	Abtr.	Strom	Ges.-Ber.	Karte	sm/h	

Segelf./Betriebsstunden/Drehzahl	Schiffsführung: Manöver, Schiffsort, Kursmarken, Peilung	Wache	Seemeilen	
			Segel	Motor

Position:

morgens: ...

mittags: ...

abends: ...

Motor-Betriebsstunden:

ges. ... h ... min

Tag: ... h ... min

x l/h = ... l Verbrauch

Heizung + ... l Verbrauch

Gas.-Verbr. ... l

Chronometer um ...

Stand: ...

Gang: ...

Bordzeit ... ± GMT

(Unterschrift)

Tagesweg		
Vortrag		
Summe		
Gesamt		
Etmal		
Ø kn		

In Seewetterberichten des Deutschen Wetterdienstes verwendete geographische Begriffe

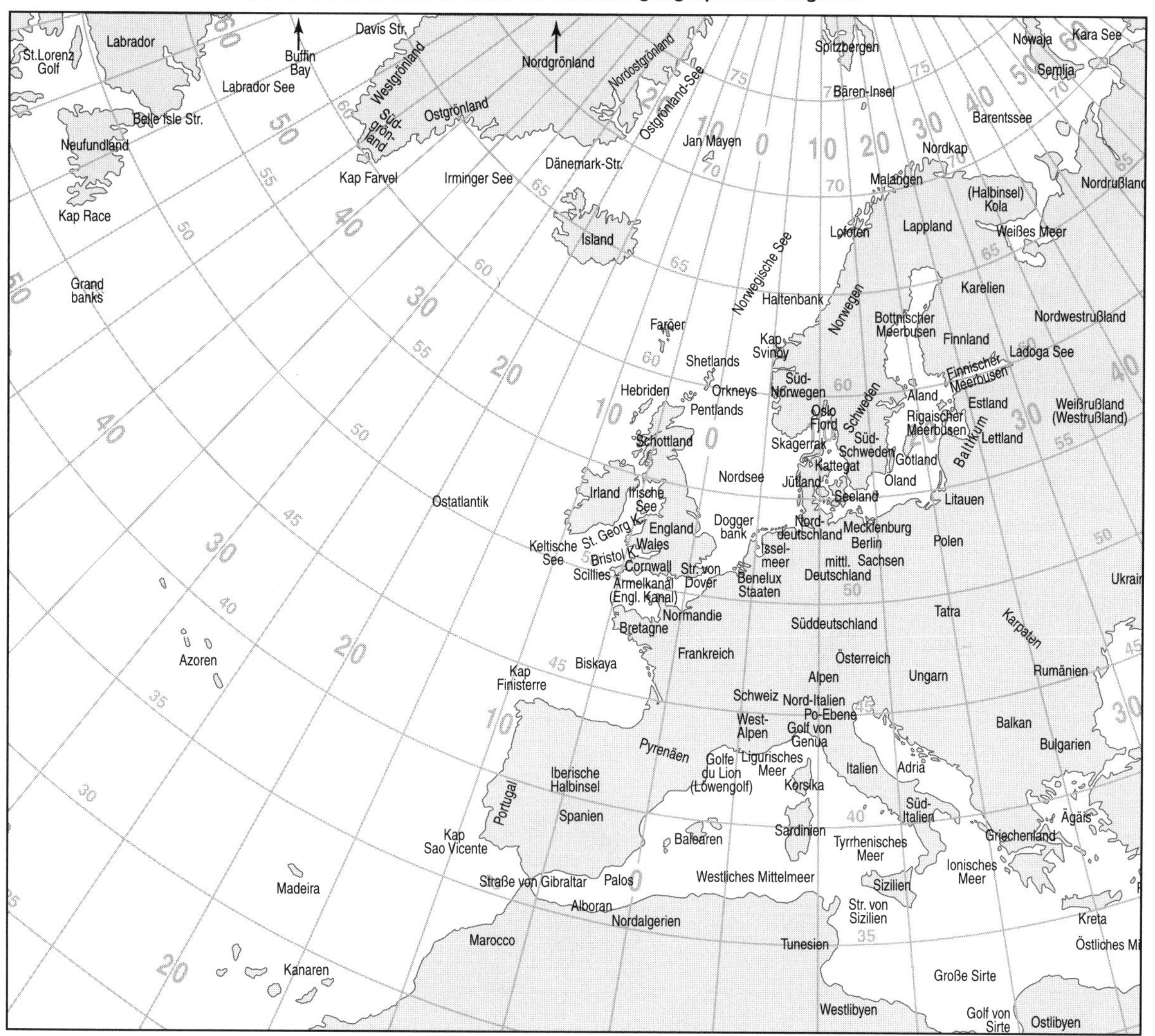

Stationsmeldung von .... UTC

	Stationen					
1	Svinoy					
2	Stavanger					
3	Aberdeen					
4	Tynemouth					
5	Hemsby					
6	Den Helder					
7	Norderney					
8	Helgoland					
9	List auf Sylt					
10	Thyboroen					
11	Skagen					
12	Fornaes					
13	Kegnaes					
14	Kiel-Holtenau					
	LT Kiel					
15	Fehmarn					
16	Arkona					
17	Bornholm					
18	Visby					
19	Utoe					
20	Riga					
21	Hel					
22	Soesteberg					
23	Manston					
24	Jersey					
25	Culdrose					
26	Belmullet					
27	Stornoway					

Wetterlage vom .... UTC/GZ .... Station

....

....

....

....

....

....

Stationsmeldung von .... UTC

	Vorhersage bis:	Aussichten bis: ....
N10 Deutsche Bucht		
N11 Humber/Südwest		
N12 Thames/Nordsee		
N9 Fischer		
N8 Dogger		
N4 Forties		
N2 Utsira N		
N3 Utsira S		
B14 Skagerrak		
B13 Kattegat		
B12 Belte und Sund		
B11 Westliche Ostsee		
B10 Südliche Ostsee		
Boddengewässer Ost		
B9 Südöstliche Ostsee		
B8 Zentrale Ostsee		
B7 Nördliche Ostsee		
B6 Rigaischer Meerbusen		
B5 Finnischer Meerbusen		
B4 Åland-See und Åland-Inseln		
B3 Bottensee		
B2 Norra Kvarken		
B1 Bottenwiek		
A6 Engl. Kanal, Westteil		
A5 Engl. Kanal, Ostteil		
Ijsselmeer		

Stationsmeldung von .... UTC

	R + St.	Wetter	Sicht	°C/hPa		R + St.	Wetter	Sicht	°C/hPa
Brest					Brindisi				
Bordeaux					Venedig				
La Coruna					Triest				
Gibraltar					Pula				
Almeria					Split				
Alicante					Dubrovnik				
Barcelona					Ulcinj				
Palma de Mallorca					Korfu				
Marseille					Kithira				
Nizza					Athen				
Genua					Thessaloniki				
Grosetta					Limnos				
Ajaccio					Heraklion				
Ponza					Rhodos				
Cagliari					Izmir				
Tunis					Antalya				
Messina					Istanbul				
Luqa/Malta					Larnaca				
Palermo					Las Palmas				

Station: .... UTC/GZ

Vorhersage bis .... Weitere Aussichten bis ....

M12 Kanarische Inseln		
M11 Alboran Gibraltar		
M10 Palos		
M2 Balearen		
M4 Westl. Korsika/Sardinien		
M1 Golfe du Lion		
M3 Ligurisches Meer		
M5 Tyrrhenisches Meer		
M6 Adria		
M7 Ionisches Meer		
M9 Ägäis		
M8 Biskaya		

Seite: .... Fahrt: .... Reisetag: .... Seetag: .... Dat.: .... den .... 20 .... Reiseziel: ....

Beobachtungen									
Uhrzeit	Wind		Seegang	Strom		Wetter	Luftdruck	Temp.	
	Richt.	kn		Richt.	kn		hPa	W C°	L C°
						○			
						○			
						○			
						○			
						○			
						○			
						○			
						○			
						○			
						○			

Tagesereignisse

	Wasser	Treibst.	Petr.	Gas
Bestand				
verbraucht				
nachgefüllt				
Endbestand				

Lampen
2100
0000
0300

Seefunkgespräche		
Min.	Tel./Adresse	KüFu

Check	i.o.	Bemerkungen, Reparaturen, Ölwechsel, Batteriewasser etc.
Seenotausr.		
Motor		
E-Anlage		
Seeventile		
Bilge		
Rigg		
Lampen		
Sender		
Ruderanlage		
Gasanlage		

Uhrzeit	Kurs							Fahrt	Log-stand
	Komp.	Dev.	MW	Abtr.	Strom	Ges.-Ber.	Karte	sm/h	

Segelf./Betriebsstunden/ Drehzahl	Schiffsführung: Manöver, Schiffsort, Kursmarken, Peilung	Wache	Seemeilen	
			Segel	Motor

Position:

morgens: ....

mittags: ....

abends: ....

Motor-Betriebsstunden:

ges. .... h .... min

Tag: .... h .... min

x l/h = ... l Verbrauch

Heizung + ... l Verbrauch

Gas.-Verbr. l

Chronometer um ....

Stand: ....

Gang: ....

Bordzeit .... ± GMT

(Unterschrift)

Tagesweg		
Vortrag		
Summe		
Gesamt		
Etmal		
Ø kn		

In Seewetterberichten des Deutschen Wetterdienstes verwendete geographische Begriffe

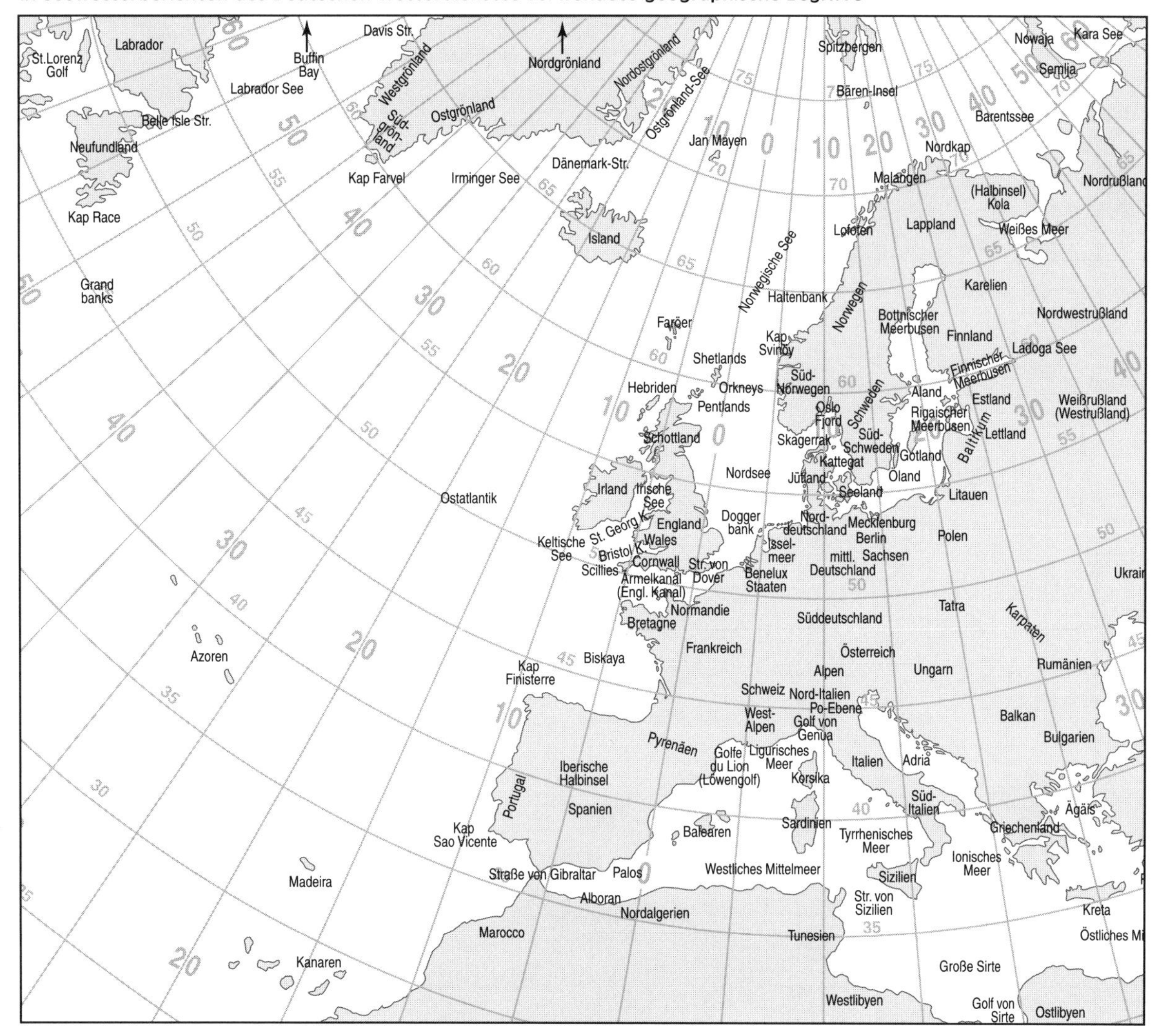

Wetterlage vom .... UTC/GZ .... Station

....

....

....

....

....

....

Stationsmeldung von .... UTC

	Stationen					
1	Svinoy					
2	Stavanger					
3	Aberdeen					
4	Tynemouth					
5	Hemsby					
6	Den Helder					
7	Norderney					
8	Helgoland					
9	List auf Sylt					
10	Thyboroen					
11	Skagen					
12	Fornaes					
13	Kegnaes					
14	Kiel-Holtenau					
	LT Kiel					
15	Fehmarn					
16	Arkona					
17	Bornholm					
18	Visby					
19	Utoe					
20	Riga					
21	Hel					
22	Soesteberg					
23	Manston					
24	Jersey					
25	Culdrose					
26	Belmullet					
27	Stornoway					

Stationsmeldung von .... UTC

	Vorhersage bis:	Aussichten bis: ....
N10 Deutsche Bucht		
N11 Humber/Südwest		
N12 Thames/Nordsee		
N9 Fischer		
N8 Dogger		
N4 Forties		
N2 Utsira N		
N3 Utsira S		
B14 Skagerrak		
B13 Kattegat		
B12 Belte und Sund		
B11 Westliche Ostsee		
B10 Südliche Ostsee		
Boddengewässer Ost		
B9 Südöstliche Ostsee		
B8 Zentrale Ostsee		
B7 Nördliche Ostsee		
B6 Rigaischer Meerbusen		
B5 Finnischer Meerbusen		
B4 Åland-See und Åland-Inseln		
B3 Bottensee		
B2 Norra Kvarken		
B1 Bottenwiek		
A6 Engl. Kanal, Westteil		
A5 Engl. Kanal, Ostteil		
Ijsselmeer		

Stationsmeldung von .... UTC

	R + St.	Wetter	Sicht	°C/hPa		R + St.	Wetter	Sicht	°C/hPa
Brest					Brindisi				
Bordeaux					Venedig				
La Coruna					Triest				
Gibraltar					Pula				
Almeria					Split				
Alicante					Dubrovnik				
Barcelona					Ulcinj				
Palma de Mallorca					Korfu				
Marseille					Kithira				
Nizza					Athen				
Genua					Thessaloniki				
Grosetta					Limnos				
Ajaccio					Heraklion				
Ponza					Rhodos				
Cagliari					Izmir				
Tunis					Antalya				
Messina					Istanbul				
Luqa/Malta					Larnaca				
Palermo					Las Palmas				

Station: .... UTC/GZ

Vorhersage bis .... Weitere Aussichten bis ....

M12 Kanarische Inseln		
M11 Alboran Gibraltar		
M10 Palos		
M2 Balearen		
M4 Westl. Korsika/Sardinien		
M1 Golfe du Lion		
M3 Ligurisches Meer		
M5 Tyrrhenisches Meer		
M6 Adria		
M7 Ionisches Meer		
M9 Ägäis		
M8 Biskaya		

Yachtgebräuche

Allgemeines:
Flaggen und Stander müssen in einwandfreiem Zustand sein. Alle Flaggen am Flaggenstock und unter der Saling müssen bis dicht an den Flaggenknopf bzw. bis dicht unter die Saling vorgeheißt sein. Flaggleinen dürfen keine Lose haben. Außer den nachstehend aufgeführten Flaggen und Standern sollen keine anderen Flaggen und Stander ständig gefahren werden.
Auf See sollen grundsätzlich keine Flaggen unter der Saling gefahren werden, um eine Verwechselung mit Flaggensignalen zu vermeiden.
Flaggen sollen bei einem Seitenverhältnis 6:10 eine der Yacht angemessene Größe haben.

Bundesflagge
Jede deutsche zur Seefahrt bestimmte Yacht (§ 1 Abs. 1 Flaggenrechtsgesetz) muss auf den Seeschifffahrtsstraßen, in Küstengewässern, auf See und im Ausland die Nationalflagge führen. Die Nationalflagge ist eine Bundesflagge.
Das Führen anderer Flaggen an Stelle der Bundesflagge, z. B. der Europaflagge, ist verboten.

Im Hafen, vor Anker und in Fahrt wird die Flagge am Flaggenstock, möglichst in der Mitte des Hecks, gesetzt. Der Flaggenstock soll etwa 40 Grad nach achtern geneigt sein, damit die Flagge auch bei Windstille klarfällt und erkennbar ist. Am Flaggenstock darf nur die Nationalflagge gefahren werden. Unter Segel kann die Flagge auch an der Gaffel an einer Flaggenleine gefahren werden.
Auf einem mehrmastigen Fahrzeug wird die Flagge in Fahrt im Topp des hinteren Mastes gefahren, im Hafen oder vor Anker wird sie als Heckflagge gesetzt. Die Hafenflagge kann größer sein als die Seeflagge. Die Nationalflagge sollte nicht am Achterstag gefahren werden.

Bei Charterbooten im Ausland dürfen Charterer deutscher Staatsangehörigkeit im Ausnahmefall die Nationalflagge an Stelle der KA- bzw. DSV-Flagge unter der Backbordsaling fahren, wenn im Gastland üblich oder gefordert.

Flagge der Kreuzer-Abteilung des DSV
Die Flagge der Kreuzer-Abteilung des DSV weht an Bord nur am Tage und nur in Verbindung mit der Bundesflagge. Sie wird im Hafen, vor Anker und beim Anlaufen eines Hafens unter der Steuerbordsaling gesetzt, im Ausland dagegen unter der Backbordsaling.
Stützpunkte der Kreuzer-Abteilung setzen die Flaggen am Flaggenmast bzw. bei den Liegeplätzen.

Flagge des Deutschen Segler-Verbandes
Die Flagge des Deutschen Segler-Verbandes zeigt auf weißem Grund ein schwarzes umrandetes Diagonalkreuz mit der Kompassrose des DSV. An Masten der DSV-Vereine kann die Verbandsflagge und ggf. – an einer anderen Flaggenleine – die Flagge der Kreuzer-Abteilung unter der Rah, sonst an einfachen – getrennten – Flaggenmasten gesetzt werden. Die Flagge der KA kann nur von Vereinen gesetzt werden, die Stützpunkt der Kreuzer-Abteilung sind.

Gastflagge
Bei Einfahrt in den Hafen eines Gastlandes setzen Yachten nur die Flagge des Gastlandes unter der Steuerbordsaling, nicht jedoch die Flaggen zuvor besuchter Länder.

Von einer Auslandsfahrt heimkehrende Yachten können im deutschen Hoheitsgebiet die Flaggen der besuchten Länder in der Reihenfolge des deutschen Alphabets und in gleicher Größe untereinander nur am Tage der Heimkehr und beim jährlichen Absegeln unter der Steuerbordsaling zeigen. In diesem Falle wird die Flagge der Kreuzer-Abteilung unter der Backbordseite gesetzt.

Es wird ausdrücklich darauf hingewiesen, dass in bestimmten ausländischen Ländern das Thema Flaggenführung und Flaggengala sehr ernst genommen wird. Deshalb sollten sich deutsche Yachten als Gäste den dortigen Gepflogenheiten anpassen.

Stander
Jede in Dienst gestellte Yacht muss den Stander eines der Vereine führen, bei dem sie eingetragen ist, auch wenn sie keine ständige Besatzung hat.

Der Stander wird im Großtopp gefahren, er weht bei Tag und Nacht. Kann der klassische Standerstock nicht gesetzt werden, ist eine zweckdienliche Hilfskonstruktion zu wählen. Nur wenn auch dies nicht möglich ist, kann der Stander an oberster Stelle unter der Backbordsaling gefahren werden. Eine Yacht, die bei mehreren Vereinen eingetragen ist, führt im Allgemeinen den Stander des Vereins, dem sich der Eigner hauptsächlich angehörig fühlt; im Hafenbereich den heimischen Stander, in fremden Häfen den Stander des ältesten ortsansässigen Vereins, dem der Eigner angehört.

Der Stander am Flaggenmast eines Vereins weht vom Ansegeln bis zum Absegeln Tag und Nacht.

Sonstige Flaggen
Unabhängig von diesen Regeln sind die Vorschriften der Behörden über das Führen besonderer Flaggen und Stander zu beachten. Das führen einer Eignerflagge ist nicht mehr üblich.

Signalflaggen
Signalflaggen nach dem Internationalen Signalbuch dürfen nur nach dessen Vorschriften verwendet werden und sind sofort wieder einzuholen, wenn der Signalaustausch beendet ist. Einzige Ausnahme ist die Flaggengala. Die Größe der Signalflaggen ist so zu wählen, dass sie auch auf größere Entfernung erkennbar sind.

Flaggengruß
Der Flaggengruß ist nach wie vor bei vielen seefahrenden Nationen gebräuchlich. Besonders in Großbritannien und in den skandinavischen Ländern wird darauf Wert gelegt.
Der Flaggengruß ist freiwillig, die Erwiderung eines Grußes jedoch

Yachtgebräuche

Pflicht. Yachten können sich untereinander durch einmaliges „Dippen" der Flagge oder, falls dieses wegen zu kurzen Flaggenstocks nicht möglich ist, durch Senken des Flaggenstocks mit der Flagge grüßen. Die zuerst grüßende Yacht holt die Flagge ein Drittel nieder und heißt sie wieder vor, wenn die andere Yacht die Flagge niedergeholt hat.
Ein Kriegsschiff wird immer zuerst gegrüßt; dabei wird die eigene Flagge erst dann wieder geheißt, wenn das Kriegsschiff dies bereits getan hat. Beim Begegnen einer Flottille von Kriegsschiffen grüßt man nur das durch den Führungsstander gekennzeichnete Schiff.

Flaggenparade
Es ist nach wie vor internationaler Brauch, das Zeremoniell der Flaggenparade einzuhalten. Als Flaggenzeit versteht man die Zeit, während der alle Flaggen wehen.
Und zwar:
vom 1. Mai bis 30. September von 8.00 Uhr, in den übrigen Monaten von 9.00 Uhr bis Sonnenuntergang, spätestens jedoch bis 21.00 Uhr.

Die Zeiten des Vorheißens und Niederholens geben ein im Hafen oder vor Anker liegendes Kriegsschiff, die größte Yacht oder der Flaggenmast des ortsansässigen Vereins an. Jede deutsche Yacht ist verpflichtet, in einem fremden Hafen sich den Gepflogenheiten des Gastgebers anzupassen. Wird eine Flaggenparade durchgeführt, hat sie sich daran zu beteiligen.

Die Flaggenparade soll möglichst gleichzeitig mit den anderen Schiffen und Yachten durchgeführt werden und betrifft alle Flaggen. Eine Yacht, die im fremden Hafen voraussichtlich zur Zeit der abendlichen Flaggenparade kein Mitglied der Besatzung an Bord hat, holt vorher alle Flaggen ein.

Versäumnisse bei der Flaggenparade gelten als Missachtung der am Platz wehenden Nationalflagge.
Das Wehenlassen der Flaggen über Nacht im Hafen gilt als Zeichen grober Nachlässigkeit.

Auf See kann die Nationale nachts oder bei schlechtem Wetter niedergeholt werden, jedoch nicht in Grenzgewässern. Im Übrigen wird sie gesetzt bei der Annäherung von Kriegsschiffen und Behördenfahrzeugen.
Wird in einem Yachthafen oder an Land der Flaggenmast eines Vereins beflaggt, erfolgt das Vorheißen und Niederholen aller Flaggen möglichst gleichzeitig innerhalb der Flaggenzeit, im Übrigen wie an Bord. Andernfalls soll die Bundesflagge als erste vorgeheißt werden. Dann folgen die Landes- und sonstigen Flaggen. In umgekehrter Reihenfolge werden die Flaggen niedergeholt.

Flaggengala
Bei festlichen Anlässen flaggen die Yachten im Hafen und vor Anker über die Toppen. Zum Ausflaggen werden ausschließlich die Signalflaggen verwendet. Sie werden vom Vorschiff über die Toppen bis zum Achterschiff gesetzt. Dabei ist die Reihenfolge: ein Stander oder Wimpel, anschließend zwei Flaggen usw. vorgegeben.

Trauer
Als Zeichen der Trauer wird die Flagge halbstocks gesetzt. Falls dieses nicht möglich ist, ist ein Trauerflor über der gesetzten Flagge üblich. Im Allgemeinen wird nur im Hafen oder vor Anker Trauer gezeigt, in Fahrt nur dann, wenn sich ein Toter an Bord befindet. Die Trauer dauert bis zur Beendigung der Beisetzung.

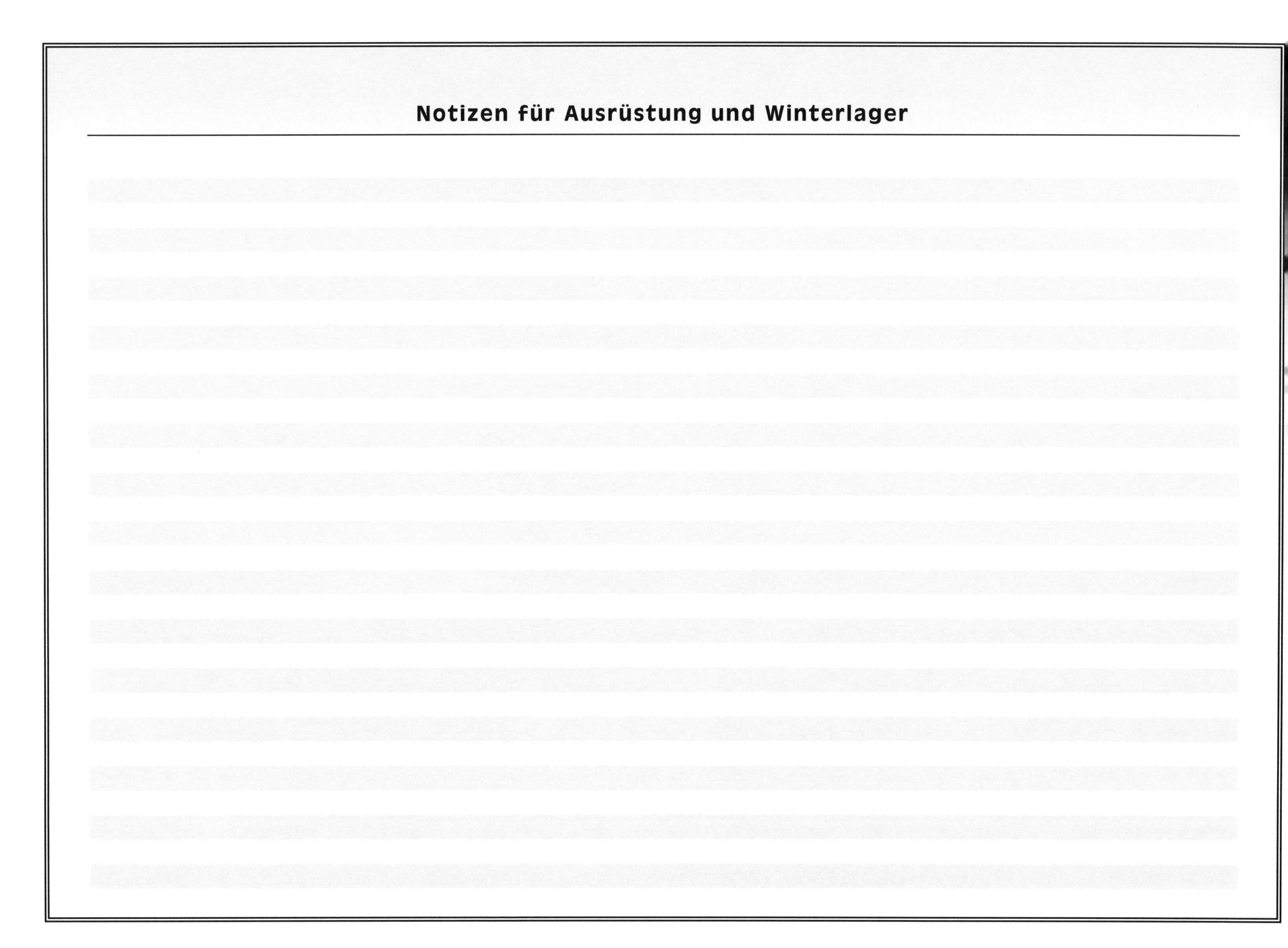
Notizen für Ausrüstung und Winterlager